轨道交通实训课新理念新形态活页式教材

U0616727

铁道工程技术

综合实训

主 编/陈德朕 杨亚丽 曹 凯

西南交通大学出版社

·成都·

图书在版编目（CIP）数据

铁道工程技术综合实训 / 陈德朕，杨亚丽，曹凯主编. —成都：西南交通大学出版社，2023.6
ISBN 978-7-5643-9262-8

Ⅰ. ①铁… Ⅱ. ①陈… ②杨… ③曹… Ⅲ. ①铁路工程 – 高等职业教育 – 教材 Ⅳ. ①U2

中国国家版本馆 CIP 数据核字（2023）第 072081 号

Tiedao Gongcheng Jishu Zonghe Shixun
铁道工程技术综合实训

主编	陈德朕	杨亚丽	曹 凯	责任编辑 / 姜锡伟
				封面设计 / 墨创文化

西南交通大学出版社出版发行
（四川省成都市金牛区二环路北一段 111 号西南交通大学创新大厦 21 楼　610031）
发行部电话：028-87600564　　028-87600533
网址：http://www.xnjdcbs.com
印刷：四川玖艺呈现印刷有限公司

成品尺寸　185 mm×260 mm
印张　17.25　　字数　420 千
版次　2023 年 6 月第 1 版　　印次　2023 年 6 月第 1 次

书号　ISBN 978-7-5643-9262-8
定价　49.00 元

课件咨询电话：028-81435775
图书如有印装质量问题　本社负责退换
版权所有　盗版必究　举报电话：028-87600562

前　言

PREFACE

　　本书是根据铁路工程技术专业的培养目标和特点，在调查了解铁路线路工、桥隧工等多工种所需知识和技能的基础上，积极探索出的符合现场岗位实训的指导教材。本书突破传统的教学模式，实现"突出技能、模块培训、单项合成、岗位落标、动态评价"的培养目标，着力解决"重理论、轻实作，重课堂、轻现场"的问题，切实提高培训质量和效果，具有一定的实用性和可操作性。

　　本书遵循模块教学的特点，为了满足课程教学的需要，在调查分析学生面对岗位所需要的基本技能的基础上，突出了岗位的实作技能，加深了学生对铁道工程技术专业实训设备的理解，使其熟悉实训设备的基本操作。学生通过实训，可熟练掌握工程测量设备的使用，掌握养路机械设备的基本操作，掌握铝热焊虚拟仿真设备的使用等，同时掌握相关作业流程及注意事项。

　　本书在内容上分为六个模块，每个模块的任务按照从认知到实训的内容进行编写。模块一介绍了铁路工程测量实训，模块二介绍了铁路工程养路机械实训，模块三介绍了铝热焊虚拟仿真实训，模块四介绍了隧道结构认知与监测实训，模块五介绍了无砟轨道认知与监测实训，模块六介绍了探伤实训。本书作为实训指导教材，突出了培训内容，简化了实训程序，将有助于提升学生的实训知识与技能。

　　本书编写分工为：模块一、二由曹凯编写，模块三由陈德朕编写，模块四、五、六由杨亚丽编写。专家朱运兰、张丹、冻晓永、靳登阁、牛宗高、杨振涛等对本书编写提供了大力支持并对本书内容作了审核，在此深表谢意。

　　本书在编写过程中，参考了相关文献资料，在此谨向各位作者表示衷心的感谢；郑州捷安高科股份有限公司等有关单位在本书编写和审定的工作中给予了大力支持，在此一并表示感谢！

编　者

2022 年 7 月

目 录

CONTENTS

模块一 铁路工程测量实训

项目一 高程控制测量实训

任务一 DS$_3$型水准仪的认识

一、实训目的

（1）熟悉水准仪各部件的名称、作用及使用方法。

（2）掌握一个测站测两点间高差的操作步骤及方法。

二、实训要求

1. 实训时间

2 课时

2. 实训形式

按照实训内容将学生分组，每组 3 人，配备 DS$_3$型水准仪 1 套、水准尺 2 把、尺垫 2 个，自备铅笔、小刀、指导书。组内成员可以针对该实训内容进行讨论。

3. 实训注意事项

（1）三脚架要安置平稳，中心螺旋及蝶形螺旋不要拧得过紧。

（2）操作时不要随便靠压脚架及仪器的任何部位，不得在仪器周围来回走动。

（3）操作前，应将各螺旋调节到中间位置。

（4）读数前应看清水准尺的分划注记形式。

（5）一定要消除视差。

（6）每次读数前应使符合气泡符合，且读数时应注意估读的准确性。

4. 工器具材料准备

（1）仪器工具：DS$_3$型水准仪、水准尺、尺垫。

（2）场地：学校空地。

三、实训作业步骤

（1）指导教师讲解水准仪各部件的名称、作用，并示范操作方法。

（2）认识水准仪各部件的名称，以及水准尺的分划注记。

（3）安置仪器。

①打开三脚架，松开蝶形螺旋，伸缩架腿，使三脚架高度适中。

②选定安置仪器的位置，放置脚架，将三脚架脚尖踩牢固，且使架头大致水平。

③打开仪器箱，取出仪器，将仪器用连接螺旋安置在三脚架上。

（4）粗平。

①调节其中两个脚螺旋，使气泡移动到过圆水准器零点且垂直于这两个脚螺旋连线的直线方向。

②调节第三个脚螺旋，使圆水准气泡居中。

（5）瞄准后视点水准尺。

①目镜调焦：调节目镜对光螺旋，使十字丝清晰。

②概略照准：利用镜筒上的照门（缺口）和准星，使其三点成一线照准目标。

③物镜调焦：转动物镜对光螺旋，使水准尺在望远镜内成像清晰。

④消除视差：重新转动物镜对光螺旋，使水准尺影像落在十字丝平面上。

⑤精确照准：转动微动螺旋，使尺像一边和十字丝纵丝重合或纵丝平分标尺。

（6）精平。调节微倾螺旋，使气泡居中。读取后视读数 a，并记录。

（7）松开水平制动螺旋，转动望远镜，瞄准前视点水准尺，精平，读取前视读数 b，并记录。

（8）计算两点间高差（$h=a-b$）。

四、实训考核标准

实训考核标准针对 DS$_3$ 型水准仪的认知分为观测记录 90 分、组内互评 10 分，见表 1-1。

表 1-1　DS$_3$ 型水准仪的认知工作评分表

序号	执行内容	评分标准	评分方式	次数	得分
1	观测记录（90 分）扣完为止	小组成员按顺序操作，违规者一次扣 2 分	人工评分		
		指认 DS$_3$ 型水准仪各部件名称，未答出一项扣 2 分			
		根据观测者身高，把三脚架安置在合适高度，过高或过低均扣 2 分			
		安置仪器，在未完全固定前，双手同时离开仪器，扣 10 分			
		仪器整平，水准气泡未居中，扣 5 分			
		精平后读数，并记录数据，读数前未检查气泡是否居中，扣 8 分			

续表

序号	执行内容	评分标准	评分方式	次数	得分
1	观测记录（90分）扣完为止	不得跨骑在脚架腿上观测，违规一次扣2分	人工评分		
		计算高差未完成，扣10分			
2	组内互评（10分）	根据小组内成员本次实训的表现情况打分（参考标准：迟到早退、玩手机、嬉戏打闹、不认真记录数据等）			
总分（满分100分）					

五、专业知识

一测站水准测量工作，是水准测量的基本工作，包括：安置仪器；粗略整平；瞄准水准尺；精确整平；读数；记录。

六、思考题

（1）将水准仪各部位名称填入图1-1中相应位置。

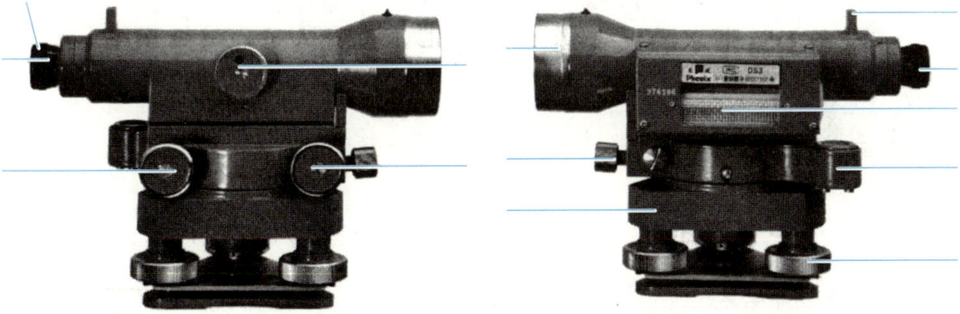

图1-1　水准仪

（2）简述一测站水准测量测两点间高差的步骤。

任务二　闭合水准测量

一、实训目的

掌握闭合水准测量的观测、记录及计算方法。

二、实训要求

1. 实训时间

2 课时

2. 实训形式

按照实训内容将学生分组，每组 3 人，配备 DS₃ 型水准仪 1 套、水准尺 2 把、尺垫 2 个，自备铅笔、小刀、指导书。组内成员可以针对该实训内容进行讨论。

3. 实训注意事项

（1）每个待定点都要作为转点，且其上不能放置尺垫。

（2）每一个测段均应进行往返观测。

（3）注意消除视差的影响。

（4）在调整闭合差与计算待测点高程时，每一步都要检核。

4. 工器具材料准备

（1）仪器工具：DS₃ 型水准仪、水准尺、尺垫。

（2）场地：学校空地。

三、实训作业步骤

（1）指导教师给定一个已知点和待测点，构成闭合水准路线。

（2）从给定的已知点 BM_A 出发，按照水准测量的方法，测至待测点 BM_B，再由 BM_B 点测至 BM_C 点，最后测回至已知点 BM_A。

（3）每测段外业数据记入表 1-2。

（4）计算检核。

闭合水准路线检核按下式计算：

高差闭合差：$\qquad f_h = \sum h_测$

容许闭合差：$\qquad f_容 = \pm 30\sqrt{L}$ mm

闭合水准路线长度 L 为闭合环长度。

若 $f_h \leqslant f_容$，则精度合格；若 $f_h > f_容$，则精度不合格，需重新测量。

（5）在表 1-3 内计算改正值及改正后的高程。

改正值：$\qquad v_i = -\dfrac{f_h}{\sum L} L_i$

检核： $$\sum v_i = -f_{\mathrm{h}}$$

改正后高差： $$h_i' = h_i + v_i$$

检核： $$\sum h_i' = 0$$

改正后各点高程： $$H_{前} = H_{后} + h_i'$$

表 1-2　水准测量记录手簿

日　期：　　　　　　　　　　　　　　　　　　　　天　气：

组别：　　　　　　　　　观测者：　　　　　　　　扶尺者：

测点	水准尺读数		高差	计算高程	采用高程
	后视	前视			
辅助计算					

表 1-3　水准测量高程计算

点号	实测高差	水准路线长度	高差改正数	改正后高差	改正后高程	备注

四、实训考核标准

实训考核标准针对闭合水准测量分为观测记录 50 分、成果精度 40 分、组内互评 10 分，见表 1-4。

表 1-4　闭合水准测量工作评分表

序号	执行内容	评分标准	评分方式	次数	得分
1	观测记录（50 分）扣完为止	小组成员按顺序操作，违规者一次扣 2 分	人工评分		
		讲述闭合水准路线的特点，未答出者扣 2 分			
		根据观测者身高，把三脚架安置在合适高度，过高或过低均扣 2 分			
		安置仪器，在未完全固定前，双手同时离开仪器，扣 10 分			
		迁站时收好仪器，严禁有随意将仪器扛在肩上或夹在腋下等不规范动作，否则扣 10 分			
		仪器整平，水准气泡未居中，扣 2 分			
		精平后读数，并记录数据，读数前未检查气泡是否居中，扣 5 分			
		不得跨骑在脚架腿上观测，违规一次扣 2 分			
2	成果精度（40 分）扣完为止	计算高差，错误一处扣 2 分			
		闭合差超限，扣 10 分			
		平差计算，错误一处扣 1 分			
3	组内互评（10 分）	根据小组内成员本次实训的表现情况打分（参考标准：迟到早退、玩手机、嬉戏打闹、不认真记录数据等）			
总分（满分 100 分）					

五、专业知识

闭合水准路线是从已知水准点出发，沿待测点依次进行水准测量，最后测回到水准点。相邻两点称为一个测段。各测段高差的代数和应等于零，即理论值应为零。但在测量过程中，不可避免地存在误差，使得实测高差之和（测量值）往往不为零，从而产生高差闭合差。所谓闭合差，就是测量值和理论值（或已知值）之差，用 $f_容$ 来表示。因此，闭合水准路线的高差闭合差为：

$$f_容 = \sum h_测 - \sum h_理$$

六、思考题

（1）什么叫闭合水准路线？

（2）简述高差闭合差调整的原则。

任务三　附合水准测量

一、实训目的

（1）进一步练习水准仪的使用。

（2）掌握附合水准测量的观测、记录及计算方法。

二、实训要求

1. 实训时间

2 课时

2. 实训形式

按照实训内容将学生分组，每组 3 人，配备 DS_3 型水准仪 1 套、水准尺 2 把、尺垫 2 个，自备铅笔、小刀、指导书。组内成员可以针对该实训内容进行讨论。

3. 实训注意事项

（1）每一个测段均应进行往返测。

（2）在已知点和待求点上不能放尺垫。

（3）在调整闭合差与计算待测点高程时，每一步都要检核。

4. 工器具材料准备

（1）仪器工具：DS_3 型水准仪、水准尺、尺垫。

（2）场地：学校空地。

三、实训作业步骤

（1）指导教师给定一个已知点和待测点，构成附合水准路线。

（2）从给定的已知点 BM_A 出发，按照水准测量的方法，测至待测点 BM_1，再由 BM_1 点测至 BM_2 点，最后附合至已知点 BM_B。

（3）每测段外业数据记入表 1-5。

（4）计算检核。

高差闭合差：$\qquad f_h = \sum h - (H_B - H_A)$

容许闭合差：$\qquad f_容 = \pm 30\sqrt{L}\ \text{mm}$

附合水准路线长度 L 为各测段水准路线长度的总和。

若 $f_h \leqslant F_h$，则精度合格；若 $f_h > F_h$，则精度不合格，需重新测量。

在表 1-6 内计算改正值及改正后的高程。

改正值：$\qquad v_i = -\dfrac{f_h}{\sum L} L_i$

检核：$\qquad \sum v_i = -f_h$

改正后高差： $h_i' = h_i + v_i$

检核： $\sum h_i' = H_B - H_A$

改正后各点高程： $H_{前} = H_{后} - h_i$

表 1-5　水准测量记录手簿

日期：　　　　　　　　　　　　　　　　　　天　气：

组别：　　　　　　　　　观测者：　　　　　　扶尺者：

测点	水准尺读数		高差	计算高程	采用高程
	后视	前视			
辅助计算					

表 1-6　水准测量高程计算

点号	实测高差	水准路线长度	高差改正数	改正后高差	改正后高程	备注

四、实训考核标准

实训考核标准针对附合水准测量分为观测记录 50 分、成果精度 40 分、组内互评 10 分，见表 1-7。

表 1-7　附合水准测量工作评分表

序号	执行内容	评分标准	评分方式	次数	得分
1	观测记录（50 分）扣完为止	小组成员按顺序操作，违规者一次扣 2 分	人工评分		
		讲述附合水准路线的特点，未答出者扣 2 分			
		根据观测者身高，把三脚架安置在合适高度，过高或过低均扣 2 分			
		安置仪器，在未完全固定前，双手同时离开仪器，扣 10 分			
		迁站时收好仪器，严禁有随意将仪器扛在肩上或夹在腋下等不规范动作，否则扣 10 分			
		仪器整平，水准气泡未居中，扣 2 分			
		精平后读数，并记录数据，读数前未检查气泡是否居中，扣 5 分			
		不得跨骑在脚架腿上观测，违规一次扣 2 分			
2	成果精度（40 分）扣完为止	计算高差，错误一处扣 2 分			
		闭合差超限，扣 10 分			
		平差计算，错误一处扣 1 分			
3	组内互评（10 分）	根据小组内成员本次实训的表现情况打分（参考标准：迟到早退、玩手机、嬉戏打闹、不认真记录数据等）			
总分（满分 100 分）					

五、专业知识

附合水准路线测量是指从一个已知高程水准点开始，到另一个已知高程水准点，所完成的水准路线测量。在附合水准路线中，在路线中间设定的待测观测点的精度最低。《国家三、四等水准测量规范》（GB/T 12898—2009）规定：单独的四等水准附合路线，长度不超过 80 km，环线周长不超过 100 km，同级网中结点间距离不超过 30 km。

六、思考题

（1）什么叫附合水准线路？

（2）在已知点和待测点上能否放尺垫？

任务四　支水准测量

一、实训目的

掌握支水准测量（往返测量）的观测、记录和计算方法。

二、实训要求

1. 实训时间

2 课时

2. 实训形式

按照实训内容将学生分组，每组 3 人，配备 DS$_3$ 型水准仪 1 套、水准尺 2 把、尺垫 2 个，自备铅笔、小刀、指导书。组内成员可以针对该实训内容进行讨论。

3. 实训注意事项

（1）前、后视距离应大致相等，以减弱 i 角误差的影响。

（2）前、后视距离不应大于 100 m，特殊困难地区不应大于 150 m，且中丝最小读数不应小于 0.3 m。

（3）在转点立尺时，读完上一测站前视读数后，仪器迁站在下一测站测量工作未结束之前决不能移动尺垫，以防止尺子和仪器同步移动。

（4）水准尺要立直，当读数大于 1.5 m 时要采用摇尺法，读取最小读数。

（5）应合理选择测站点和转点。

4. 工器具材料准备

（1）仪器工具：DS$_3$ 型水准仪、水准尺、尺垫。

（2）场地：学校空地。

三、实训作业步骤

（1）指导教师给定一个已知点和待测点，构成支水准路线。

（2）往测。

① 由已知高程点 BM$_A$ 出发，沿拟定的水准路线方向，设立 ZD$_1$，在 BM$_A$ 和 ZD$_1$ 之间安置水准仪，读取后视读数 a_1 及前视读数 b_1，并记入记录手簿。

② ZD$_1$ 立尺不动，设立 ZD$_2$，在 ZD$_1$ 和 ZD$_2$ 之间安置水准仪，读取后视读数 a_2 和前视读数 b_2，并记入记录手簿。

③ 按上述方法，由 BM$_A$ 点出发，逐站观测至待测点 BM$_B$。

（3）返测。选择不同于往测的水准路线，按照上述方法，由 BM$_B$ 点观测到 BM$_A$ 点。

（4）计算检核。

计算检核：　　$h_{AB} = \sum h = \sum a - \sum b$

高差闭合差：$f_h = h_往 + h_返$

容许闭合差：$f_容 = \pm 30\sqrt{L}$ mm

支水准路线 L 为两点间单程水准路线长度。

若 $f_h \leqslant f_容$，则精度合格；若 $f_h > f_容$，则精度不合格，需重新测量。

（5）计算平均高差，并推算待测点的高程。

平均高差：$h_{AB} = \dfrac{h_往 - h_返}{2}$

BM_B 点高程：$H_B = H_A + h_{AB}$

高差 h_{AB} 符号，以往测为准。

四、实训考核标准

实训考核标准针对支水准测量分为观测与记录 90 分、组内互评 10 分，见表 1-8。

表 1-8　支水准测量工作评分表

序号	执行内容	评分标准	评分方式	次数	得分
1	观测记录（50 分）扣完为止	小组成员按顺序操作，违规者一次扣 2 分	人工评分		
		讲述支水准路线的特点，未答出者扣 2 分			
		根据观测者身高，把三脚架安置在合适高度，过高或过低均扣 2 分			
		安置仪器，在未完全固定前，双手同时离开仪器，扣 10 分			
		迁站时收好仪器，严禁有随意将仪器扛在肩上或夹在腋下等不规范动作，否则扣 10 分			
		仪器整平，水准气泡未居中，扣 2 分			
		精平后读数，并记录数据，读数前未检查气泡是否居中，扣 5 分			
		不得跨骑在脚架腿上观测，违规一次扣 2 分			
2	成果精度（40 分）扣完为止	计算高差，错误一处扣 2 分			
		闭合差超限，扣 10 分			
		平差计算，错误一处扣 1 分			
3	组内互评（10 分）	根据小组内成员本次实训的表现情况打分（参考标准：迟到早退、玩手机、嬉戏打闹、不认真记录数据等）			
总分（满分 100 分）					

五、专业知识

支水准路线由于没有校核条件，所以必须往返观测，两次观测高差的代数和应当为零，不符值小于限差时将其作分配，并推算各点高程。在困难地区可采用这种形式进行等外水准测量，但长度一般不宜超过 4 km。应先计算得出高差闭合差，然后计算高差闭合差的容许值（路线长度和测站总数以单程计算）。若满足要求，则取各测段往返测高差的平均值（返测高差反号）作为该测段的观测结果。最后依次计算各点高程。

六、思考题

（1）前、后视距离相等可以减弱和消除哪些误差的影响？

（2）什么叫转点？如何选择转点？

（3）如何判断视差存在？如何消除视差？

任务五　DS₃型微倾式水准仪的检验与校正

一、实训目的

（1）了解 DS₃型微倾式水准仪轴线之间满足的几何关系。

（2）掌握 DS₃型微倾式水准仪检验的方法。

（3）了解 DS₃型微倾式水准仪校正的方法。

二、实训要求

1. 实训时间

2 课时

2. 实训形式

按照实训内容将学生分组，每组 3 人，配备 DS₃型水准仪 1 套、水准尺 2 把、尺垫 2 个，自备铅笔、橡皮、小刀、指导书。组内成员可以针对该实训内容进行讨论。

3. 实训注意事项

（1）各项检校顺序不能颠倒。

（2）轴线几何关系误差一般较小，故应仔细检验，以免过大的检验误差掩盖了轴线几何关系误差，导致错误的检验结果。各项检验均应反复进行。

（3）只允许使用专用校正针，校正螺丝应先松后紧，校正完毕后应拧紧校正螺丝。

（4）校正完成后，各校正螺丝应处于旋紧状态。

4. 工器具材料准备

（1）仪器工具：DS₃型水准仪、水准尺、尺垫。

（2）场地：学校空地。

三、实训作业步骤

（1）指导教师指定场地，讲解注意事项，并示范水准仪检验和校正方法。

（2）一般性检验。

① 检查三脚架、蝶形螺旋、中心螺旋是否有效。

② 检查水准仪脚螺旋、水平制动和微动螺旋、目镜和物镜调焦螺旋、微倾螺旋是否有效。

（2）圆水准器的检验。

检验方法：

① 调节脚螺旋，使圆水准器气泡严格居中。

② 将仪器旋转 180°，若气泡仍居中，则条件满足，无须校正；否则，需要校正。

校正方法：

① 在检验的基础上调节脚螺旋，使气泡移动至偏移量的一半。

② 用拨针拨动圆水准器下面的校正螺旋，使气泡居中。

（3）十字丝横丝的检验。

检验方法：

① 在墙上找一点 P（或竖一水准尺），使其恰好位于水准仪望远镜十字丝左端的横丝上或读取水准尺读数。

② 转动微动螺旋，使 P 点位于横丝的右端，观察 P 点是否位于右端的横丝上或读数有无变化。若 P 点位于右端的横丝上或读数与左端相等，则条件满足，无须校正；否则需要校正。

校正方法：

① 拧下目镜前面的十字丝护盖，松开十字丝环的压环螺丝。

② 转动十字丝环，使横丝到达水平位置，拧紧松开的螺丝。

（4）管水准器的检验。

检验方法：

① 在平坦地面上选取相距约 100 m 的两固定点 A、B，分别竖立水准尺。

② 在 A、B 两点的中间位置安置水准仪，测出 A、B 两点的高差 h_1。

③ 将仪器搬到距 A 点 2~3 m 处，测出 A、B 两点的高差 h_2。

令 $$\Delta = h_1 - h_2$$

若 $$\Delta \leqslant \pm 20'' \times \frac{D_{AB}}{\rho}$$

则条件满足，无须校正；否则需要校正。

校正方法：

① 计算 B 点水准尺的正确读数 b_2。

② 调节微倾螺旋，使 B 点水准尺的读数为正确读数。

③ 拨动水准管一端的校正螺旋，使水准管气泡居中。

（5）将检验状态填入表 1-9。

表 1-9　水准仪检验记录手簿

日期：　　　　　　　　　　　　　　　　　　　天　气：

组别：　　　　　　　　观测者：　　　　　　　　扶尺者：

序号	项目	检测情况	
		检验项目	检验结果
1	一般性检验	三脚架是否牢固	
		脚螺旋是否灵活	
		制动是否有效	
		微动螺旋是否有效	
		微倾螺旋是否灵活	
		目镜调焦螺旋是否有效	
		物镜调焦螺旋是否有效	
		望远镜成像是否清晰	

序号	项目	检测情况				
2	圆水准器检验	开始整平后圆水准器气泡位置图		仪器转180°后圆水准器气泡位置图		
3	十字丝横丝检验	点在横丝一端位置		点在横丝另一端端位置		
4	管水准器检验	仪器位置	项目	第一次	第二次	第三次
		在 A、B 两点中间	A 点尺上读数 a_1			
			B 点尺上读数 b_1			
			高差			
			平均高差 h_1			
		在 A 点附近	A 点尺上读数 a_2			
			B 点尺上读数 b_2			
			高差			
			平均高差 h_2			
		判断	$\Delta = h_1 - h_2$			
			$\Delta = 20'' \times \dfrac{D_{AB}}{\rho}$			

四、实训考核标准

实训考核标准针对 DS$_3$ 型微倾式水准仪的检验与校正分为校正 90 分、组内互评 10 分，见表 1-10。

表 1-10 DS$_3$ 型微倾式水准仪的检验与校正工作评分表

序号	执行内容	评分标准	评分方式	次数	得分
1	校正（90 分）扣完为止	小组成员按顺序操作，违规者一次扣 2 分	人工评分		
		讲述水准仪校正满足的条件，未答出者扣 2 分			
		圆水准器轴//竖轴，否则扣 10 分			
		十字丝中丝应⊥竖轴，否则扣 10 分			
		水准管轴//视准轴，否则扣 10 分			
2	组内互评（10 分）	根据小组内成员本次实训的表现情况打分（参考标准：迟到早退、玩手机、嬉戏打闹、不认真记录数据等）			
		总分（满分 100 分）			

五、专业知识

水准仪校正需要满足的几何条件：

（1）圆水准器轴//竖轴。

（2）十字丝中丝应⊥竖轴。

（3）水准管轴//视准轴。

六、思考题

（1）简述水准仪轴线之间满足的几何关系。

（2）简述管水准器的检验方法。

项目二 角度测量实训

任务一 DJ$_6$型经纬仪的认识

一、实训目的

（1）熟悉 DJ$_6$型经纬仪各部件的名称、作用及使用方法。

（2）掌握经纬仪的对中、整平及读数方法。

二、实训要求

1. 实训时间

2 课时

2. 实训形式

按照实训内容将学生分组，每组 3 人，配备经纬仪 1 套，自备铅笔、橡皮、小刀、指导书。组内成员可以针对该实训内容进行讨论。

3. 实训注意事项

（1）仪器整平误差不得超过 1 格。

（2）仪器应严格对中。

（3）使用制动螺旋，达到制动目的即可，不可强力过量旋转。

（4）只有将制动螺旋制动后，调节微动螺旋才起作用。微动螺旋不可强力过量旋转。

（5）在操作过程中，动作要放轻、稳、慢。

（6）读数时应注意消除视差的影响。

4. 工器具材料准备

（1）仪器工具：经纬仪。

（2）场地：学校空地。

三、实训作业步骤

（1）指导教师讲解经纬仪的构造、各部件名称及作用，示范经纬仪对中、整平、瞄准、读数的操作，并讲解操作要领。

（2）安置经纬仪。

① 将三脚架安置于测站点上，目估使架头大致水平，装上仪器，拧紧中心螺旋，且使光学对点器中心圈及影像清晰；然后将一个架腿插入地面固定，用两手握住另两个架腿，并移动这两个架腿；当测站点的中心位于圆圈的边缘处时或居于圆

圈中间时，停止移动脚架并将其踩实。

② 调节脚螺旋，使测站点中心与圆圈中的十字线交点重合。

③ 调节架腿上的蝶形螺旋，伸缩架腿，使圆气泡居中。

④ 调节脚螺旋，使水准管气泡居中。

⑤ 平推仪器，使测站点中心与圆圈中心十字线重合。

重复上述步骤，直至水准管气泡在任何位置都居中，且测站点中心与圆圈中心十字线重合为止。

（3）瞄准目标。

① 调节目镜对光螺旋，使十字丝清晰。

② 用光学瞄准器粗略瞄准目标，调节物镜对光螺旋，使影像清晰并消除视差，拧紧制动螺旋。

③ 调节微动螺旋，用纵丝精确照准目标。

（4）读数。调节读数窗目镜对光螺旋及反光镜，使读数窗内影像清晰，根据 0 指标线在读数窗内的位置读取读数。

（5）记录。

四、实训考核标准

实训考核标准针对 DJ$_6$ 型经纬仪的认识分为观测记录 90 分、组内互评 10 分，见表 1-11。

表 1-11　DJ$_6$ 型经纬仪的认识工作评分表

序号	执行内容	评分标准	评分方式	次数	得分
1	观测记录（90 分）扣完为止	小组成员按顺序操作，违规者一次扣 2 分	人工评分		
		指认 DJ$_6$ 型光学经纬仪各部件名称，未答出一项扣 2 分			
		根据观测者身高，把三脚架安置在合适高度，过高或过低均扣 2 分			
		安置仪器，在未完全固定前，双手同时离开仪器，扣 10 分			
		仪器对中整平，气泡未居中，扣 5 分			
		精平后读数，并记录数据，读数前未检查气泡是否居中，扣 8 分			
		不得跨骑在脚架腿上观测，违规一次扣 2 分			
2	组内互评（10 分）	根据小组内成员本次实训的表现情况打分（参考标准：迟到早退、玩手机、嬉戏打闹、不认真记录数据等）			
总分（满分 100 分）					

五、专业知识

DJ₆型光学经纬仪是水平度盘和竖直度盘均用光学玻璃制成的经纬仪，是用于角度测量的仪器。其中的"D"为"大地测量"的"大"字汉语拼音的首字母，"J"为"经纬仪"的"经"字汉语拼音的首字母，紧跟其后的阿拉伯数字代表仪器的精度。经纬仪的精度用水平方向一测回中误差表示。经纬仪望远镜目镜上的十字线用于对准目标，望远镜可沿水平轴和垂直轴转动。这些轴穿过两个圆形标尺。经纬仪有一个水平尺，当支在可调整的三脚架上时，处于水平状态，能指示显示结果。

六、思考题

（1）将经纬仪（DJ₆）各部位名称填入图 1-2 相应位置。

图 1-2　DJ₆ 型经纬仪

（2）对中、整平的目的是什么？

（3）简述照准某一目标时，使方向读数为 0°00′00″ 的操作方法。

任务二　测回法测水平角

一、实训目的

掌握测回法测水平角的观测、记录及计算方法。

二、实训要求

1. 实训时间

2 课时

2. 实训形式

按照实训内容将学生分组，每组 3 人，配备经纬仪 1 套，自备铅笔、小刀、指导书。组内成员可以针对该实训内容进行讨论。

3. 实训注意事项

（1）盘左、盘右必须瞄准同一个目标。

（2）在观测过程中，如果气泡偏离 1 格以上，应重新观测。

（3）水平度盘为顺时针方向刻画，故计算角值时，应用右方目标的读数减左方目标的读数，出现负角值时应加 360°。

4. 工器具材料准备

（1）仪器工具：经纬仪。

（2）场地：学校空地。

三、实训作业步骤

（1）指导教师讲解，并示范测回法测水平角的步骤与要领。

（2）安置仪器于测站点 O 上，并进行对中、整平。

（3）盘左观测。

① 瞄准 A 目标，读取水平度盘读数 a_1，记入记录手簿。

② 瞄准 B 目标，读取水平度盘读数 b_1，记入记录手簿。

（4）盘右观测。

① 倒转望远镜成盘右位置，瞄准 B 目标，读取水平度盘读数 b_2，记入记录手簿。

② 瞄准 A 目标，读取水平度盘读数 a_2，记入记录手簿。

（5）水平角计算。

半测回角值计算：$\beta_{左} = b_1 - a_1$

$$\beta_{右} = b_2 - a_2$$

检核：$\qquad |\beta_{左} - \beta_{右}| \leqslant 30''$

（6）在表 1-12 内完成记录、计算平均角值。

$$\beta = \frac{\beta_左 + \beta_右}{2}$$

表 1-12　水平角测量记录手簿（测回法）

日期：　　　　　　　　　　　　　　　　　　　　天　气：

组别：　　　　　　　　观测者：　　　　　　　　扶尺者：

测站	目标	盘位	水平读数	半测回角值	一测回角值	平均角值	备注

四、实训考核标准

实训考核标准针对测回法测水平角分为观测记录 50 分、成果精度 40 分、组内互评 10 分，见表 1-13。

五、专业知识

在观测过程中，盘左、盘右必须瞄准同一个目标。其间发现管水准气泡偏离 1 格以上，应重新观测。因为水平度盘刻画为顺时针，所以计算角度时应用右方目标读数减去左方目标读数，出现负值时应加 360°。

表 1-13　测回法测水平角工作评分表

序号	执行内容	评分标准	评分方式	次数	得分
1	观测记录（50分）扣完为止	小组成员按顺序操作，违规者一次扣 2 分	人工评分		
		讲述测回法测水平角的特点，未答出者扣 2 分			
		根据观测者身高，把三脚架安置在合适高度，过高或过低均扣 2 分			
		安置仪器，在未完全固定前，双手同时离开仪器，扣 10 分			
		迁站时收好仪器，严禁有随意将仪器扛在肩上或夹在腋下等不规范动作，否则扣 10 分			
		仪器整平，水准气泡未居中，扣 2 分			
		精平后读数，并记录数据，每次读数前未检查气泡是否居中，扣 5 分			
		不得跨骑在脚架腿上观测，违规一次扣 2 分			
2	成果精度（40分）扣完为止	角度值计算，错误一处扣 2 分			
		半测回角度值差不得超过 40″，否则扣 10 分			
		度盘配置，错误一处扣 5 分			
		记录手簿数据填写不得出现涂改（允许少处划改），出现一处扣 1 分			
3	组内互评（10分）	根据小组内成员本次实训的表现情况打分（参考标准：迟到早退、玩手机、嬉戏打闹、不认真记录数据等）			
总分（满分 100 分）					

六、思考题

（1）什么叫水平角？

（2）简述测回法测水平角的步骤。

任务三　方向观测法测水平角

一、实训目的

掌握方向观测法测水平角的观测、记录及计算方法。

二、实训要求

1. 实训时间

2 课时

2. 实训形式

按照实训内容将学生分组，每组 3 人，配备经纬仪 1 套，自备铅笔、小刀、指导书。组内成员可以针对该实训内容进行讨论。

3. 实训注意事项

（1）测微器对径分划应严格符合。

（2）盘左按顺时针方向旋转依次瞄准目标读数，盘右按逆时针方向旋转依次瞄准目标读数。

（3）半个测回观测，应做归零观测。

（4）各测回盘左照准起始方向目标时，应按规定配置水平度盘读数。

4. 工器具材料准备

（1）仪器工具：经纬仪。

（2）场地：学校空地。

三、实训作业步骤

（1）指导教师讲解，并示范方向观测法测水平角的步骤和注意事项。

（2）按指导教师指定的测站和目标进行观测。

（3）安置经纬仪。

（4）盘左观测。

① 瞄准起始方向 A 点，且使水平度盘读数略大于 $0°00'00''$，调节测微器，使对径分划线重合，读取水平度盘读数，并记入记录手簿。

② 顺时针方向转动照准部，依次瞄准 B、C、D、E 各点，读取水平度盘读数，并记入记录手簿。

③ 再次瞄准 A 点，读取水平度盘读数，并记入记录手簿。

（5）盘右观测。

① 倒转望远镜变成盘右位置，瞄准 A 点，读取水平度盘读数，并记入记录手簿。

② 逆时针方向转动照准部，依次瞄准 E、D、C、B 各点，读取水平度盘读数，

记入记录手簿。

③ 再次瞄准 A 点，读取水平度盘读数，并记入记录手簿。

重复上述步骤，完成多个测回的观测。为了减弱度盘的刻画误差，各测回间应按 $\dfrac{180°}{n}$ 变换度盘位置，n 为测回数。

（6）计算检核。

① 测微器重合读数之差。

② 半测回归零差。

③ 同一方向上 $2c$ 误差：

$$2c=盘左读数-（盘右读数\pm180°）$$

④ 一个测回各方向的正倒镜平均读数：

$$平均读数=[盘左读数+（盘右读数\pm180°）]/2$$

⑤ 归零后方向值：各方向平均读数减起始方向平均读数。

（7）限差要求。方向观测法的限差见表 1-14。

表 1-14　方向观测法的限差

等级	仪器型号	光学测微器两次重合读数之差	半测回归零差	一测回中 $2c$ 值变动范围	同一方向值各测回较差
四等及以上	DJ$_1$	1″	6″	9″	6″
	DJ$_2$	3″	8″	13″	10″
一级及以下	DJ$_2$		12″	18″	12″
	DJ$_6$		18″		24″

（8）计算各测回归零方向值。

四、实训考核标准

实训考核标准针对方向观测法测水平角分为观测记录 50 分、成果精度 40 分、组内互评 10 分，见表 1-15。

五、专业知识

观测时盘左按顺时针旋转依次照准目标并回到起始目标，盘右按逆时针旋转依次照准目标并回到起始目标。各测回间盘左观测起始目标时，应按规定配置水平度盘读数。

六、思考题

（1）半个测回间，为何做归零观测？

表 1-15　方向观测法测水平角工作评分表

序号	执行内容	评分标准	评分方式	次数	得分
1	观测记录（50分）扣完为止	小组成员按顺序操作，违规者一次扣 2 分	人工评分		
		讲述方向观测法测水平角的特点，未答出者扣 2 分			
		根据观测者身高，把三脚架安置在合适高度，过高或过低均扣 2 分			
		安置仪器，在未完全固定前，双手同时离开仪器，扣 10 分			
		迁站时收好仪器，严禁有随意将仪器扛在肩上或夹在腋下等不规范动作，否则扣 10 分			
		仪器整平，水准气泡未居中，扣 2 分			
		精平后读数，并记录数据，每次读数前未检查气泡是否居中，扣 5 分			
		不得跨骑在脚架腿上观测，违规一次扣 2 分			
		度盘配置，错误一处扣 5 分			
		记录手簿数据填写不得出现涂改（允许少处划改），出现一处扣 1 分			
2	成果精度（40分）扣完为止	角度值计算，错误一处扣 2 分			
		半测回角度值差不得超过 40″，否则扣 10 分			
3	组内互评（10分）	根据小组内成员本次实训的表现情况打分（参考标准：迟到早退、玩手机、嬉戏打闹、不认真记录数据等）			
总分（满分 100 分）					

（2）每测回观测中，起始方向度盘配置的目的是什么？

任务四　竖直角测量

一、实训目的

（1）了解竖直度盘的构造及注记方式。

（2）掌握竖直角测量的观测、记录及计算方法。

二、实训要求

1. 实训时间

2 课时

2. 实训形式

按照实训内容将学生分组，每组 3 人，配备光学经纬仪 1 套，自备铅笔、小刀、指导书。组内成员可以针对该实训内容进行讨论。

3. 实训注意事项

（1）用十字丝横丝瞄准目标。

（2）读取竖盘读数时，应打开竖盘指标自动归零装置。观测完毕后应关闭，以防损坏。

4. 工器具材料准备

（1）仪器工具：光学经纬仪。

（2）场地：学校空地。

三、实训作业步骤

（1）指导教师讲解竖直角测量的观测、记录、计算方法。

（2）在测站点 O 上安置经纬仪。

（3）判断竖直度盘注记方式，确定计算公式。

（4）选择一个仰角目标和一个俯角目标进行观测，并计算竖直角值。

（5）竖直角测量。

① 盘左观测：用十字丝横丝瞄准目标点 A，打开竖盘指标自动归零装置，读取竖盘读数 L，记入记录手簿。

② 盘右观测：纵转望远镜变成盘右位置，用十字丝横丝瞄准目标点 A，读取竖盘读数 R，记入记录手簿。

③ 竖直角计算（以顺时针注记为例）。

指标差：　　　$x = (L + R) - 180°$

竖直角：　　　$\alpha_L = 90° - L$

　　　　　　　$\alpha_R = R - 270°$

$$\alpha = \frac{\alpha_L + \alpha_R}{2} = \frac{1}{2}(R - L - 180°)$$

（6）在表 1-16 中完成记录、计算竖直角和指标差。

表 1-16　竖直角测量记录手簿

日期：　　　　　　　　　　　　　　　　　　　天　气：

组别：　　　　　　　　观测者：　　　　　　　　扶尺者：

测站	目标	盘位	竖盘读数	半测回竖直角	一测回竖直角	指标差	备注

四、实训考核标准

实训考核标准针对竖直角测量分为观测记录 50 分、成果精度 40 分、组内互评 10 分，见表 1-17。

五、专业知识

观测过程中利用盘左、盘右正倒镜观测取平均值可以消除竖盘指标差的影响。照准目标时，盘左、盘右必须均照准目标的顶端或同一部位。竖直度盘的刻画有全圆顺时针和全圆逆时针两种。望远镜作竖直方向旋转时，竖直度盘也随之转动。竖盘指标作为读数指标线相对于转动的竖盘是固定不动的。

六、思考题

（1）什么叫竖盘指标差？

（2）写出全圆逆时针方向竖直角计算公式。

表 1-17　竖直角测量工作评分表

序号	执行内容	评分标准	评分方式	次数	得分
1	观测记录（50 分）扣完为止	小组成员按顺序操作，违规者一次扣 2 分	人工评分		
		讲述竖直角测量的特点，未答出者扣 2 分			
		根据观测者身高，把三脚架安置在合适高度，过高或过低均扣 2 分			
		安置仪器，在未完全固定前，双手同时离开仪器，扣 10 分			
		迁站时收好仪器，严禁有随意将仪器扛在肩上或夹在腋下等不规范动作，否则扣 10 分			
		仪器整平，水准气泡未居中，扣 2 分			
		精平后读数，并记录数据，每次读数前未检查气泡是否居中，扣 5 分			
		不得跨骑在脚架腿上观测，违规一次扣 2 分			
2	成果精度（40 分）扣完为止	角度值计算，错误一处扣 2 分			
		竖盘指标差计算，错误一处扣 5 分			
		竖盘指标差较差限差不得超过±25″，否则扣 10 分			
		记录手簿数据填写不得出现涂改（允许少处划改），出现一处扣 1 分			
3	组内互评（10 分）	根据小组内成员本次实训的表现情况打分（参考标准：迟到早退、玩手机、嬉戏打闹、不认真记录数据等）			
总分（满分 100 分）					

任务五　经纬仪的检验与校正

一、实训目的

（1）掌握经纬仪各轴线间应满足的几何关系。

（2）掌握经纬仪的检验方法。

（3）了解经纬仪的校正方法。

二、实训要求

1. 实训时间

2 课时

2. 实训形式

按照实训内容将学生分组，每组 3 人，配备光学经纬仪 1 套，自备铅笔、橡皮、小刀、指导书。组内成员可以针对该实训内容进行讨论。

3. 实训注意事项

（1）上述各项检校的顺序不能颠倒。

（2）校正螺丝应先松后紧，校正完毕后应拧紧校正螺丝。

4. 工器具材料准备

（1）仪器工具：光学经纬仪。

（2）场地：学校空地。

三、实训作业步骤

（1）指导教师讲解各轴线概念，实地讲解检验方法。

（2）水准管轴垂直于仪器竖轴的检验与校正。

检验方法：

① 调节脚螺旋，使水准管气泡严格居中。

② 将照准部旋转 180°看气泡是否仍居中，如果居中或气泡偏差不大于 1/2 格，说明条件满足，无须校正；否则需校正。

校正方法：

① 在检验的基础上调节脚螺旋，使气泡移动偏移量的一半。

② 用拨针拨动水准管一端的校正螺旋，使气泡居中。

此项检验和校正需反复进行，直到气泡在任何方向的偏离值均小于 1/2 格为止。

（3）十字丝竖丝垂直于横轴的检验与校正。

检验方法：

① 精确整平仪器，用竖丝的一端瞄准一个固定点 P，旋紧水平制动螺旋和竖直制动螺旋。

② 转动望远镜微动螺旋，观察 P 点所走过的轨迹是否始终在竖丝上移动。若始终在竖丝上移动，说明条件满足，无须校正；否则应校正。

校正方法：

① 拧下目镜前面的十字丝护盖，松开十字丝环的压环螺丝。

② 转动十字丝环，使竖丝到达竖直位置，拧紧松开的螺丝。

（4）视准轴垂直于横轴的检验与校正。

检验方法：

① 安置仪器，盘左瞄准远处与仪器大致同高的一点 A，读水平度盘读数为 b_1。

② 倒转望远镜成盘右位置，瞄准 A 点，读水平度盘读数为 b_2。

③ 若 $b_1 - b_2 = \pm 180°$ 则条件满足，无须校正；否则需要校正。

校正方法：

① 转动水平微动螺旋，使度盘读数对准正确的读数：

$$b = \frac{1}{2}[b_1 + (b_2 \pm 180°)]$$

② 用拨针拨动十字丝环左右校正螺丝，使十字丝竖丝瞄准 A 点。

（5）横轴垂直于竖轴的检验与校正。

检验方法：

① 在离墙约 30 m 处安置仪器，以盘左位置瞄准墙面高处的一点 M（其仰角大约 30°），固定照准部，然后放平望远镜（通过度盘读数）在墙面上定出十字丝交点 m_1。

② 盘右位置瞄准 M 点，放平望远镜，在墙面上定出十字丝交点 m_2，如果 m_1 点和 m_2 点重合，说明条件满足，无须校正；否则需要校正。

光学经纬仪的横轴大都是密封的，若要校正需由专门检定机构进行。

（6）竖盘指标差的检验与校正。

检验方法：

① 将经纬仪安置在测站点 O。

② 盘左瞄准 A 目标，读取竖盘读数 L，并计算竖直角 α_L。

③ 盘右瞄准 A 目标，读取竖盘读数 R，并计算竖直角 α_R。

若 $\alpha_L = \alpha_R$，则无须校正；否则需要进行校正。

此项校正应由仪器检修人员进行。

（7）光学对中器的检验与校正。

检验方法：

① 严格整平仪器，在脚架的中央地面上放置一张白纸，在白纸上画一十字形的标志 a_1。

② 移动白纸，使对中器视场中的小圆圈对准标志 a_1。

③ 将照准部在水平方向转动 180°。

④ 若小圆圈中心仍对准标志 a_1，则说明条件满足，无须校正；如果小圆圈中心偏离标志，而得另一点 a_2，则说明不满足条件，需要校正。

校正方法：

定出 a_1、a_2 两点的中心 a，用拨针拨动对中器的校正螺丝，使小圆面中心对准 a 点。

这项校正一般由仪器检修人员进行。

（8）将检验状态填入表 1-18。

表 1-18　经纬仪检验记录手簿

日期：　　　　　　　　　　天气：　　　　　　　　　　组别：

序号	项目	检测情况					
1	水准管（$LL \perp VV$）	第一次偏向＿＿＿＿镜＿＿＿＿格 第二次偏向＿＿＿＿镜＿＿＿＿格 第三次偏向＿＿＿＿镜＿＿＿＿格					
2	十字丝（竖丝$\perp HH$）	检验时望远镜视角图					
		点在竖丝一端位置			点在竖丝另一端端位置		
3	视准轴（$CC \perp HH$）	次序	竖盘位置	水平盘读数		$2c$	
		1					
		2					
		3					
4	横轴（$HH \perp VV$）	第一次 m_1、$m_2=$＿＿＿＿＿mm 第一次 m_1、$m_2=$＿＿＿＿＿mm 第一次 m_1、$m_2=$＿＿＿＿＿mm					
5	竖盘指标差的检验	检验次数	测站	目标	竖盘位置	竖盘读数	半测回竖直角	一测回竖直角	指标差
		第一次							
		第二次							
		第三次							
6	光学对中器的检验	第一次		第二次		第三次	

四、实训考核标准

实训考核标准针对经纬仪的检验与校正分为校正 90 分、组内互评 10 分，见表 1-19。

表 1-19　经纬仪的检验与校正工作评分表

序号	执行内容	评分标准	评分方式	次数	得分
1	校正（90 分）扣完为止	小组成员按顺序操作，违规者一次扣 2 分	人工评分		
		讲述经纬仪校正满足的条件，未答出者扣 2 分			
		照准部水准管轴⊥竖轴，否则扣 10 分			
		十字丝纵丝⊥横轴，否则扣 10 分			
		视准轴⊥横轴，否则扣 10 分			
		横轴⊥竖轴，否则扣 10 分			
		水准气泡居中后，转动任意角度仍居中，否则扣 10 分			
		光学对中器对中后，转动任意角度仍对中，否则扣 10 分			
2	组内互评（10 分）	根据小组内成员本次实训的表现情况打分（参考标准：迟到早退、玩手机、嬉戏打闹、不认真记录数据等）			
总分（满分 100 分）					

五、专业知识

经纬仪校正需要满足的几何条件有：

（1）照准部水准管轴⊥竖轴。

（2）十字丝纵丝应⊥横轴。

（3）视准轴⊥横轴。

（4）横轴⊥竖轴。

（5）水准气泡居中后，转动任意角度后仍居中。

六、思考题

简述经纬仪轴线间应满足的几何关系。

项目三　距离测量实训

任务一　钢尺普通量距

一、实训目的

掌握钢尺普通量距的方法。

二、实训要求

1. 实训时间

2 课时

2. 实训形式

按照实训内容将学生分组，每组 4 人，配备经纬仪 1 套、钢尺 1 把、垂球 2 个、测钎 1 组，自备铅笔、小刀、指导书。组内成员可以针对该实训内容进行讨论。

3. 实训注意事项

（1）使用钢尺时，不得在地面上拖拉，不得扭折碾压和踩踏钢尺。

（2）不能将钢尺全部拉出尺架，以免拉断尺跟。

（3）钢尺用完后应擦拭干净以防生锈。

（4）注意定线时前尺、后尺等操作人员的互相配合。

4. 工器具材料准备

（1）仪器工具：经纬仪、钢尺、锤球、测钎。

（2）场地：学校空地。

三、实训作业步骤

（1）指导教师指定场地和直线的两个端点 A、B。

（2）指导教师讲解，并示范钢尺普通量距的方法和要领。

（3）直线定线。

① 在 A 点安置经纬仪、瞄准 B 点，确定直线方向。

② 后尺手拉着钢尺起始端、站在 A 点旁边，前尺手拉着钢尺沿 AB 方向前行，走到大约一整尺段的地方停下，由观测者指挥定线，确定分段点 1，并斜插一测钎。

（4）量距。后尺手和前尺手分别在 A 点和 1 点吊垂线，让钢尺刻画边沿贴近垂球线，沿 $A1$ 方向将钢尺抬平、拉直，前、后尺手同时在尺上读取相应读数，记入记录手簿，用前、后尺手读数相减求出尺段长。同法丈量其他各段，一直到 B 点。将各段距离相加即得 AB 间水平距离。

以上观测称之为往测。为了提高测量精度，再由 B 点逐段测回至 A 点，称之为返测。

（5）结果处理与评定精度。

较差 $\qquad \Delta D = |D_{往} - D_{返}|$

相对误差： $\qquad K = \dfrac{\Delta D}{D_{平}} = \dfrac{1}{N}$

一般情况下，普通量距要求相对误差 $K \leqslant 2\,000$，如果超限应重新丈量。若相对误差在规定范围内，则可取往返观测平均值作为最后观测结果。

即 $\qquad D_{AB} = D_{平} = \dfrac{D_{往} + D_{返}}{2}$

（6）在表 1-20 内完成记录、评定精度及进行观测成果计算。

表 1-20　钢尺普通量距记录手簿

日期：　　　　　　天气：　　　　　　仪器：　　　　　　组别：

观测：　　　　　　后链：　　　　　　前链：　　　　　　记录：

测段	往返	尺段丈量长度/m					合计	较差	平均	相对误差
	往									
	返									
	往									
	返									
	往									
	返									

四、实训考核标准

实训考核标准针对钢尺普通量距分为观测记录 90 分、组内互评 10 分，见表 1-21。

表 1-21　钢尺普通量距工作评分表

序号	执行内容	评分标准	评分方式	次数	得分
1	观测记录（90 分）扣完为止	小组成员按顺序操作，违规者一次扣 2 分	人工评分		
		严禁将钢尺在地面上拖拉、扭折等，出现一次扣 10 分			
		严禁在量距时将钢尺全部拉出，出现一次扣 10 分			
		记录手簿数据填写不得出现涂改（允许少处划改），出现一处扣 1 分			
		计算较差，错误一处扣 5 分			
		计算相对误差 K，大于 2 000 扣 20 分			
2	组内互评（10 分）	根据小组内成员本次实训的表现情况打分（参考标准：迟到早退、玩手机、嬉戏打闹、不认真记录数据等）			
总分（满分 100 分）					

五、专业知识

在测量过程中，不得将钢尺在地面上拖拉、扭折；每一测段长度要小于钢尺最大量程；测量完成后，及时对钢尺进行擦拭。

六、思考题

（1）简述经纬仪直线定线的方法。

（2）简述钢尺普通量距操作时的注意事项。

任务二　视距法测量

一、实训目的

（1）了解视距法测量的原理。
（2）掌握视距法测量的方法。

二、实训要求

1. 实训时间

2 课时

2. 实训形式

按照实训内容将学生分组，每组 3 人，配备经纬仪 1 套、水准尺 1 把，自备铅笔、小刀、指导书。组内成员可以针对该实训内容进行讨论。

3. 实训注意事项

（1）读取竖盘读数时，应打开竖盘自动归零装置。
（2）水准尺应扶直。

4. 工器具材料准备

（1）仪器工具：经纬仪、水准尺。
（2）场地：学校空地。

三、实训作业步骤

（1）在测站点 O 上安置经纬仪，量取仪器高、目标高，并测定竖盘指标差。
（2）瞄准水准尺，读取上丝、下丝、中丝读数和竖盘读数，记入记录手簿。
（3）计算高差及距离

$$h = \frac{1}{2}KL\sin 2\alpha + i - v$$

$$D = KL\cos^2\alpha$$

（4）观测数据记入表 1-22。

四、实训考核标准

实训考核标准针对视距法测量分为观测记录 90 分、组内互评 10 分，见表 1-23。

五、专业知识

视距法测量是利用经纬仪、水准仪的望远镜内十字丝分划板上的视距丝在视距尺（水准尺）上读数，根据光学和几何学原理，同时测定仪器到地面点的水平距离和高差的一种方法。视距法测量具有操作简便、速度快、不受地面起伏变化影响的优点，被广泛应用于碎部测量中；但其测距精度低，约为 1/300～1/200。

表 1-22　视距测量记录手簿

日期：　　　　　　　　　　　　　　　　　　　　天　气：
组别：　　　　　　　　　观测者：　　　　　　　　扶尺者：

测站	测点	视距读数		中丝	竖盘读数	水平距离	高差	仪器高	目标高	备注
		上丝	下丝							

表 1-23　视距法测量工作评分表

序号	执行内容	评分标准	评分方式	次数	得分
1	观测记录（90 分）扣完为止	小组成员按顺序操作，违规者一次扣 2 分	人工评分		
		根据观测者身高，把三脚架安置在合适高度，过高或过低均扣 2 分			
		安置仪器，在未完全固定前，双手同时离开仪器，扣 10 分			
		仪器对中整平，气泡未居中，扣 5 分			
		精平后读数，并记录数据，读数前未检查气泡是否居中，扣 8 分			
		不得跨骑在脚架腿上观测，违规一次扣 2 分			
2	组内互评（10 分）	根据小组内成员本次实训的表现情况打分（参考标准：迟到早退、玩手机、嬉戏打闹、不认真记录数据等）			
总分（满分 100 分）					

六、思考题

（1）简述视距法测量的优缺点。

（2）写出视距法测量的计算公式。

项目四　平面控制测量实训

任务一　全站仪的认识与使用

一、实训目的

（1）了解全站仪的构造和原理。

（2）掌握全站仪角度测量、距离测量、坐标测量。

二、实训要求

1. 实训时间

2 课时

2. 实训形式

按照实训内容将学生分组，每组 3 人，配备全站仪 1 套、棱镜架 2 副、棱镜 2 个、说明书 1 本，自备铅笔、小刀、指导书。组内成员可以针对该实训内容进行讨论。

3. 实训注意事项

（1）使用前应仔细阅读使用说明书，以及教材有关章节的注意事项。

（2）架设仪器时务必旋紧三脚架的蝶形螺丝和中心螺旋，以防三脚架滑倒跌落仪器。

（3）严格按照要求装卸电池，取下电池前应先关闭电源。

（4）不得用激光束射向他人，当测距完成时应确认关闭激光功能，仪器迁站时必须将仪器从三脚架上取下并装箱。

4. 工器具材料准备

（1）仪器工具：全站仪、棱镜架、棱镜、说明书。

（2）场地：学校空地。

三、实训作业步骤

在教师指导下，参照说明书与教材进行练习：

（1）认识操作面板软键、功能键的作用。

（2）练习参数设置，输入已知数据、选择文件。

（3）练习水平距离测量。

（4）练习角度测量。

（5）练习坐标测量。

（6）观测数据记入表 1-24。

表 1-24　全站仪测量记录手簿

日期：　　　　　　　　　　　　　　　　　天　气：

组别：　　　　　　　　观测者：　　　　　　记录者：

	第一次		第二次		备注
水平角测量	起边读数		起边读数		
	终边读数		终边读数		
	水平角		水平角		
	第一次		第二次		
水平距离测量	读数 1		读数 1		
	读数 2		读数 2		
	读数 3		读数 3		
	平均		平均		
坐标测量	仪器高		棱镜高	后视方向	
	测站点 1		待求点 2		
	X_1		X_2		
	Y_1		Y_2		
	Z_1		Z_2		

四、实训考核标准

实训考核标准针对全站仪的认识与使用分为观测记录 90 分、组内互评 10 分，见表 1-25。

表 1-25　全站仪的认识与使用工作评分表

序号	执行内容	评分标准	评分方式	次数	得分
1	观测记录（90 分）扣完为止	小组成员按顺序操作，违规者一次扣 2 分	人工评分		
		指认全站仪各部件名称，未答出一项扣 2 分			
		根据观测者身高，把三脚架安置在合适高度，过高或过低均扣 2 分			
		安置仪器，在未完全固定前，双手同时离开仪器，扣 10 分			
		仪器对中整平，气泡未居中，扣 5 分			
		精平后读数，并记录数据，读数前未检查气泡是否居中，扣 8 分			
		不得跨骑在脚架腿上观测，违规一次扣 2 分			
2	组内互评（10 分）	根据小组内成员本次实训的表现情况打分（参考标准：迟到早退、玩手机、嬉戏打闹、不认真记录数据等）			
总分（满分 100 分）					

五、专业知识

全站仪是全站型电子速测仪的简称，是电子经纬仪、光电测距仪及微处理器相结合的光电仪器。它具有角度测量、距离（斜距、平距、高差）测量、三维坐标测量、导线测量、交会定点测量和放样测量等多种用途。

六、思考题

全站仪和 DJ_6 型光学经纬仪相比较有哪些优点？

任务二　闭合导线测量

一、实训目的

掌握闭合导线测量的观测、记录及计算方法。

二、实训要求

1. 实训时间

2 课时

2. 实训形式

按照实训内容将学生分组，每组 3 人，配备全站仪 1 套、带脚架棱镜 2 个、说明书 1 本，自备铅笔、小刀、指导书。组内成员可以针对该实训内容进行讨论。

3. 实训注意事项

（1）闭合导线应观测其内角。

（2）认真地检查、复核外业观测数据，确认正确无误后进行结果检核。

（3）操作全站仪时，要在指导教师的指导下，按说明书的正确操作方法进行。

（4）仪器迁站时，应关闭电源，装箱搬运。

4. 工器具材料准备

（1）仪器工具：全站仪、带脚架棱镜、说明书。

（2）场地：学校空地。

三、实训作业步骤

（1）指导教师指定场地选点，并讲解导线测量记录、技术要求、注意事项。

（2）选点。在实习场地，选定 A、B、C、D 共 4 个导线点，按顺时针编号，组成闭合导线，其中 $x_A = 325.178 \text{ m}$、$y_A = 645.756 \text{ m}$、$\alpha_{AB} = 15°21'35''$。

（3）边长测量。采用全站仪测量每条边的边长，要求对向观测，其相对精度不得低于 1/2 000。

（4）转折角测量。角度测量采用测回法观测 2~3 个测回，其上、下半测回角值较差不得大于 30″。

（5）导线点高程测量。

① 按指导教师指定的起始水准点，经过各导线点，再回到起始点，构成闭合水准路线。

② 采用三角高程测量方法观测相邻导线点间高差，要求对向观测。

（6）坐标计算。根据已知点的坐标、已知边的坐标方位角以及观测的角度、距离推算其他各点的坐标。

（7）在表 1-26 内记录观测数据，在表 1-27 内计算导线点坐标，在表 1-28 内计算导线点高程。

四、实训考核标准

（1）以时间 T 为评分主要依据，见表 1-29。评分标准分 4 个等级制定，具体分数由所在等级内插评分，表中 M 代表分数。

（2）根据符合水准气泡重合情况，扣 1～5 分。

（3）根据卷面整洁情况，扣 1～5 分。（记录划去 1 处扣 1 分，合计不超过 5 分）

五、专业知识

（1）严格按照测回法观测程序作业。

（2）用钢尺或皮尺完成闭合导线的边长测量。

（3）记录计算完整，对中误差≤±3 mm，水准气泡偏差＜1 格。

表 1-26　全站仪导线外业测量记录手簿

日　期：　　　　　天气：　　　　　温度：　　　　　组别：

观测者：　　　　　计算：　　　　　棱镜：

置镜点	观测点	水平距离	水平角	高差		较差	高差平均值
				往测	返测		

表 1-27 导线坐标计算表

测点	角度观测值	改正后角度值	方位角	边长	坐标增量		改正后坐标增量		坐标	
1	2	3	4	5	6	7	8	9	10	11
$\sum$										

辅助计算	$\sum \beta_{测} =$	$f_x =$	$f_y =$
	$\sum \beta_{理} =$	$f_{\beta_{限}} =$	$f = \sqrt{f_x^2 + f_y^2} =$
	$f_{\beta} =$	$v_{\beta} =$	$K = \dfrac{f}{\sum d} = \dfrac{1}{\left(\sum d\right)/f} =$

表 1-28　导线点高程计算表

点号	实测高差	水准路线长度	高差改正数	改正后高差	改正后高程	备注

表 1-29　评分标准

考核项目	评分标准（以时间 T 为评分主要依据）			
	$M \geqslant 85$	$85 > M \geqslant 75$	$75 > M \geqslant 60$	$M < 60$
四等水准测量	$T \leqslant 25$ s	25 s$< T \leqslant 35$ s	35 s$< T \leqslant 50$ s	$T > 50$ s

六、思考题

（1）导线测量的外业工作包括哪几项？

（2）简述闭合导线的内业计算步骤。

任务三　四等水准测量

一、实训目的

掌握四等水准测量的观测、记录、计算方法。

二、实训要求

1. 实训时间

2 课时

2. 实训形式

按照实训内容将学生分组，每组 3 人，配备 DS$_3$ 型水准仪 1 套、双面水准尺 1 对、尺垫 2 个，自备铅笔、小刀、指导书。组内成员可以针对该实训内容进行讨论。

3. 实训注意事项

（1）一个测站观测完毕，应马上计算，只有各项限差符合要求后，才能进行下一个测站的观测。

（2）双面水准尺的尺常数应记清，其中一根为 4.687，另一根为 4.787。迁站时，应注意两根尺的顺序不能颠倒。

（3）四等水准测量的观测顺序为后—后—前—前。

4. 工器具材料准备

（1）仪器工具：DS$_3$ 型水准仪、双面水准尺、尺垫。

（2）场地：学校空地。

三、实训作业步骤

（1）观测前，指导教师讲解水准尺的分划注记，观测顺序、技术指标要求。

（2）指导教师给定已知高程点和待测点，构成附合水准路线。

（3）观测与记录。

① 照准后视水准尺黑面，读取下、上、中三丝读数，记入记录手簿的（1）、（2）、（3）栏。

② 将水准尺翻转为红面，后视水准尺红面，读取中丝读数，记入记录手簿的（8）栏。

③ 前视水准尺的黑面，读取下、上、中三丝读数，记入记录手簿的（4）、（5）、（6）栏。

④ 将水准尺翻转为红面，前视水准尺红面，读取中丝读数，记入记录手簿的（7）栏。

048

（4）计算检核。

① 测站上的计算校核。

视距计算：

后视距离： （15）=100×[（1）-（2）]

前视距离： （16）=100×[（4）-（5）]

前后视距差：（17）=（15）-（16），前后视距差不超过 5 m。

前后视距累计差（18）=上一测站（18）+本测站（17），前后视距累计差不超过 10 m。

同一水准尺黑、红面读数差计算（$K_7=4.687$、$K_8=4.787$）：

（10）=（3）+K-（8）

（9）=（6）+K-（7）

同一水准尺黑、红面读数差不超过 3 mm。

高差计算检核：

黑面高差：（11）=（3）-（6）

红面高差：（12）=（8）-（7）

黑、红面所得高差之差检核计算：

（13）=（11）-（12）±0.100=（10）-（9）

式中：±0.100 为两水准尺常数 K 之差。黑、红面所得高差之差不超过 5 mm。

平均高差： （14）=[（11）+（12）±0.100]/2

② 水准路线的计算校核。

总视距计算：

末站视距累积差： $(18)=\sum(15)-\sum(16)$

总的视距长： $L=\sum(15)+\sum(16)$

总高差的计算：

当测站数为偶数时，总高差： $\sum(14)=\{\sum(11)+\sum[(12)\pm0.100]\}/2$

当测站数为奇数时，总高差： $\sum(14)=[\sum(11)+\sum(12)]/2$

高差闭合差及容许闭合差的计算：

高差闭合差： $f_h=\sum(14)$

允许闭合差： $F_h=\pm20\sqrt{L}$

计算待定点的高程： $H_前=H_后+h$

（5）在表 1-30 内进行记录、计算检核，在表 1-31 内求算待测点高程。

表 1-30　四等水准测量记录手簿

日　期：　　　　　天气：　　　　　温度：　　　　　组别：

观测者：　　　　　计算：　　　　　棱镜：

测点编号	后尺	下丝	前尺	下丝	方向及尺号	标尺读数		K+黑-红	高差中数	备注
		上丝		上丝		黑面	红面			
	后距		前距							
	视距差		累加差							
	（1）		（4）		后尺 1#	（3）	（8）	（10）		
	（2）		（5）		前尺 2#	（6）	（7）	（9）	（14）	
	（15）		（16）		后－前	（11）	（12）	（13）		
	（17）		（18）							
										尺 1#的 K=
										尺 2#的 K=
辅助计算										

表 1-31　水准测量高程计算表

点号	实测高差	水准路线长度	高差改正数	改正后高差	改正后高程	备注

四、实训考核标准

（1）以时间 T 为评分主要依据，见表 1-29。评分标准分 4 个等级制定，具体分数由所在等级内插评分，表中 M 代表分数。

（2）根据符合水准气泡重合情况，扣 1～5 分。

（3）根据卷面整洁情况，扣 1～5 分。（记录划去 1 处扣 1 分，合计不超过 5 分）

五、专业知识

（1）记录、计算完整、清洁，字体工整，无错误。

（2）观测顺序按"后前前后"（黑黑红红）进行。

（3）每站前后视距差不超过 5 m，前后视距累计差不超过 10 m。

（4）红黑面读数差不大于 3 mm，红黑面高差之差不大于 5 mm。

六、思考题

（1）四等水准测量一个测站应观测哪些数据？

（2）四等水准测量有哪些限差规定？

任务四　碎部点测量（经纬仪视距法）

一、实训目的

（1）掌握选取地物、地貌特征点的方法。

（2）掌握一个测站用经纬仪视距法测地形的方法。

二、实训要求

1. 实训时间

2 课时

2. 实训形式

按照实训内容将学生分组，每组 5 人，配备经纬仪 1 套、小钢尺 1 把、绘图板 1 个、半圆仪 1 个，自备铅笔、橡皮、小刀、绘图纸、透明胶带、计算器、大头针、指导书。组内成员可以针对该实训内容进行讨论。

3. 实训注意事项

（1）一个测站观测完毕后，必须重新瞄准后视点，以检查读数，后视方向读数误差不大于 $\pm 4'$。

（2）边测边绘、并作点之记。

4. 工器具材料准备

（1）仪器工具：经纬仪、小钢尺、绘图板、半圆仪。

（2）场地：学校空地。

三、实训作业步骤

（1）指导教师讲解在一个测站用经纬仪视距法测地形的工作程序及特征点选择方法。

（2）在实习场地选择 A、B 两点，A 点作为测站点，B 点作为定向点。将经纬仪安置在测站点 A、测定仪器指标差 x，并用小钢尺量取仪器高。

（3）用盘左照准 B 点（后视点）作为起始方向，使水平度盘读数为 $0°00'00''$，绘图板安置在测站旁边，使图纸上 AB 的方向与地面上 AB 方向一致，用小针将量角器的圆心固定在 A 点。

（4）转动照准部，用十字丝瞄准地形特征点上水准尺上的"仪器高"分划处的标志，读取水平度盘读数和上丝、下丝、中丝读数，打开竖盘自动归零装置开关，读取竖直度盘读数[度盘读数都读至秒（$''$）]。同法观测其他各点。

（5）将观测数据记入记录手簿，根据观测数据，按视距测量公式计算测站点到碎部点的水平距离和高程。

（6）根据水平角和水平距离展绘地形点的平面位置，并在其旁标注高程。

（7）根据地形特征点绘制地物轮廓线、等高线。

（8）计算。

四、实训考核标准

实训考核标准针对碎部点测量（经纬仪视距法）分为观测记录90分、组内互评10分，见表1-32。

表 1-32　碎部点测量（经纬仪视距法）工作评分表

序号	执行内容	评分标准	评分方式	次数	得分
1	观测记录（90分）扣完为止	小组成员按顺序操作，违规者一次扣2分	人工评分		
		根据观测者身高，把三脚架安置在合适高度，过高或过低均扣2分			
		安置仪器，在未完全固定前，双手同时离开仪器，扣10分			
		仪器对中整平，气泡未居中，扣5分			
		精平后读数，并记录数据，读数前未检查气泡是否居中，扣8分			
		不得跨骑在脚架腿上观测，违规一次扣2分			
2	组内互评（10分）	根据小组内成员本次实训的表现情况打分（参考标准：迟到早退、玩手机、嬉戏打闹、不认真记录数据等）			
总分（满分100分）					

五、专业知识

碎部测量的实质就是测定碎部点的平面位置和高程。

六、思考题

（1）试述本次实训有哪些地物、地貌特征点。

（2）若用全站仪采集数据，工作程序有哪些？

任务五　测设的基本工作

一、实训目的

掌握已知水平距离、已知水平角、已知高程的测设方法。

二、实训要求

1. 实训时间

2 课时

2. 实训形式

按照实训内容将学生分组，每组 6 人，配备经纬仪 1 套、水准仪 1 套、钢尺 1 把、斧头 1 把、测钎 1 组、木桩若干、垂球 2 个，自备铅笔、橡皮、小刀、计算器。组内成员可以针对该实训内容进行讨论。

3. 实训注意事项

（1）钢尺拉力要均匀，尽量接近标准拉力。

（2）计算一定要核对，以免出错。

4. 工器具材料准备

（1）仪器工具：经纬仪、水准仪、钢尺、斧头、测钎、木桩、垂球。

（2）场地：学校空地。

三、实训作业步骤

1. 测设已知水平距离

（1）选点：在实习场地选定 A、B 两点，设计 C 点在 A、B 点之间，且 $AC=45.12$ m。

（2）标定 AB 方向：将经纬仪安置在 A 点，瞄准 B 点，标出 AB 方向。

（3）测设已知水平距离：从 A 点沿 AB 方向用钢尺量水平距离 45.12 m，打木桩、标出 C_1，同法标出 C_2。当两次标定位置之差与测设距离之比的相对误差在允许范围内时，取 C_1、C_2 分中点为最终测设的 C 点。

2. 测设已知水平角

（1）在实习场地选定角顶点 O 及 OA 方向，设计 $\angle AOB = \beta = 45°12'34''$。

（2）将经纬仪安置在角顶点 O，以盘左位置瞄准 A 点，读取水平度盘读数（此时亦可使度盘读数为 0°00'00''）。

（3）松开水平制动螺旋，旋转照准部，当水平度盘读数为 45°12'34'' 时，在视线方向上打桩定出 B_1 点。

（4）倒转望远镜变成盘右位置，以同上方法测设 β 角，定出 B_2 点，取 B_1、B_2 分中点 B。则 $\angle AOB$ 即为所要测设的角 β。

3. 测设已知高程点

（1）选点：在实习场地选定 BM_A、B 两点，已知水准点 BM_A 的高程为 $H_A = 116.347\,m$，设计 B 点高程 $H_B = 115.236\,m$。

（2）计算水准仪视线高程：在 BM_A 点和 B 点之间安置水准仪，读取 BM_A 点上水准尺的读数为 a，则：

$$H_i = H_A + a$$

（3）计算前视水准尺尺底为设计高程时的水准尺读数：

$$b = H_i - H_B$$

（4）确定测设点的准确位置：前视尺紧贴木桩，上下慢慢移动，当前视读数为 b 时，则尺底位置即为要测设高程点的位置。

按表 1-24 要求填入测设结果，并绘图标注。

表 1-24　基本测设工作实测资料

水平距离测设	较差C_1C_2=	
水平角测设	较差B_1B_2=	
高程测设	BM_A点高程H_A=	
	BM_B点高程H_B=	
	后视读数a=	
	前视读数b=	
	视线高H_i=	

四、实训考核标准

实训考核标准针对测设的基本工作分为三部分：

（1）以时间 T 为评分主要依据，见表 1-29。评分标准分 4 个等级制定，具体分数由所在等级内插评分，表中 M 代表分数。

（2）根据符合水准气泡重合情况，扣 1～5 分。

（3）根据卷面整洁情况，扣 1～5 分。（记录划去 1 处扣 1 分，合计不超过 5 分）

五、专业知识

水平距离、水平角度和高程三项工作的测设误差均要在限差以内。

六、思考题

（1）试说明测设已知高程的标注位置比桩顶高时，如何标注？

（2）试说明测设距离的一般方法和精密方法有何区别？

模块二　铁路工程养路机械实训

任务一　ND-55 捣固机实训

一、实训目的

（1）熟悉 ND-55 捣固机各部件的名称、作用。

（2）掌握 ND-55 捣固机的使用方法。

二、实训要求

1. 实训时间

2 课时

2. 实训形式

按照实训内容将学生分组，每组 3 人，配备 ND-55 捣固机 1 台、指导书。组内成员可以针对该实训内容进行讨论。

3. 实训注意事项

（1）请使用二冲程小松汽油机专用润滑油，或该公司推荐的润滑油品牌。有条件时最好使用 93 号汽油，或按汽油机使用说明书的要求用油。

（2）请勿振捣刚性物体或板结道床，尽量避免与混凝土轨枕、钢轨碰撞。

（3）加注混合汽油时，必须在停机状态下进行。

（4）捣固作业时，可左右摆动机器，请勿扭动手把或撬、别枕木。

（5）请勿在雨中使用。

（6）使用中如发现螺纹连接处有松动，请及时紧固，以免继续使用造成损坏。

（7）请不要触及排气管和高压点火装置，以免受伤。

（8）化油器上的涂有红色油漆的螺钉请不要拧动。未涂红漆的螺钉为怠速调整螺钉和低速调整螺钉，可根据需要进行调整。

（9）每工作 100 h，应对镐体各部进行全面解体清洗并重新注油。

特别注意：连续作业 0.5 h 以上，必须停机休息，把机器放在阴凉处降温，待温度冷却后再使用。

4. 工器具材料准备

（1）仪器工具：ND-55 捣固机 1 台、手套和防护服若干。

（2）场地：轨道交通分院高铁实训基地线路实训场。

三、实训作业步骤

（1）指导教师讲解 ND-55 捣固机各部件的名称、作用，并示范操作方法。

（2）使用前准备。

① 检查或紧固机器各部螺栓和螺纹连接处，应连接牢固。

② 将汽油和二冲程小松汽油机专用润滑油以 50∶1 的比例混合（若使用市场上购置的二冲程机油，则请按 25∶1 混合），并摇拌均匀。

③ 将混合汽油灌入汽油机油箱。

（3）启动。

① 将捣固镐直立于石砟或泥土地面上，请勿立于硬质地面上。

② 按动汽油机泵膜 10 次以上泵油，将油门控制手柄关至最小，关闭风门。

③ 一手握住捣固镐手把，一手拉住汽油机启动手柄，并使拉绳张紧。迅速拉动启动手柄。汽油机启动后，应慢慢放回启动手柄，打开风门。

④ 汽油机启动后，应使其怠速运转 3~5 min 热机，使汽油机各部润滑后方可工作（特别注意：不可长时间怠速运转）。

四、实训考核标准

实训考核标准针对 ND-55 捣固机实训分为使用前检查 30 分、启动 30 分、作业 40 分，见表 2-1。

五、专业知识

（1）手持捣固机手把，将汽油机油门开至适当位置，进行捣固作业。

（2）工间休息时，应停机。

（3）停机时，先将油门关至最小，再按住停机按钮停机。

（4）休息时间较长或不用时，应将捣固镐手把朝下平放于地面上，避免摔碰汽油机。

注意：不可长时间将捣固镐倒立放置（镐头朝上）。

六、思考题

简述 ND-55 捣固机的使用流程。

表 2-1 ND-55 捣固机实训作业评分表

序号	执行内容	评分标准	评分方式	配分	得分
1	使用前检查（2次）	（1）检查或紧固机器各部螺栓和螺纹连接处是否连接牢固，10分。 （2）检查机油、燃油是否充足，10分。 （3）整备机器达到使用要求，操作人员向负责人报告准备完毕，10分	人工评分	30	
2	启动（2次）	（1）将捣固镐直立于石砟或泥土地面上，5分。 （2）一手握住捣固镐手把，一手拉住汽油机启动手柄，并使拉绳张紧。迅速拉动启动手柄。汽油机启动后，应慢慢放回启动手柄，打开风门，15分。 （3）汽油机启动后，应使其怠速运转 3～5 min 热机，使汽油机各部润滑后方可工作（特别注意：不可长时间怠速运转），10分	人工评分	30	
3	作业	（1）手持捣固镐手把，将汽油机油门开至适当位置，进行捣固作业，8分。 （2）工间休息时，应停机，8分。 （3）停机时，先将油门关至最小，再按住停机按钮停机，8分。 （4）休息时间较长或不用时，应将捣固镐手把朝下平放于地面上，避免摔碰汽油机，8分。 （5）不可长时间将捣固镐倒立放置（镐头朝上），8分	人工评分	40	
总分（满分100分）					

任务二　NZG-31Ⅱ内燃钢轨钻孔机实训

一、实训目的

（1）熟悉 NZG-31Ⅱ内燃钢轨钻孔机各部件的名称、作用及使用方法。

（2）掌握 NZG-31Ⅱ内燃钢轨钻孔机的使用方法。

二、实训要求

1. 实训时间

2 课时

2. 实训形式

按照实训内容将学生分组，每组 3 人，配备 NZG-31Ⅱ内燃钢轨钻孔机 1 台、指导说明书 1 本。组内成员可以针对该实训内容进行讨论。

3. 实训注意事项

（1）不同轨型的定位板要把牢。

（2）钻孔前应检查发动机的螺栓是否松动。

（3）发动机出现故障时，应由专业人员维修。

（4）钻孔前试转发动机。

（5）孔快要钻透时进给力不要过大。

（6）操作时要注意不要被发动机排气部位烫伤。

（7）防止发动机被雨淋。

4. 工器具材料准备

（1）仪器工具：NZG-31Ⅱ内燃钢轨钻孔机 1 台、手套和防护服若干。

（2）场地：轨道交通分院高铁实训基地线路实训场。

三、实训作业步骤

（1）检查或紧固机器各部螺栓和螺纹连接处，应连接牢固。

（2）安装好空心钻头。

（3）认准轨型，安装好机器相对应的定位板。

（4）按孔的位置固定好尺杆。

（5）钻孔时放足发动机油门。

（6）钻孔时利用压力壶供足冷却润滑液。

四、实训考核标准

实训考核标准针对 NZG-31Ⅱ 内燃钢轨钻孔机实训分为使用前检查 30 分、启动 30 分、作业 40 分，见表 2-2。

表 2-2　NZG-31Ⅱ 内燃钢轨钻孔机实训作业评分表

序号	执行内容	评分标准	评分方式	配分	得分
1	使用前检查（2 次）	（1）检查或紧固机器各部螺栓和螺纹连接处是否连接牢固，10 分。 （2）机油燃油是否充足，10 分。 （3）整备机器达到使用要求，操作人员向负责人报告准备完毕，10 分	人工评分	30	
2	启动（2 次）	（1）查看夹轨装置是否出现卡死，5 分。 （2）查看选用的定位尺和定位板与轨型是否匹配，15 分。 （3）内燃机启动时间≤30 s，启动次数≤3 次，10 分	人工评分	30	
3	作业	（1）启动钻孔机怠速运转，5 分。 （2）使钻孔机试钻 1 min，5 分。 （3）将钢轨放平固定，5 分。 （4）安装定位尺、钻孔机，连接冷却水管，钻孔同时打开冷却水阀，10 分。 （5）孔位和间距偏差均不得不超过 1 mm，10 分。 （6）钻孔结束，及时对孔进行倒棱磨平，5 分		40	
总分（满分 100 分）					

五、专业知识

（1）空心钻头与主轴紧密配合不得松动。

（2）把定位器和定位尺调整到适当位置后调正机身，同时使压轮卡紧钢轨。

（3）钻孔机停机前减小油门，空转 3～5 min 后，即可熄灭停机。

六、思考题

（1）简述 NZG-31Ⅱ 内燃钢轨钻孔机的使用流程。

任务三　YZG-800 型液压直轨器实训

一、实训目的

（1）熟悉 YZG-800 型液压直轨器各部件的名称、作用及使用方法。

（2）掌握 YZG-800 型液压直轨器的使用方法。

二、实训要求

1. 实训时间

2 课时

2. 实训形式

按照实训内容将学生分组，每组 3 人，配备 YZG-800 型液压直轨器 1 套。组内成员可以针对该实训内容进行讨论。

3. 实训注意事项

（1）确认直轨器各部件齐全良好。

（2）液压油南方夏季选择 40 号机油、春秋选择 30 号机油，北方则应选黏度略低的机油。

（3）液压油油面需达到油箱的 2/3。

（4）时刻注意各连接件是否松动漏油。

（5）作业轨温若低于 10 ℃，则需要加热钢轨至轨温 25 ℃ 以上。

（6）做好钢轨折断的应急预案，备齐钢轨急救器和夹板。

4. 工器具材料准备

（1）仪器工具：YZG-800 型液压直轨器 1 台、手套和防护服若干。

（2）场地：轨道交通分院高铁实训基地线路实训场。

三、实训作业步骤

（1）指导教师讲解 YZG-800 型液压直轨器各部件的名称、作用，并示范操作方法。

（2）使用前准备。

① 确认直轨器各部件齐全良好。

② 液压油油面需达到油箱的 2/3。

③ 注意各连接件是否松动漏油。

④ 做好钢轨折断的应急预案，备齐钢轨急救器和夹板。

（3）操作。

① 将钢轨欲弯部位两侧混凝土枕扣件松开。

② 将机具架放置在钢轨需要调直（或弯曲）方向的对侧。

③ 将间隙调整装置手柄摆到与钢轨平行的位置（左右摆动均可）。

④ 将机身架钩头勾在需要直轨部位，顶头顶在轨头上，利用偏心轮调整间隙，使偏心轮大面接触轨头侧面。

⑤ 将扳杆插入压油连接套，拧紧回油阀，摆动扳杆，活塞即可伸出，从而达到调直（或弯曲）钢轨的目的。

⑥ 工作完毕后，松开回油阀，活塞即可自动复位，然后将间隙调整装置手柄再摆在与钢轨平行位置，同时调整垫板自由落下，即可将机身拿下轨道进行下一个循环作业。

四、实训考核标准

实训考核标准针对 YZG-800 型液压直轨器实训分为使用前检查 30 分和作业 70 分，见表 2-3。

表 2-3　YZG-800 型液压直轨器实训作业评分表

序号	执行内容	评分标准	评分方式	配分	得分
1	使用前检查（2次）	（1）确认直轨器各部件齐全良好，5分。 （2）液压油油面需达到油箱的 2/3，5分。 （3）注意各连接件是否松动漏油，5分。 （4）手压泵动作是否灵活可靠，5分。 （5）确认回油阀动作灵活可靠，闭锁时无泄漏，5分。 （6）做好钢轨折断的应急预案，备齐钢轨急救器和夹板，5分	人工评分	30	
2	作业	（1）按施工负责人指令上道，5分。 （2）确定矫直量，10分。 （3）把钢轨矫正部位两侧扣件松开，5分。 （4）根据硬弯起止点装好直轨器，机具中部轨钩对准矫直点，10分。 （5）用支杆将机身支稳，拧紧偏心手轮，10分。 （6）往复摆动操纵杆，给油缸注油，10分。 （7）时刻检查顶头、轨钩，10分。 （8）当变形满足时，松开卸荷阀，保压 1～2 min 后，松开油阀，10分		70	
总分（满分 100 分）					

五、专业知识

YZG-800 型液压直轨器是一种对线路上的钢轨水平方向进行调直（或弯曲）的

手动液压专用工具。本机具具有操作简单、性能可靠、调直（或弯曲）钢轨效果理想、应用范围广等优点，特别是对于 43 kg/m、50 kg/m、60 kg/m 三种重轨，应用起来尤为方便，是养路机械化必不可少的一种新型手动液压机具。

六、思考题

简述 YZG-800 型液压直轨器的使用流程。

任务四 YQB-245（25T）型液压起道器实训

一、实训目的

（1）熟悉 YQB-245（25T）型液压起道器各部件的名称、作用及使用方法。

（2）掌握 YQB-245（25T）型液压起道器的使用方法。

二、实训要求

1. 实训时间

2 课时

2. 实训形式

按照实训内容将学生分组，每组 3 人，配备 YQB-245（25T）型液压起道器 1 套。组内成员可以针对该实训内容进行讨论。

3. 实训注意事项

（1）确认起道器各部件齐全良好。

（2）工作油液的选择，应根据使用地区的气候条件和季节来确定，夏季选 40 号机油、冬季选 20 号机油较为适宜。

（3）加入的机油应经过滤，保持清洁，不得有污物、水分混入，一般可根据使用情况 3~6 个月更换一次，平时如发现储油过少，应随时补充。

（4）油液太脏时，应清洗油箱及整个液压系统。清洗时应注意不要用棉纱擦拭油箱及液压件配合面。

（5）维护和清洗时，一般不要动安全溢流阀。如安全溢流阀发生故障，检修后，应调定压力在（39±1）MPa 范围内。

（6）如遇到手柄杆摆动有空行程时，是因油少或液压系统中进入空气，往复摆数次即可消除。

（7）本机各密封处采用各类密封圈，为防止液压油泄漏应定期更换密封圈。

4. 工器具材料准备

（1）仪器工具：YQB-245（25T）型液压起道器 1 台、手套和防护服若干。

（2）场地：轨道交通分院高铁实训基地线路实训场。

三、实训作业步骤

（1）指导教师讲解 YQB-245（25T）型液压起道器各部件的名称、作用，并示范操作方法。

（2）作业前准备。

① 确认直轨器各部件齐全良好。

② 检查液压油油质、油量符合要求。

③ 确认回油阀正常，起拨道轨能降低到最低点。

④ 空载试验，确认无泄漏，活塞无跳动。

（3）起道作业。

① 按施工负责人作业指令上道作业。

② 查看轨底道砟情况，过多或不足时先整理道砟。

③ 如果钢轨离砟面过高，则直接用活塞杆顶起钢轨。

④ 将起道机送入轨下，使起道头全部进入轨底，摆正机具。

⑤ 将基座插入轨底，钢轨搭到起道杠杆托板上，手提梁水平放置，拧紧回油阀杆，摇动手柄起道。

⑥ 起道后进行打塞，接头处起道时，两根轨枕要同时打塞，每根打两面镐。

⑦ 转移时，打开回油阀，将起道器从轨底提出，转移至下一地点。

⑧ 如发现液压油不足时，机具人员下道至限界以外进行补充。

四、实训考核标准

实训考核标准针对 YQB-245（25T）型液压起道器实训分为使用前检查 20 分和作业 80 分，见表 2-4。

表 2-4　YQB-245（25T）型液压起道器实训作业评分表

序号	执行内容	评分标准	评分方式	配分	得分
1	使用前检查（2 次）	（1）确认直轨器各部件齐全良好，5 分。 （2）检查液压油油质油量符合要求，5 分。 （3）确认回油阀正常，起拨道轨能降低到最低点，5 分。 （4）空载试验，确认无泄漏，活塞无跳动，5 分	人工评分	20	
2	作业	（1）按施工负责人作业指令上道作业，10 分。 （2）查看轨底道砟情况，过多或不足时先整理道砟，10 分。 （3）如果钢轨离砟面过高，则直接用活塞杆顶起钢轨，10 分。 （4）将起道机送入轨下，使起道头全部进入轨底，摆正机具，10 分。 （5）将基座插入轨底，钢轨搭到起道杠杆托板上，手提梁水平放置，拧紧回油阀杆，摇动手柄起道作业，15 分。 （6）起道后进行打塞，接头处起道时，两根轨枕要同时打塞，每根打两面镐，15 分。 （7）转移时，打开回油阀，将起道器从轨底提出转移至下一地点，10 分		80	
总分（满分 100 分）					

五、专业知识

YQB-245（25T）型液压起道器适用于 50 kg/m、60 kg/m 等各型钢轨的线路维修、起道作业。该机具采用平面四杆机构，弥补了过去使用的液压起道器的初始起道力小的不足，初始起道力大，更合理。平面四杆机构，底座均采用优质钢材，经长期使用无破损、无变形，可在钢轨的内外侧作业，均不侵入限界，起道性能好，效率高，操作方便。

六、思考题

简述 YQB-245（25T）型液压起道器的使用流程。

模块三　铝热焊虚拟仿真实训

任务一　铝热焊虚拟仿真实训

一、实训目的

（1）熟悉使用钢轨铝热焊接仿真实训 VR 软件。

（2）掌握钢轨铝热焊作业流程。

二、实训要求

1. 实训时间

8 课时

2. 实训形式

按照实训内容将学生分组，每组 1 人，配备 VR 眼镜、VR 手柄、显示器 1 台、铝热焊软件 1 套，采用 VR 第一人称视角形式，按操作步骤完成整个施工作业流程。

3. 实训注意事项

（1）确认 VR 眼镜、VR 手柄、显示器电源连接良好.

（2）确认软件正常打开。

（3）确认 VR 眼镜、VR 手柄佩戴良好。

（4）确认操作人员站在指定位置操作软件。

4. 工器具材料准备

（1）仪器工具：VR 眼镜、VR 手柄、显示器 1 台、铝热焊软件 1 套。

（2）场地：轨道交通分院高铁实训基地虚拟焊接综合实训室。

三、实训作业步骤

（一）VR 手柄功能使用

1. 左手柄

在钢轨铝热焊的 VR 实作软件操作中，左手柄只用在浇筑时点火，将左手柄靠近引信，扣动扳机键即可点火（图 3-1）。

图 3-1　左手柄

2. 右手柄

（1）单击手柄⚫键，即单击图 3-2 手柄上的①处按钮，手柄开机。

（2）右手柄圆盘上设置有 4 个方向的按钮，默认状态都可以操作移动（图 3-2）。

图 3-2　右手柄按钮

3. 扳机键

（1）激活指示点。

① 射线+右手柄扳机键激活：射线顶端的黄色箭头落在被激活的物体上，并引发物体激活反应（物体变色/手柄振动），扣动扳机键激活物体（图 3-3）。

图 3-3　扣动扳机键

② 触发+右手柄扳机键激活：手柄靠近被激活物体，并引发物体激活反应（物体变色/手柄振动），按住扳机键不放，激活物体（图 3-4）。

图 3-4　常按扳机键

（2）360°查看物体：按住扳机键不放，上下左右移动手柄（图 3-5）。

图 3-5　查看物体

（3）点击右手柄向左方向键退出工具展示。

（二）登录界面进入

打开铝热焊 VR 实作软件后，出现登录界面（图 3-6）。

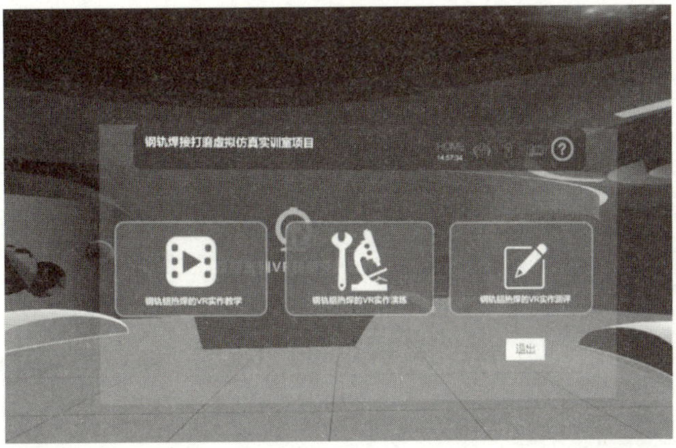

图 3-6　登录界面

（1）射线激活钢轨铝热焊 VR 实作演练按钮时，出现钢轨铝热焊施工作业的所有操作步骤，可以根据需要进入相应场景（图 3-7）。

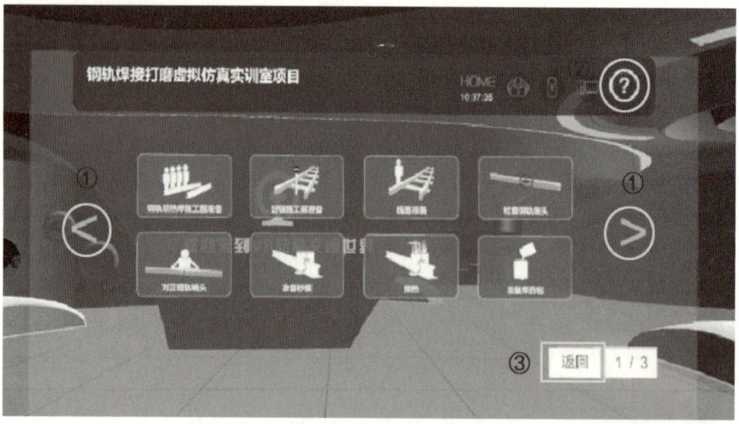

图 3-7　实训项目场景

① 图 3-7 中的①为上一页/下一页按钮。

② 图 3-7 中的②为帮助按钮，射线激活弹出手柄使用帮助（图 3-8）。

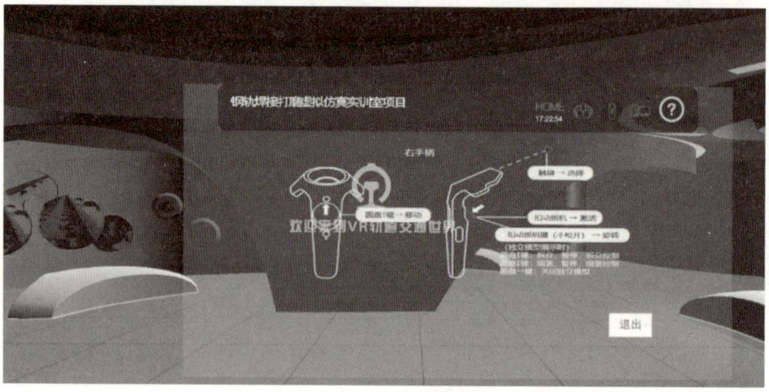

图 3-8　手柄使用功能界面

③ 图 3-7 中的③为返回上级菜单按钮。

（2）选择钢轨铝热焊 VR 实作教学按钮时，进入视频教学大厅（图 3-9）。

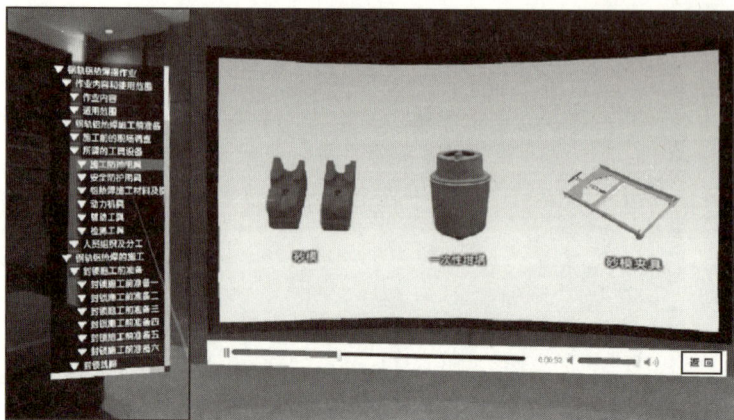

图 3-9　视频教学大厅

① 中央荧幕播放教学视频。

② 左侧区域为教学内容视频菜单，射线激活菜单可以观看对应视频。

③ 返回按钮返回主登录界面。

（3）选择钢轨铝热焊 VR 实作测评按钮时，直接进入钢轨铝热焊打磨作业中的第一步（施工前准备）即仓库场景（图 3-10）。

图 3-10　仓库场景

（三）软件使用

1. 指示点

指示点根据操作类别分为：触发指示点、射线指示点、测量指示点、施工指示点。

（1）触发指示点：右手柄触碰并按扳机键才能激活的指示点。

此类指示点包括：

① 闪烁提示的粒子动画+指示点名称（图 3-11）。

图 3-11　按动扳机键触发指示点

② 闪烁的物体描边+指示点名称（图 3-12）。

图 3-12　按动扳机键触发指示点

此类指示点的激活要求为：选择使用正确的工具；触摸激活。

（2）射线指示点：右手柄射线指向并扣动扳机键才能激活的指示点。

此类指示点包括：

① 闪烁提示的粒子动画+指示点名称（图 3-13）。

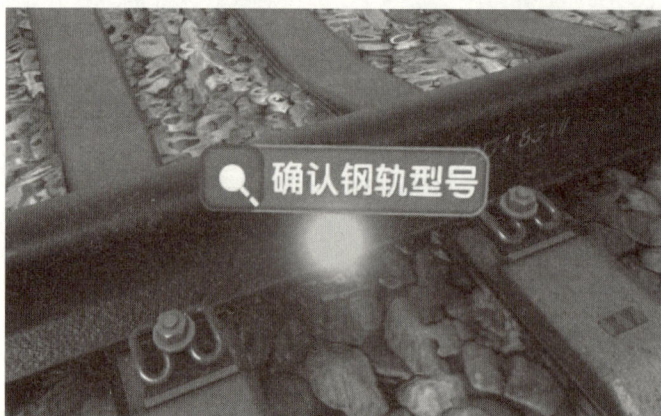

图 3-13　扣动扳机键激活射线指示点

② 闪烁的物体描边+指示点名称（图 3-14）

图 3-14　扣动扳机键激活射线指示点

此类指示点的激活要求为：选择使用正确的工具；射线激活。

（3）测量指示点：使用测量工具后，弹出测量值内容的指示点。

此类指示点的激活要求为：射线激活（图 3-15）。

图 3-15　射线激活测量指示点

（4）施工指示点：指示在此处施工的指示点。

① 培训阶段：指示点包括该指示点对应施工工具模型的虚框半透明提示、指示点名称。

② 考核阶段：指示点名称显示及闪烁的粒子动画。

③ 激活要求：选择使用正确的工具；射线激活（图 3-16）。

图 3-16　射线激活施工指示点

2. 对话框

（1）小精灵对话框。

① 提示当前步骤完成，进行下一步骤作业。

操作方法：射线激活并关闭对话框；对话框内容播放完毕后自动关闭（图 3-17）。

图 3-17　小精灵对话框提示步骤

② 提示当前阶段作业完成，进入一下阶段作业。

操作方法：射线激活确定按钮，进入下一阶段作业；射线激活取消按钮，返回登录界面（图 3-18）。

图 3-18　小精灵对话框提示步骤

③ 可选性提示框，可以进入额外场景学习，主要用于内燃切轨机作业和钢轨仿形打磨机作业。

操作方法：射线激活确定按钮，进入额外场景学习；射线激活取消按钮，继续当前操作（图 3-19）。

（2）提示对话框：当前操作的文字提示。

操作方法：射线激活并关闭对话框；对话框内容播放完毕后自动关闭（图 3-20）。

图 3-19　小精灵对话框提示步骤

图 3-20　提示对话框

（3）选择工具对话框。

操作方法：射线激活要选择对象前面的圆圈；射线激活确定按钮（图 3-21）。

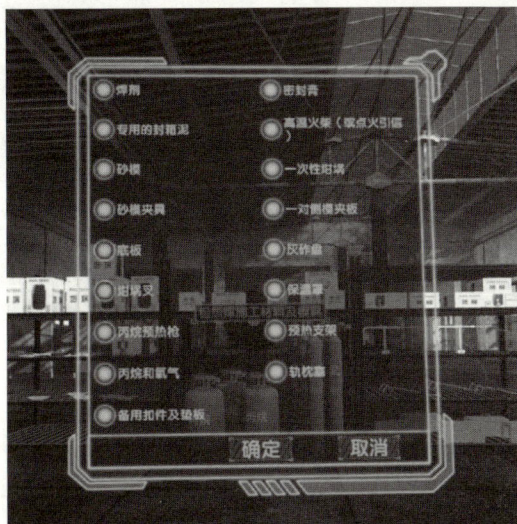

图 3-21　工具对话框

3. 工具展示

对应工具抬升，360°自由旋转工具进行观看。

操作方法：按住右手柄扳机键不放，上下左右移动手柄。

前置条件：激活对应工具展示。

后置条件：按下右手柄圆盘左键，退出工具展示（图 3-22）。

图 3-22　工具展示

4. 工具的使用

（1）一般工具的使用。

在培训阶段，在需要施工的地方，会出现对应施工工具的虚框模型，射线激活工具后虚框消失，再次用射线激活工具，播放工具施工动画，模型消失，施工结束（图 3-23）。

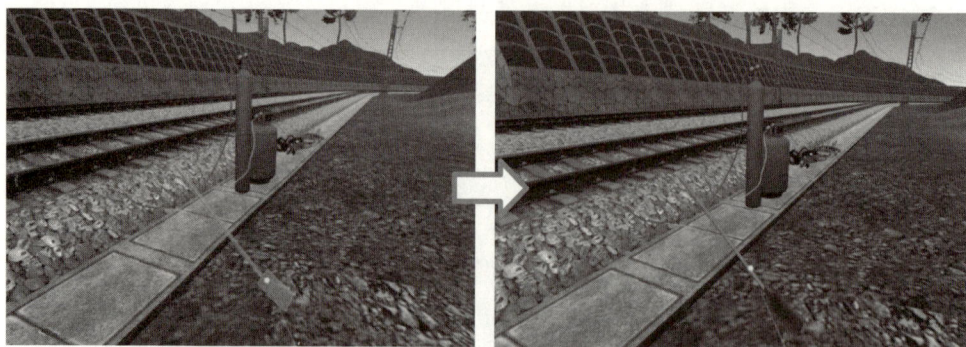

图 3-23　一般工具的使用

（2）手持工具的使用。

在施工中，右手柄会变为工具模型操作。例如喷枪，在"封锁施工前准备"作业流程中，右手柄会变为喷枪模型，这时即可操作"丙烷预热枪"对着待焊钢轨两端各 1 m 范围扣动扳机键进行预热工作（图 3-24）。

图 3-24　手持工具的使用

（3）可调节工具的使用。

工具为可调节时，会出现调节指示。例如："钢轨对正架"移动操作，在"钢轨对正架"左右两边各出现一个调节按钮，使用射线激活按钮，即能左右调整"钢轨对正架"位置（图 3-25）。

图 3-25　可调节工具的使用

在培训阶段，只有"钢轨对正架"调整于正确位置，"钢轨对正架"顶部位置才会出现"确定"按钮，确认放置。在考核阶段，"钢轨对正架"顶部位置的"确定"按钮一直存在，点击按钮程序判断"钢轨对正架"位置是否正确并记录，于最终成绩中呈现（图 3-26）。

图 3-26　可调节工具的使用

（四）钢轨铝热焊的 VR 实作演练

钢轨铝热焊的 VR 实作演练是对铝热焊施工流程的虚拟操作，整个流程包括：

（1）钢轨铝热焊施工前准备：学生进入 VR 虚拟备件仓库选择钢轨铝热焊所需工具及设备。

（2）封锁施工前准备：学生在虚拟的线路场景中完成线路钢轨确定、个人防护用品穿戴、现场清理、轨温测量、废物弃置坑挖造等工作。

（3）线路准备：学生完成待焊钢轨端头距最近轨枕距离的测量并调整、道砟的清理、扣件的紧固、机具检查等工作。

（4）检查钢轨端头：VR 模拟钢轨端头出现的不合格现象，教会学生相应的处理、处置办法。

（5）切割钢轨：学习焊接前切割不良钢轨的方法。

（6）对正钢轨端头：学习焊接前钢轨焊接端头的测量方法、技术要求及调整方法。

（7）准备砂模：学生在虚拟的线路场景中对砂模进行检查、安装演练。

（8）预热：学生在虚拟的线路场景中对钢轨进行预热演练。

（9）准备焊药包：学生进行坩埚检查、焊药的放置演练。

（10）浇注：学生进行铝热焊浇注演练。

（11）拆模与推瘤：学生在虚拟的线路场景中进行拆模、推瘤演练。

（12）打磨：学生在虚拟的线路场景中使用打磨机进行钢轨打磨，使学生熟练掌握打磨的要点、步骤、标准。

（13）收尾工作：学生在虚拟的线路场景中完成检查焊头、线路恢复、清理现场、填写报告、恢复通车的焊后收尾流程。

四、实训考核标准

对铝热焊施工的所有步骤及注意事项的掌握情况进行考核，计算得分。

实训考核操作与钢轨铝热焊的 VR 实作演练相同，区别在于没有精灵提示，选择施工工具时，由实作演练阶段的射线激活工具实体变为在对话框中选择工具（图 3-27）。

图 3-27　实作演练工具对话框

模块四　隧道结构认知与监测实训

任务一　隧道结构认知

一、实训目的

（1）认识隧道衬砌构造。

（2）能够对应图纸找到实际物体的部分，并且测量出相应的尺寸。

二、实训要求

1. 实训时间

2 课时

2. 实训形式

按照实训内容将学生分为 4 组，每组成员在高铁实训基地观察隧道。组内成员可以针对该实训内容进行讨论。

3. 实训注意事项

（1）实训时安全第一，不允许在实训场地大声喧哗、争斗、打闹，保持安静，轻声讨论。

（2）在实训场地内禁止饮食，禁止吐痰，禁止嚼口香糖。

（3）不准恶意破坏实训设备，若有损坏及时向实训指导教师报备。

（4）实训结束后，整理复原仪器设备、桌椅，清理四周环境，待检查符合要求后，方可离开。

（5）实训室的设备严禁带出。

4. 工器具材料准备

（1）测量用具：钢卷尺。

（2）场地：高铁实训基地。

三、实训作业步骤

（1）观察实训基地的隧道衬砌属于（　　）衬砌断面。

观察实训基地的隧道衬砌，都使用了哪些材料？

观察实训基地的隧道洞门，分别属于哪种类型？

观察实训基地的隧道附属建筑物，都有哪些？

（2）以组为单位领取钢卷尺，实训结束后，以组为单位归还。

（3）量取图 4-1 中下列位置的实际尺寸，要求每个部位量取 3 遍，记录 3 个数据，最后取平均值

1—（   ）（   ）（   ）；2—（   ）（   ）（   ）；

3—（   ）（   ）（   ）；4—（   ）（   ）（   ）；

5—（   ）（   ）（   ）；6—（   ）（   ）（   ）；

7—（   ）（   ）（   ）；8—（   ）（   ）（   ）；

9—（   ）（   ）（   ）；量轨面至道床地面的高度（   ）（   ）（   ）。

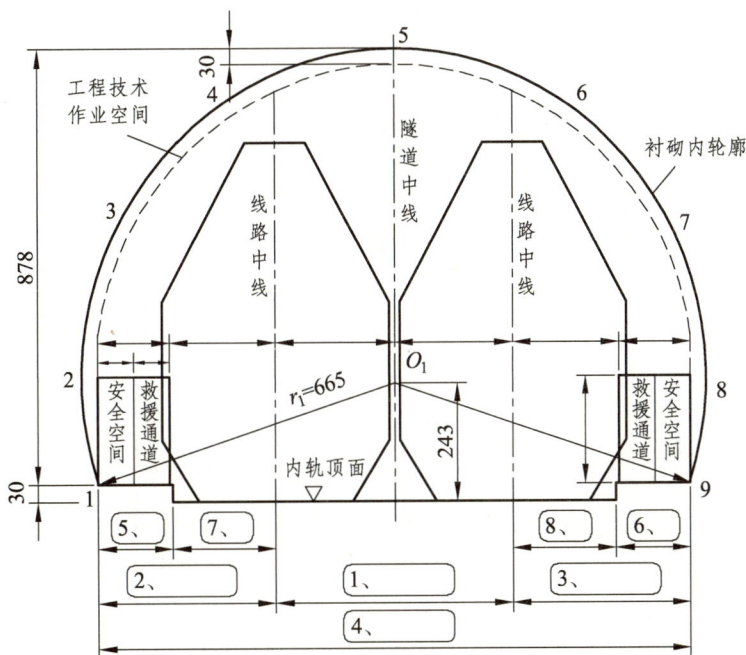

图 4-1 隧道构造（单位：cm）

（4）每组收集一座隧道的相关信息，并做成 PPT 进行课堂展示

四、实训考核标准

实训考核标准针对隧道结构认知分为完成和掌握情况进行评分，见表 4-1。

五、专业知识

（1）隧道的概念：用以保持地下空间作为运输孔道的工程建筑物，称之为"隧道"。

（2）隧道按长度的分类：

短隧道：$L \leq 500$ m；中长隧道：500 m$< L \leq 3\,000$ m；长隧道：$3\,000$ m$< L \leq 10\,000$ m；特长隧道：$L > 10\,000$ m。

（3）隧道的构造包括：洞身衬砌和洞门。

表 4-1　隧道结构认识工作评分表

序号	执行内容	评分标准	评分方式	配分	得分
1	观察实训基地的隧道	（1）准确判断实训基地隧道衬砌的类型，2分。 （2）能够认出隧道所使用的材料，2分。 （3）能够区分出隧道洞门的类型，2分。 （4）能够找出隧道的附属建筑物，2分	人工评分	8分	
2	以组为单位领取钢卷尺，实训结束后，以组为单位归还	以组为单位，领取钢卷尺，登记签字 以组为单位归还钢卷尺，登记签字	人工评分	2分	
3	量取各部位的实际尺寸，要求每个部位量取3遍，记录3个数据，最后取平均值	（1）准确读懂图纸和实物对应的位置，3分。 （2）每个部位的尺寸要量取3次，每次量取完记录对应数据，并计算平均值。每组数据5分，共50分 （3）将最后结果填写在图中对应的位置，1分 （4）必须用铅笔记录数据，1分 （5）不得将钢卷尺拉坏，3分	人工评分	58分	
4	每组收集一座隧道的相关信息，并做成PPT进行课堂展示	（1）按时上交PPT文档，1分。 （2）PPT内容围绕一座隧道的相关信息展开，10分。 （3）PPT内容图文并茂，字体大小适中，图片清晰，位置美观，6分。 （4）PPT上需要展示小组成员及各自的工作内容，1分。 （5）上台展示的同学介绍的情况，普通话流利，大方得体，内容熟练，4分		22分	
5	组内互评	根据小组内成员本次实训的表现情况打分 （参考标准：迟到早退、玩手机、嬉戏打闹、不认真记录数据、测量数据不认真等）		10分	
总分（满分100分）					

（4）隧道的特点。

优点：缩短线路长度，减少能耗；节约地皮；有利于环境保护；应用范围广泛。

缺点：造价较高；施工期限长；施工作业环境和条件较差。

（5）为什么要修建隧道？

① 利用了两点之间直线最短的几何原理，解决路程远近问题。

② 减少了对自然环境的破坏。

③ 解决了道路坡度问题。

（6）衬砌断面如图 4-2 所示。

（7）衬砌的概念：人工修筑的支护结构。

（8）支护结构包括初期支护和二次衬砌。

（9）衬砌材料的要求：

① 应具有足够的强度、耐久性、抗渗性、耐腐蚀性和抗冻性等。

② 从经济角度考虑，还应满足就地取材、降低造价、施工方便及易于机械化施工等。

（10）铁路隧道的洞身衬砌有哪些类型？各适用于什么情况？

① 单层衬砌（整体式模筑混凝土衬砌）：技术成熟，适应多种围岩条件。在隧道洞口段、浅埋段及围岩条件很差的软弱围岩中采用整体式衬砌较为稳妥可靠。

② 装配式衬砌：地质条件较好，围岩稳定，地下水很少，有场地，施工单位又有制造、运输和拼装衬砌的设备，并在控制开挖和拼装工艺方面有一定的经验时，可采用拼装衬砌；采用盾构施工，又考虑二次衬砌时，也宜采用拼装式衬砌，以快速形成一次衬砌的强度。

③ 锚喷式衬砌：在 Ⅳ～Ⅵ 级围岩中不宜单独采用喷锚支护作永久衬砌，一般考虑在 Ⅰ、Ⅱ 级等围岩良好、完整、稳定的地段中采用。

④ 复合衬砌：最适宜在 Ⅱ～Ⅵ 级围岩中使用。

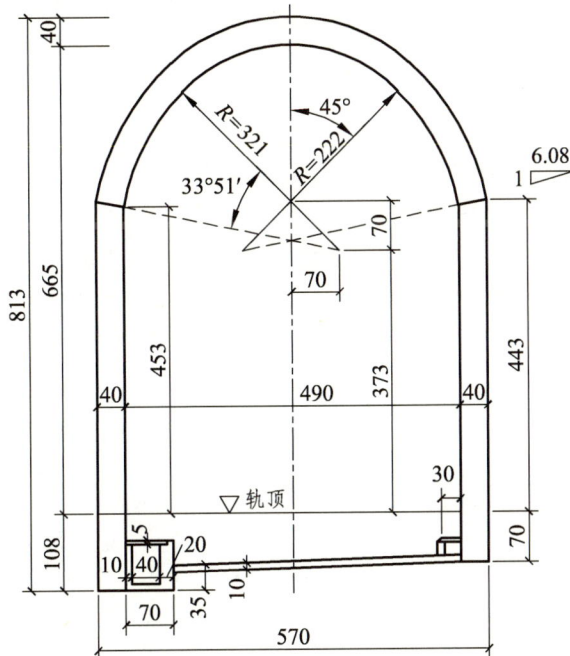

（a）直墙式

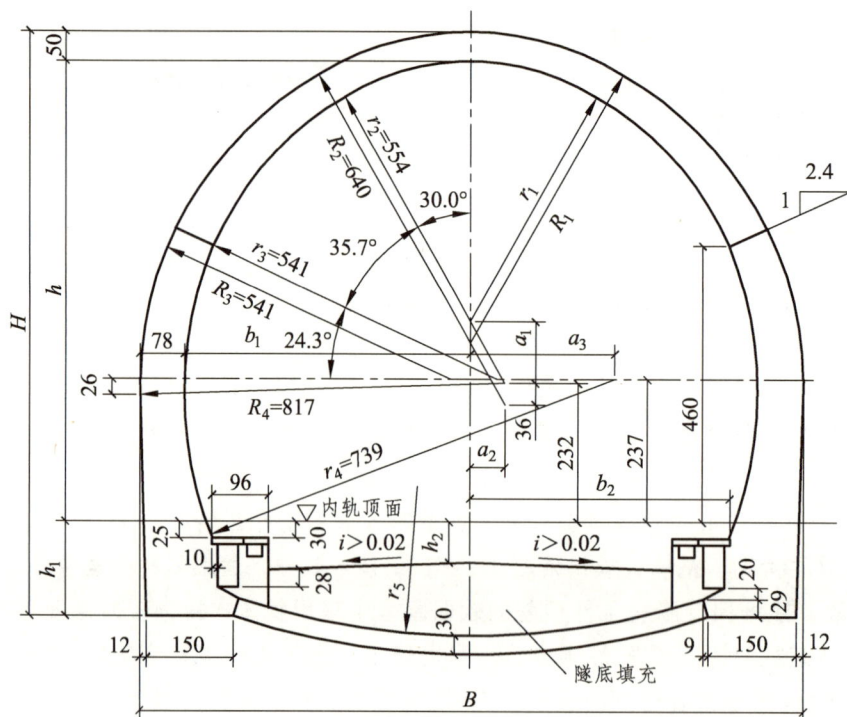

（b）曲墙式

图 4-2 衬砌断面（单位：cm）

（11）隧道洞门的作用。

① 减少洞口土石方开挖量，起到挡土墙的作用。

② 稳定边仰坡，减小引线路堑的边坡高度，缩小正面仰坡的坡面长度，从而使边仰坡得以稳定。

③ 引离地面流水，把流水引入侧沟排走，保证了洞口的正常干燥状态。

④ 装饰洞口。

（12）洞门的类型：环框式、端墙式、翼墙式等。

（13）端墙式洞门适用于哪种情况？

端墙式洞门适用于地形开阔、石质较稳定（Ⅱ～Ⅲ级围岩）的情况。

六、思考题

（1）为什么每个部位的数据要测量 3 次，取平均值？

（2）隧道的附属建筑物和主体建筑物各有哪些？说说你区分的方法。

（3）隧道洞门有什么作用？

任务二 隧道监测实训

一、实训目的

（1）掌握隧道监测系统的组成。

（2）能够使用隧道自动化监测系统对实训基地隧道进行实时数据监测。

二、实训要求

1. 实训时间

2 课时

2. 实训形式

以组为单位进行隧道监测实训作业练习。

3. 实训注意事项

（1）实训时安全第一，不允许在实训场地大声喧哗、争斗、打闹，保持安静，轻声讨论。

（2）实训场地内禁止饮食，禁止吐痰，禁止嚼口香糖。

（3）不准恶意破坏实训设备，若有损坏及时向实训指导教师报备。

（4）实训结束后，整理复原仪器设备、桌椅，清理四周环境，待检查符合要求后，方可离开。

（5）实训室的设备严禁带出。

4. 工器具材料准备

实训所需工器具包括全站仪、L 形单棱镜、通信电缆、供电电缆、交直流转换器、串口服务器、电源箱、主控计算机与分控计算机、网络设备等，见表 4-2。

表 4-2 隧道监测所需工器具

监测模块	序号	监测项目	主要监测设备	仪器示例图片
数据采集	1	监测点水平位移	徕卡全站仪	
	2	监测点垂直位移		

监测模块	序号	监测项目	主要监测设备	仪器示例图片
数据通信	3	数据传输（无线、有线方式二选一）	宏电 H7920	
		数据传输（有线、无线方式二选一）	Usr-tcp232-410	
监测点棱镜	4	监测点数据采集	L 形棱镜	
		控制点数据采集	徕卡圆棱镜或 L 形棱镜	
强制对中支架	5	用于全站仪强制对中	订制	
附件	6	用于连接全站仪和通信设备	Y 形电缆、串口线、网线	

三、实训作业步骤

1. 任务描述

（1）以组为单位熟悉隧道监测系统的组成。

（2）能够使用隧道自动化监测系统对实训基地隧道进行实时数据监测。

2. 隧道监测系统的组成

（1）自动化监测系统的硬件构成。

（2）信号通信设备与供电装置。

（3）传输设备。

（4）目标棱镜。

（5）系统连接及监测流程示意图。

3. 隧道自动化监测系统部分功能

（1）基准点管理。

（2）全站仪管理。

（3）主采集页面。

（4）数据分析模块主界面。

（5）数据查询、报表输出。

四、实训考核标准

实训考核标准针对隧道监测实训按照作业流程进行评定，见表4-3。

五、专业知识

（一）隧道自动化变形监测概述

南方自动监测系统（South Deformation Monitoring System，SMOS）是基于南方强大的技术力量而研发出的一套针对各种结构物监测的变形监测系统。南方测绘 SMOS-TS 自动监测软件是无人值守型全站仪极坐标自动变形监测系统。该系统主要由自动化全站仪（测量机器人）、监测点棱镜、SMOS-TS 软件、计算机及专用通信供电电缆构成，如图 4-3 所示。SMOS-TS 自动监测软件将自动完成周期变形监测、实时评价变形监测成果、实时显示变形趋势等智能化的功能合为一体，广泛应用于地铁隧道自动化监测项目及大坝、大桥、高边坡等大型建（构）筑物的自动化变形监测项目。

1. 系统主要性能特点

（1）实时性强。

系统可实时监测各测点，可自定采集时间，并对原始数据进行滤波、计算等处理。数据以数字或相应曲线、图等形式实时显示、记录和打印。数据显示形式包括表面位移的时间历程曲线图、*X/Y* 坐标图、模拟图、直方图等。

表 4-3　隧道监测实训工作评分表

序号	执行内容	评分标准	评分方式	配分	得分
1	作业前准备	仪器正常、防护和各类备品与探伤记录簿本齐全	人工评分	3 分	
2	隧道监测系统的组成	（1）自动化监测系统的硬件构成： 包括高精度自动全站仪、目标棱镜、信号通信设备与供电装置、计算机及网络设备等部分		8 分	
		（2）信号通信设备与供电装置： 包括通信电缆、供电电缆、交直流转换器、串口服务器、电源箱等		8 分	
		（3）传输设备： 主要包括计算机部分和网络部分。 计算机部分包括主控计算机与分控计算机。 网络设备由网络交换机、无线路由器和网卡等组成，主控计算机通过网络设备实现与分控计算机连接和数据的传输		8 分	
		（4）目标棱镜： 目标棱镜一般选择标准圆棱镜或 L 形小棱镜，当目标较近时可以选择 L 形微棱镜，目标较远时采用标准圆棱镜，通常基准点上采用标准徕卡圆棱镜，监测点采用 L 形小棱镜		8 分	
		（5）系统连接及监测流程示意图		8 分	
3	隧道自动化监测系统部分功能	（1）基准点管理： 在基准点管理界面输入项目所用到的基准点信息，在界面右侧输入正确的点名、东坐标、北坐标、高程信息		8 分	
		（2）全站仪管理： 首先仪器需要通过通信串口线连接到电脑端口，如果用 GPRS 通信，则串口选择对应的虚拟串口。 在全站仪机身设置里需要先把波特率、数据位、停止位、校验位设置正确并与软件设置保持一致		8 分	
		（3）主采集页面		8 分	
		（4）数据分析模块主界面		8 分	
		（5）数据查询、报表输出		8 分	
4	作业后整理	（1）检查：检查仪器，做好仪器的日常保养工作	人工评分	2 分	
		（2）整理：找出问题、总结经验		3 分	
		（3）总结汇报：开好完工会，作当日工作小结及次日工作预报；及时向车间、工务段调度汇报安全及伤损情况		2 分	
5	组内互评	根据小组内成员本次实训的表现情况打分（参考标准：迟到早退、玩手机、嬉戏打闹、不认真记录数据、测量数据不认真等）		10 分	
总分（满分 100 分）					

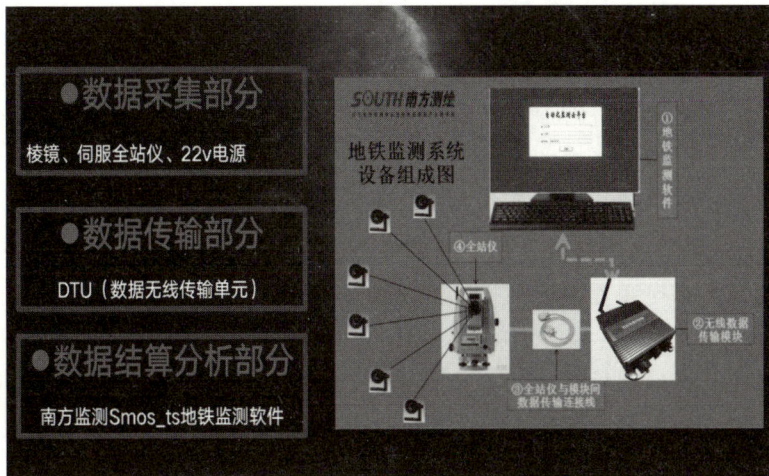

图 4-3　南方测绘 SMOS-TS 自动监测软件

（2）数据易查询、导出。

监测数据能够保存在多种数据库内，并可进行历史数据查询，生成选定时间段内的传感器最大最小值，还可以直接生成 Excel 表格或其他形式报表。

（3）界面清晰、操作简便。

软件界面清晰直观，操作方便简洁，以主界面和各子界面形式显示，各界面间切换灵活，界面图案可按客户要求绘制改动。

（4）预警信息及时。

系统具有数据越限报警设置显示功能，现场即时上传报警信息时，主机会出现明显的报警画面和报警信息，同时还可提供各种声光报警等多媒体提示或手机短信报警。

（5）操作人性化。

系统能对其中的每一用户进行口令和操作权限的管理，能给不同的用户分配不同的系统访问、操作权限级别。用户登录后的操作将写入系统日志，保障运行系统的安全性。

（6）系统开放性高。

系统满足开放性标准的要求，方便系统功能的添加、删除、维护、修改、扩展。系统兼容当前流行的多种数据库，包括 Access、SQL Server、Oracle，MySQL，并满足数据库容量的扩充、系统软件功能的增强等方面的要求。

（7）智能化程度高。

系统采用先进软件开发，功能强大、灵活方便、界面美观，可实现信息化管理、智能化监测，不仅可完全实现高边坡安全监测的功能要求，还可根据实际需要进行软件升级，符合今后的发展方向。

2. 系统主要功能

SMOS-TS 自动监测系统是在自主创新的基础上，通过实际工程应用，并结合国内用户的实际需求，研制出的本地化智能型自动变形监测中文软件。软件由监测数据采集模块、数据分析模块、数据查询模块、数据输出模块和系统管理模块五大模块组成，具备多级信息共享，具有各项监测参数的分析功能。

该系统软件具有操作人性化、智能化程度高、实时性强、工作效率高的优点，可以根据用户实际需求进行深度定制，非常适合各类在线监测项目。

该系统具有如下特点功能：

（1）数据采集功能。

硬件构成：自动化监测网络系统的硬件部分包括高精度自动全站仪、目标棱镜、信号通信设备与供电装置、计算机及网络设备等部分。

全站仪：徕卡 1201、徕卡 2003、徕卡 TS 系列、徕卡 TM 系列、徕卡 1800 等。

目标棱镜：标准圆棱镜或 L 形小棱镜。

信号通信设备与供电装置：通信电缆、供电电缆、交直流转换器、串口服务器、电源箱等。

传输设备：主要包括计算机部分和网络部分。

智能采集：

① 对所要监测的点位进行初始学习测量。

② 可以对监测点位进行分组，并关联不同的定时器，实现变形点的分时、分组监测。

③ 当目标被遮挡或测量超限时可以智能化处理。具备视场内多棱镜智能识别的功能，满足地铁隧道等狭窄环境中多目标监测的需要。

④ 实时多重差分改正，最大限度地消除或减弱大气条件等变化对测量结果的影响。

⑤ 计算机因断电等原因重启后，用户可决定是否自动运行 SMOS-TS 自动监测软件，自动初始化全站仪，按照原来的各项参数设置自动开始下一周期的测量。

（2）数据处理与变形分析功能。

① 监测结果实时显示，并可按照用户所要求的格式进行报表输出。

② 监测数据可以实时采集，也可以事后输入。多重差分可以实时改正测量数据，也可以事后进行差分改正。

③ 允许在观测等待期间移动测站仪器，或者更改棱镜高度。

④ 可以实现多周期取平均，或一天 24 小时每日取平均的功能。

⑤ 监测点变形趋势实时多态图解显示。可以显示某监测点不同周期的变形情况，也可显示某断面上所有监测点在某一周期的位移量。

⑥ 采用数据库管理监测数据，便于查询数据。利用数据库压缩功能，还可以更好利用数据库存储空间。

⑦ 系统出现异常或变形位移量超过限差值时，通过短信等形式自动报警。

⑧ 针对不同的测量环境与要求，软件可以做定制性更改。

（二）隧道自动化监测系统组成

1. 基准点布置

在隧道两端不受建设项目施工影响的隧道远处各设置至少 3 个基准点。在待测隧道中适合通视的隧道测站点上安置全站仪，基准点上设置徕卡标准圆棱镜。基准点与测站点构成控制网来测定各监测点的实时坐标。

基准点的埋设：基准点必须埋设稳固，保证在整个监测过程中不受破坏，采用钢支架，牢固安装在隧道内壁，支架固定后装上棱镜连接螺丝，实现强制对中。棱镜距隧道壁 3 ~ 5 cm，确保观测通视良好。为了防止碰动点位，必要时加装保护盒进行保护。

工作基点埋设：根据隧道具体情况以及地下轨道自动化监测的有关技术要求，工作基点是变形监测的主测站，要求能监测所有变形观测点，且点位埋设稳固，利于观测和保存。工作基点采用钢支架牢固安装在隧道内壁上，实现强制对中，即于支架上固定安装仪器、棱镜。

隧道断面监测点布置如图 4-4 所示。

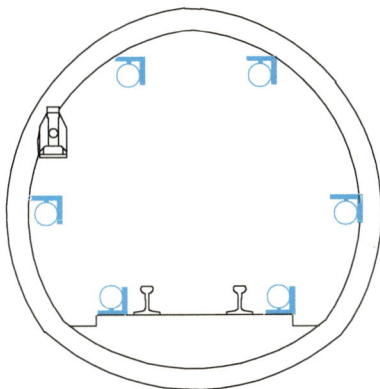

图 4-4　隧道断面测点布置

2. 监测点布设

变形点坐标监测精度要求为±0.01 mm，由于存在小视场中的棱镜分辨问题，距离较远的断面在埋设时，应相互错开一些距离。

监测点的埋设：采用 L 形小棱镜（图 4-5），在隧道壁上牢固安装好棱镜，并使棱镜面正对工作基点（即测站点），注意不能打破防水层。对于在隧道下方的监测点，为了防止碰动点位，可加角钢进行保护。

图 4-5　L 形小棱镜

3. 隧道自动化监测系统组成

隧道自动化监测系统主要由如下 4 个单元构成：监测设备、参考系、变形体和控制设备。其中：监测设备由徕卡测量机器人、隧道结构变形自动化监测系统软件和监测控制房组成；参考系由 6 个基准点（2 组×3 个点）组成；变形体由 1 818 个变形监测点（303 个断面×6 个点）组成；控制设备由工控机及远程控制电脑组成。

（1）自动化监测系统的硬件构成。

基于徕卡全站仪的变形自动监测系统，以自动搜索目标的全站仪为测量工具，并配备 L 形单棱镜，采用极坐标的测量方法，测定各变形点的三维坐标。同时将采集的数据通过网络自动传入控制计算机，计算机对所采集的数据进行分析处理，输出变形点的变形及相关信息，便于有关人员及时掌握变形情况。

自动化监测网络系统的硬件部分包括高精度自动全站仪、目标棱镜、信号通信设备与供电装置、计算机及网络设备等。

（2）信号通信设备与供电装置。

信号通信设备与供电装置包括：通信电缆、供电电缆、交直流转换器、串口服务器、电源箱等。

（3）传输设备。

传输设备主要包括计算机部分和网络部分。

计算机部分包括主控计算机与分控计算机。主控计算机负责测量整体安排，根据时间、测量次序等指示分控计算机进行操作，同时接受分控计算机发来的测量数据，对各站测量数据进行统一处理计算。分控计算机用来接受主控计算机的指令，直接控制全站仪的操作，每台分控计算机通过串口连接，控制对应的一台全站仪。所有计算机通过控制监视软件共享一台显示器。

网络设备由网络交换机、无线路由器和网卡等组成，主控计算机通过网络设备实现与分控计算机连接与数据的传输。

（4）目标棱镜。

目标棱镜设置在基准点和变形点上。目标棱镜一般选择标准圆棱镜或 L 形小棱镜，当目标较近时可以选择 L 形小棱镜，目标较远时采用标准圆棱镜，通常基准点上采用标准徕卡圆棱镜，监测点采用 L 形小棱镜。图 4-6 所示为两种棱镜实景照片。

图 4-6　标准徕卡圆棱镜和 L 形小棱镜

（5）系统连接及监测流程示意图。

整个监测系统硬件各部分之间的连接控制关系及监测流程如图 4-7 所示。

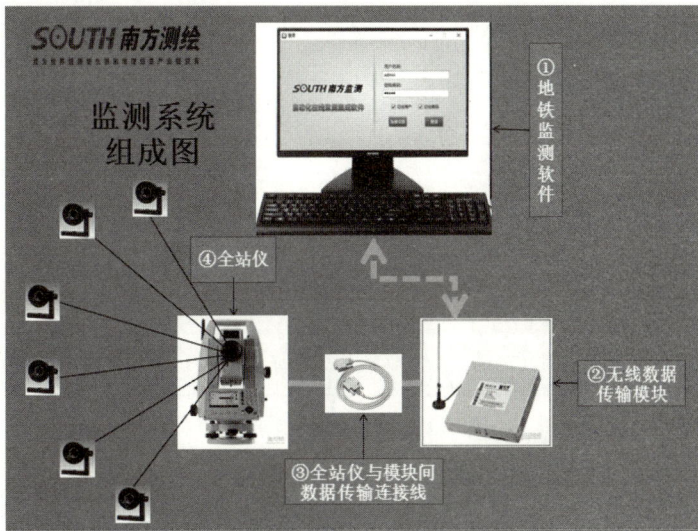

图 4-7　系统连接

（三）隧道自动化监测系统部分功能特点说明

1. 隧道自动化监测系统功能特点

支持仪器类型：徕卡 1201、徕卡 2003、徕卡 TS30、徕卡 TM30、徕卡 1800 等。

软件组成：采集模块、解算模块、分析模块、预警模块。

软件核心：全天候 24 h 无人值守自动化采集数据与处理、测量数据超限自动重测、极坐标自动化解算、线形图实时显示、及时智能预警。

数据输出格式：Excel、PDF、TXT。

功能特点：

严格按测量规范设计测量方法；

严格按测量规范设计的全圆方向法进行外业数据采集工作；

限差控制齐全；

对外业观测中《工程测量标准》（GB 50026—2020）规定的所有限差均进行判断，超限后进行重测。重测严格按照规范规定进行；

测站可分组观测；

每个测站可进行任意分组的观测，记录的数据均存入此测站的观测数据文件中。一个测站可进行多日多组的观测。

2. 隧道自动化监测系统部分功能介绍

（1）基准点管理 。

登录软件采集主界面后，点击主界面上排基准点管理图标进入基准点管理界面，如图 4-8 所示。

图 4-8　基准点管理界面

在基准点管理界面输入项目所用到的基准点信息，在界面右侧输入正确的点名、东坐标、北坐标、高程信息，点击界面下方的"添加"按钮，即可成功添加基准点信息。

（2）全站仪管理。

基准点设置完成后进入全站仪选择，点击界面上排全站仪管理图标 进入"全站仪管理"界面，如图 4-9 所示。

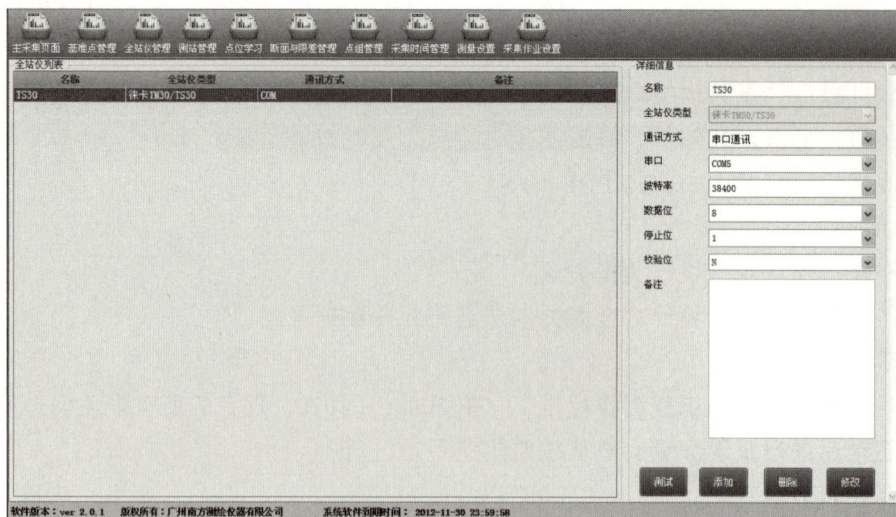

图 4-9　全站仪管理界面

首先仪器需要通过通信串口线连接到电脑端口，如果用 GPRS 通信，则串口选择对应的虚拟串口。在全站仪机身设置里需要先把波特率、数据位、停止位、校验位设置正确，并与软件设置保持一致，一般常用波特率、数据位、停止位、校验位设置，如图 4-10 所示。

名称	TS30
全站仪类型	徕卡TM30/TS30
通讯方式	串口通讯
串口	COM5
波特率	38400
数据位	8
停止位	1
校验位	N

图 4-10　通信配置界面

（3）主采集页面。

采集作业设置完成后，点击界面上排主采集页面图标 进入主采集页面设置界面，如图 4-11 所示。

点击主采集页面右上方开始采集按钮启动全站仪数据采集。

测量开始后，每个测量步骤的当前测点信息会在"详细信息"栏显示出来，方便用户查看测量状态。"消息提示"显示当前测量周期的周期信息及出现测点错误的信息。测量周期完成后自动输出测量记录手簿。

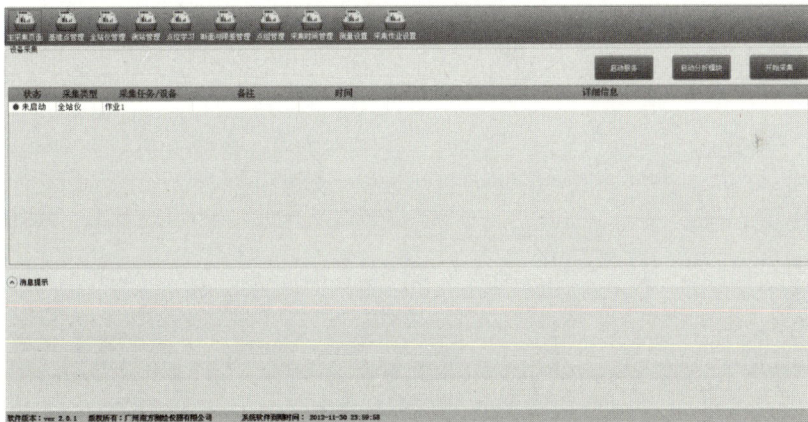

图 4-11　主采集页面

（4）数据分析模块主界面。

在主采集页面，首先点击"启动服务"按钮 ，弹出"服务管理"界面，如图 4-12 所示。

图 4-12　启动服务界面

点击服务管理界面的"启动服务"按钮，服务启动后把服务管理界面最小化，然后点击主采集界面的"启动分析模块"按钮 启动分析模块 ，进入数据分析模块启动界面，如图 4-13 所示。

图 4-13 数据分析启动界面

（5）数据查询、报表输出，如图 4-14、图 4-15 所示。

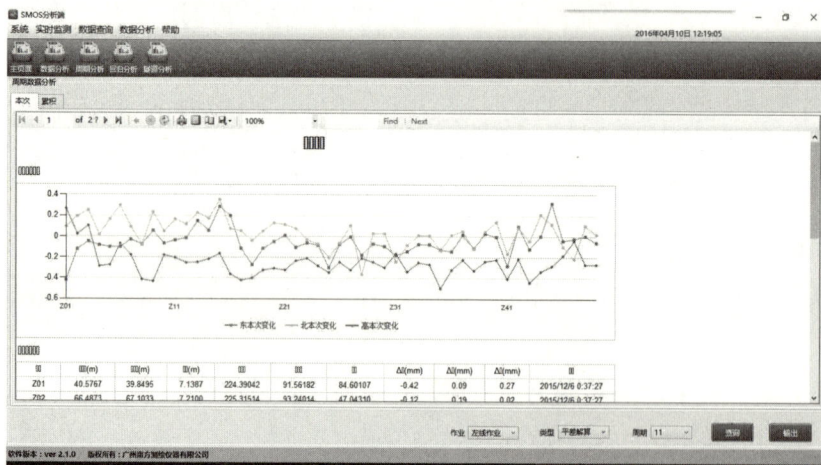

图 4-14 数据查询

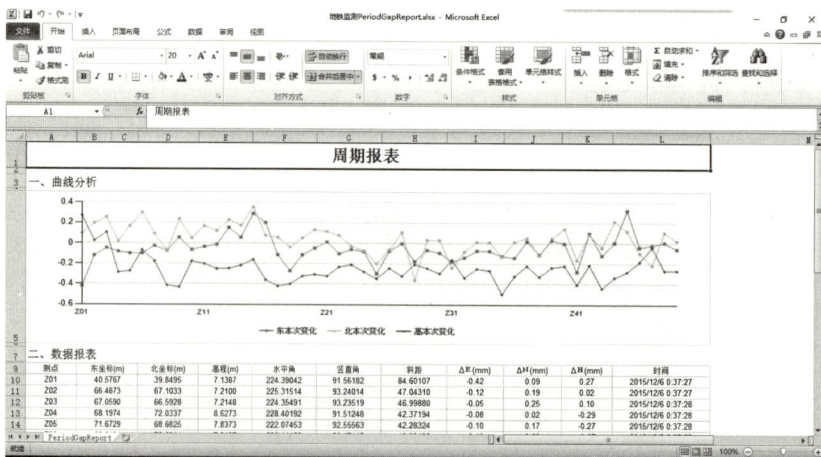

图 4-15 数据报表 Excel 格式

其余项目数据查询及报表输出方法同上。

（四）隧道自动化监测的技术难点问题及解决方案

隧道的空间环境呈狭长形，同时，多数情况下隧道还会处于运营阶段，运营列车一般会以平均 5 min 的车次间隔时间在隧道中高速运行。隧道内环境的这些特点及保证隧道正常运营等因素的制约，使得自动变形监测系统在隧道变形监测中的应用会遇到比在其他工程中更多的技术问题。同时，这些制约因素也使得在隧道变形监测中，自动变形监测手段有着常规测量无法比拟的优越性。

自动监测系统可以在无人值守的情况下，全天 24 h 连续地自动监测，实时进行数据处理、数据分析、报表输出及提供图形、自动报警等，完全可以在列车正常运行的情况下进行自动测量。为满足隧道结构变形监测的环境条件，隧道自动化监测软件主要解决以下几个方面的技术难点问题：

1．遇障碍（如车遮挡）重复测量时间延迟功能

当全站仪正在实时测量某个点时，如果汽车正好驶过，挡住了全站仪的视线，如不加以处理，全站仪就会停止测量，监测工作也就中止。我们可以在南方自动监测系统软件中，定义一个延迟时间，当点位暂时被遮挡时，将暂停测量，延迟一段时间后，继续测量该点位。如果此时目标点位仍被遮挡，还可以定义一个最大重复测量数，全站仪将按照延迟的时间重新测量。假如该目标点一直被遮挡，仪器进行最大的努力后，仍不能测量该点时自动转到下一个目标点进行测量。

2．消除隧道内气流变化的影响

汽车在行驶中有很大气流通过，直接影响测量结果。在系统运行中连续观察记录到这种变化的影响，用预置限差的办法来剔除这些干扰数据。

3．有效地消除外界误差的影响

南方自动监测系统中采用温度、气压实时改正和差分改正相结合的混合改正模型进行实测数据改正。温度、气压数字传感器可将温度、气压观测量实时传输到南方自动监测系统中对距离进行实时气象改正。

4．车辆在行驶中地基振动影响问题

汽车在行驶中有很大的振动，为了克服其对测量结果的影响，选择具有双轴自动补偿技术的全站仪。比如徕卡生产的 TS30 全站仪具有双轴自动补偿技术，补偿器的补偿范围为±3′。当仪器的竖轴倾斜量小于 3′时，补偿器就能对测量的角度值自动进行补偿修正。自动全站仪选用了最新的系统软件提高补偿器在振动环境下的测量精度。

5．满足"视场"要求的测量点分布

在狭长的隧道中，多个监测棱镜会出现在一个视场中，必须避免视场中多棱镜干扰，正确选择需监测的棱镜（监测点）。

使用 L 形小棱镜,大大减小了棱镜的面积,降低了多棱镜出现在视场中的概率。南方自动监测系统软件具有小视场角功能,采用空间立体式交错布点方式,错开视场角较小的点,即可实现自动测量,如图 4-16 所示。

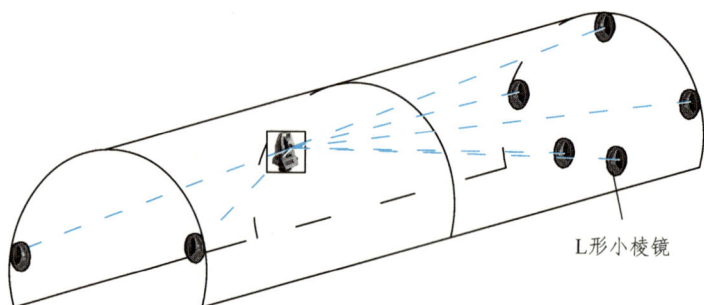

L形小棱镜

图 4-16　隧道建筑限界及监测点布置示意图

6. 限制时间内完成全部监测点的监测

正常情况下,自动测量一个监测点的平均作业时间约为 40 s(包括仪器旋转、照准、稳定和测量)。在监测系统中,监测点多,采用自动监测方法,可以既保证测量精度,又能快速地在限制时间内完成全部监测点的监测。

六、思考题

(1)隧道自动化监测系统主要由哪些单元构成,它们分别是什么?

(2)目标棱镜设置在什么位置?一般有哪几种?

(3)隧道自动化监测系统功能有哪些特点?

模块五　无砟轨道认知与调整实训

任务一　无砟轨道结构认知

一、实训目的

（1）掌握板式无砟轨道三个基本类型的特点和结构组成。

（2）对照实物能够分辨出板式无砟轨道。

二、实训要求

1. 实训时间

2 课时

2. 实训形式

按照实训内容将学生分为 4 组，测量 3 种板型的尺寸。组内成员可以针对该实训内容进行讨论。

3. 实训注意事项

（1）实训时安全第一，不允许在实训场地大声喧哗、争斗、打闹，保持安静，轻声讨论。

（2）实训场地内禁止饮食，禁止吐痰，禁止嚼口香糖。

（3）不准恶意破坏实训设备，若有损坏及时向实训指导教师报备。

（4）钢尺在拉出收回的时候，易割伤手指，务必注意安全。

（5）钢尺容易损坏，为维护钢尺，应做到四不：不扭，不折，不压，不拖。用毕要擦净后才可卷入尺壳内。

（6）实训结束后，整理复原仪器设备、桌椅，清理四周环境，待检查符合要求后，方可离开。

（7）实训室的设备严禁带出。

4. 工器具材料准备

（1）用具：钢卷尺、手套、记录本、铅笔。

（2）场地：高铁实训基地。

三、实训作业步骤

（一）测量 CRTS I 型板的相关数据

（1）在图 5-1 中标出 CRTS I 型板的各组成（① 轨道板、② 扣件系统、③ 底座、④ CA 砂浆、⑤ 凸型挡台）。

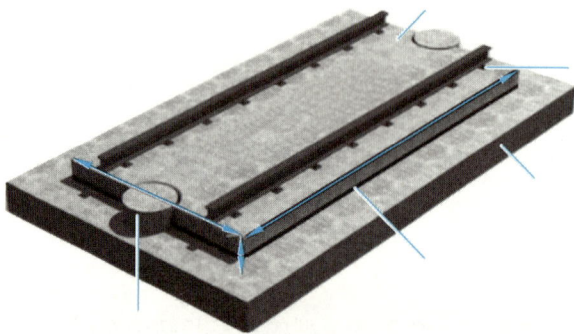

图 5-1　CRTS I 型板的组成

（2）测量板的长宽高等数据。

长：

宽：

高：

扣件：（　　）×（　　）组

扣件间距：

凸台半径：

（二）测量 CRTS II 型板的相关数据

（1）在图 5-2 中标出 CRTS II 型板的各组成（⑥ 轨道板、⑦ 水硬性支承层、⑧ 板间连接件、⑨ 扣件）。

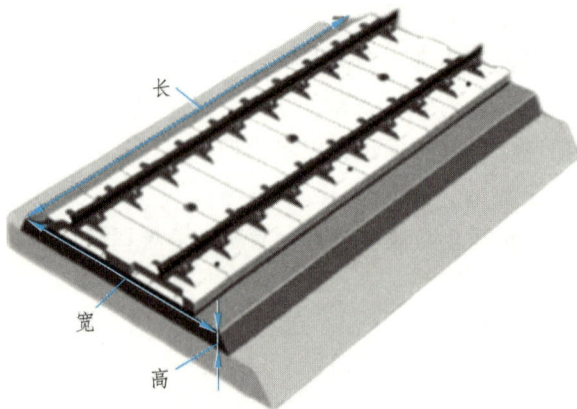

图 5-2　CRTS II 型板的组成

（2）测量板的长、宽、高等数据

长：

宽：

高：

扣件：（　　　）×（　　　）组

扣件间距：

（三）测量 CRTSⅢ型板的相关数据

长：　　　　　　宽：　　　　　　高：

（四）基本知识填空

板式无砟轨道是预制轨道板通过灌筑 CA 砂浆调整层，铺设在现场浇筑的钢筋混凝土底座或混凝土支承层上的无砟轨道结构，可分为（　　　　　　）（单元板式）、CRTSⅡ型（　　　　　）和（　　　　　　）三种类型。

Ⅰ型板区别于其他两种板型最直观的一个构造就是（　　　　　　），它分为（　　　　）和（　　　　）两种。

CRTSⅡ型板式无砟轨道是将预制轨道板通过水泥沥青砂浆调整层，铺设在现场摊铺的（　　　　　　）上，适应 ZPW-2000 轨道电路的（　　　　　）轨道板无砟轨道结构形式。

CRTSⅢ型板式无砟轨道系统主要由（　　　　）、（　　　　　）、混凝土支承层（路基）或钢筋混凝土底座（桥梁）等部分组成。

四、实训考核标准

实训考核标准针对无砟轨道结构认知按完成和掌握情况进行评分，见表 5-1。

五、专业知识

板式无砟轨道是预制轨道板通过灌筑 CA 砂浆调整层，铺设在现场浇筑的钢筋混凝土底座或混凝土支承层上的无砟轨道结构，可分为 CRTSⅠ型（单元板式）、CRTSⅡ型（纵连板式）和 CRTSⅢ型三种类型。

CRTSⅠ型板式无砟轨道是将预制轨道板通过水泥沥青砂浆调整层，铺设在现场浇筑的具有凸型挡台的钢筋混凝土底座上，并适应 ZPW-2000 轨道电路的单元轨道板无砟轨道结构形式。它由轨道板、水泥乳化沥青砂浆调整层、混凝土底座、凸型挡台及其周围填充树脂等组成。Ⅰ型板区别于其他两种板型最直观的一个构造就是凸型挡台，它分为圆形和半圆形两种。

CRTSⅡ型板式无砟轨道是将预制轨道板通过水泥沥青砂浆调整层，铺设在现场摊铺的混凝土支承层上，适应 ZPW-2000 轨道电路的连续轨道板无砟轨道结构形式。它由钢轨、扣件、轨道板、水泥乳化沥青砂浆充填层、水硬性支承层、纵向连接锚固钢筋组成。

CRTSⅢ型板式无砟轨道是将预制轨道板通过水泥沥青砂浆调整层，铺设在现场摊铺的混凝土支承层或现场浇筑的钢筋混凝土底座（桥梁）上，并适应 ZPW-2000 轨道电路的连续轨道板结构，且对每块板限位的无砟轨道结构形式。CRTSⅢ板式无砟轨道系统主要由轨道板、水泥沥青砂浆垫层、混凝土支承层（路基）或钢筋混凝土底座（桥梁）等部分组成。

表 5-1   无砟轨道结构认识工作评分表

序号	执行内容	评分标准	评分方式	配分	得分
1	测量 CRTSⅠ型板的相关数据	（1）准确标出Ⅰ型板的各组成，每个 5 分，共 25 分。 （2）准确测量出板的长、宽、高等数据，6 分。 （3）准确数出一个轨道板上扣件的数量，4 分。 （4）准确测量出扣件的间距，3 分。 （5）准确测量出凸台的半径，3 分	人工评分	41 分	
2	测量 CRTSⅡ型板的相关数据	（1）准确标出Ⅰ型板的各组成，每个 5 分，共 20 分。 （2）准确测量出板的长、宽、高等数据，6 分。 （3）准确数出一个轨道板上扣件的数量，4 分。 （4）准确测量出扣件的间距，3 分	人工评分	33 分	
3	测量 CRTSⅢ型板的相关数据	准确测量出板的长、宽、高等数据，6 分	人工评分	6 分	
4	基本知识填空	每空 1 分，共 10 分	人工评分	10 分	
5	组内互评	根据小组内成员本次实训的表现情况打分（参考标准：迟到早退、玩手机、嬉戏打闹、不认真记录数据、测量数据不认真等）		10 分	
总分（满分 100 分）					

六、思考题

简述 CRTSⅢ型无砟轨道的特点。

任务二　CPⅢ轨道控制网测量实训

一、实训目的

（1）掌握 CPⅢ 控制网高程测量的方法。

（2）能够根据测量的结果进行数据梳理。

二、实训要求

1. 实训时间

2 课时

2. 实训形式

根据 1 个已知 CPⅢ 点高程，按照 CPⅢ 控制网高程测量的规范要求，完成两个四边形中其他 5 个 CPⅢ 点高程的测量，如图 5-3 所示。

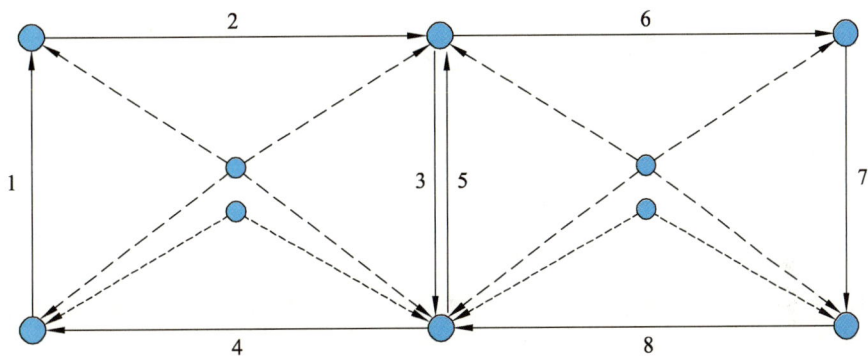

图 5-3

3. 实训注意事项

（1）实训时安全第一，不允许在实训场地大声喧哗、争斗、打闹，保持安静，轻声讨论。

（2）实训场地内禁止饮食，禁止吐痰，禁止嚼口香糖。

（3）不准恶意破坏实训设备，若有损坏及时向实训指导教师报备。

（4）实训结束后，整理复原仪器设备、桌椅，清理四周环境，待检查符合要求后，方可离开。

（5）实训室的设备严禁带出。

4. 工器具材料准备

（1）测量用具：电子水准仪（电子水准仪 DL-2003AG）1 台及配套的木脚架 1 个、2 m 数码标尺 1 对、撑杆 2 个、50 m 测绳、非编程计算器 2 个、笔、尺、非编程计算器。

（2）场地：高铁实训基地。

三、实训作业步骤

1. 任务描述

（1）按图 5-3 所示线路单程奇偶站交替进行二等水准测量和记录工作。

（2）平差方式：按线路①→②→⑥→⑦→⑧→④闭合平差，③和⑤往返作检核，两者较差≤1 mm。

2. 人员组织及要求

（1）各组按顺序将组员分别编号为 1、2、3、4 号（测量过程中不得变更），要求每个人独立完成两个指定闭合水准路线的测量任务。

（2）水准路线的起始点如图 5-3 所示，每位同学必须完成 1 个测段高差（即为 2 个 CPⅢ点之间的高差）测量的观测和记录计算。

（3）数据记录由负责记录的组员用铅笔当场准确无误地填写到相应栏内，并及时计算和填写表中其他数据，要求记录规范完整、符合记录规定、计算准确；观测数据不得改动厘米和毫米，分米、米以上数据不得连环涂改；观测数据必须原始真实，严禁弄虚作假。

（4）仪器操作应符合要求，迁站时仪器搬动必须正确，仪器在迁站过程中不必关机、卸下装箱，仪器箱关闭放在起始测站旁。

（5）各组同学应规范作业，注意测量安全及仪器保护，不允许妨碍或阻挡其他同学的观测。迁站时不允许出现跑步现象。

3. 技术要求

（1）采用二等水准等级观测，观测使用现有的测量仪器设备，测站视线长度、前后视距差及其累计、视线高度和数字水准仪重复测量次数按国家标准《国家一、二等水准测量规范》（GB/T 12897—2006）执行，见表 5-2。

表 5-2　国家标准规定的二等水准观测技术要求

视线长度 /m	前后视距 差/m	前后视距 累积差/m	视线高度 /m	再次读数 所得高差 之差/mm	数字水准 仪重复测 量次数	测段、环线 闭合差 /mm
≥3 且 ≤50	≤1.5	≤6.0	≤2.8 且 ≥0.55	≤0.6	≥2	$\leq 4\sqrt{L}$

注：L 为线路总长（km）。

（2）测量采用手工记录及计算，视距读数精确到 0.01 m，标尺读数精确到 0.000 1 m，视距差精确到 0.001 m，视距累积（计）差精确到 0.001 m，高差精确到 0.000 1 m，读数差精确到 0.1 mm，高差中数和累积（计）高差精确到 0.000 01 m，其余没有特别注明，精确到 0.000 1 m。

（3）不得跨骑在脚架腿上观测。

（4）路线采用单程观测，每站（段）测两次高差，奇数站观测水准尺的顺序为后—前—前—后，偶数站观测水准尺的顺序为前—后—后—前，水准尺交换原则为每站（段）最先测量的是同一把尺。

（5）同一标尺两次读数不设限差，两次读数所测高差之差应满足规定。

（6）手簿记录一律使用铅笔填写，记录完整，记录的数字与文字力求清晰、整洁，不得潦草；按测量顺序记录，不空栏；不空页、撕页；不得转抄成果；不得涂改、就字改字；不得连环涂改；不得用橡皮擦，刀片刮。

（7）测量的任何原始记录不得擦去或涂改，错误的成果与文字应用尺子单线正规划去，在其上方写上正确的数字与文字，并在备注栏注"测错"或者"记错"。

（8）因测站观测误差超限，在本站检查发现后可立即重测，重测必须变换仪器高。若迁站或测量下一段后才发现，应从上一个点（起、闭点）起重测；一个闭合环至少变换1次位置或仪器高。

（9）错误成果应当正规划去，超限重测的应在备注栏注明"超限"。

（10）两个闭合环的公共边需在备注栏填写"公共边"。

（11）每测站（段）的记录和计算全部完成后方可迁站或测量下一测段，第一个闭合环完成后，必须完成计算后方可迁到第二个闭合环，否则将被扣分。

（12）测量员、记录员、扶尺员必须轮换，每人至少观测1测段、记录1测段。观测包括安置水准仪，记录包括计算（2个闭合环至少变换2次位置或仪器高，即至少安置4次水准仪，每人至少安置1次水准仪、观测和记录1次）。

（13）各组上交成果并将仪器装箱、脚架收好，测量方才结束。

（14）水准路线闭合差应满足限差要求。

（15）高程误差配赋计算，距离取位到0.001 m，观测高差、改正数和改正后高差取位到0.000 01 m，高程取位到0.000 1 m。表中必须写出闭合差和闭合差允许值，且两者取位到0.01 mm。计算表可以用橡皮擦，但必须保持整洁，字迹清晰。

4. 提交成果

本实训提交的成果主要有CPⅢ水准测量记录手簿、高程误差配赋表和CPⅢ高程测量成果表。

四、实训考核标准

实训考核标准针对 CPⅢ轨道控制网测量实训分为观测记录 50 分、成果精度 40 分、组内互评 10 分，见表 5-3。

五、专业知识

（一）什么是CP0、CPⅠ、CPⅡ、CPⅢ

框架控制网（CP0）即高速铁路工程测量平面控制网，是指采用卫星定位测量方法建立的三维控制网，作为全线（段）的起算标准；

第一级为基础平面控制网（CPⅠ），主要为勘测、施工、运营维护提供坐标基准；

表 5-3　CPⅢ轨道控制网测量实训工作评分表

序号	执行内容	评分标准	评分方式	次数	得分
1	观测记录（50 分）扣完为止	凡是违反观测、记录轮换规定的，违规一次扣 2 分	人工评分		
		携带设备（水准仪等）跑步，警告一次后，每违规一次扣 2 分			
		不得跨骑在脚架腿上观测，违规一次扣 1 分			
		超限重测没有变换仪器高，违规一次扣 2 分			
		一个闭合环至少变换 1 次位置或仪器高，违规 1 次扣 2 分			
		数字水准仪显示高差，违规一次扣 2 分			
		测站（段）记录、计算未完成就迁站或测量下一测段，违规 1 次扣 2 分			
		记录转抄，违规 1 次扣 5 分			
		手簿缺少计算项或计算错误 1 处扣 1 分			
		就字改字 1 处扣 2 分			
		字迹模糊影响识读 1 处扣 1 分			
		观测手簿非单线或不用尺子的随意划改 1 处扣 1 分			
		观测原始记录划改不注明错误原因，违规 1 处扣 0.5 分			
		观测手簿用橡皮擦，扣 5 分			
		没有备注"公共边"，违规 1 处扣 2 分			
		原始记录连环涂改，扣 5 分			
		视线长度、视线高度、前后视距差及其累计差、两次读数所得高差之差超限，每项违规一处扣 1 分			
		没有按照奇数站"后前前后"和偶数站"前后后前"的测量顺序进行测量，违规 1 次扣 5 分			
2	成果精度（40 分）扣完为止	水准路线闭合差超限，扣 10 分	人工评分		
		公共边往返高差较差超 1 mm，扣 5 分			
		平差计算共 10 分，计算错误 1 处扣 1 分，扣完为止			
		高程检查共 5 分：求得的水准点高程与已知值比较，差值不得超过±1 mm，每超限 1 个点扣 1 分			
3	组内互评（10 分）	根据小组内成员本次实训的表现情况打分（参考标准：迟到早退、玩手机、嬉戏打闹、不认真记录数据、测量数据不认真等）			
总分（满分 100 分）					

第二级为线路控制网（CPⅡ），主要为勘测和施工提供控制基准；

第三级为轨道控制网（CPⅢ），主要为轨道铺设和运营维护提供控制基准。

一条高速铁路的CPⅢ控制网可分区段进行平差计算，并且每个CPⅢ控制网的区段长度不应短于 4 km。

（二）概念和术语

CPⅢ控制点的测量标志由测量棱镜与强制对中支架组成，测量棱镜应有相应的资质认证。强制对中支架应采用抗腐蚀、耐磨的材料制成，且需易于保护。

CPⅢ控制网的测量标志选择立式基座预埋件及配套棱镜杆与水准测量杆件，如图 5-4 所示。

预埋件　　　　　　　　平面测量棱镜杆　　　　　　　水准测量杆件

图 5-4　CPⅢ预埋件及配套棱镜杆与水准测量杆件

CPⅢ控制网的特点：

（1）控制点数量众多。沿线路方向通常每千米有 16 对即 32 个控制点。

（2）精度要求高。每个控制点与相邻 5 个控制带内的相对点位中误差均要求小于 1 mm。

（3）控制的范围长。线路有多长，控制网的长度就有多长。

（4）CPⅢ是一个平面位置和高程位置共点的三维控制网。目前 CPⅢ三维网平面和高程是分开测量后合并形成共点的三维网，但其使用时却是平面和高程同时使用的。

（5）控制点的位置、CPⅢ测量标志较传统控制测量有很大不同。控制点通常设置在接触网杆上（路基部分）、防撞墙上（桥梁部分）。CPⅢ测量标志通常由永久性的预埋件、平面测量杆、高程测量杆和精密棱镜组成。

（6）CPⅢ平面网是一个边角控制网，但其测量方法与传统边角网测量有很大差异。传统的边角网测量仪器都是假设在控制点上进行观测，距离必须进行往返观测；但 CPⅢ平面网却采用自由设站进行边角交会测量，而其距离只能进行单程观测。

（7）测站和测点均强制对中，测点标志要求具有互换性和重复安装性，X、Y、Z、三维互换性和重复安装性误差要求小于 0.3 mm。

（8）图形规则对称，多余观测数多，可靠性强。

（9）CPⅢ的三维坐标点，是一个虚拟的控制点，其对应的位置是CPⅢ目标组件中棱镜的几何中心。水准尺无法立在CPⅢ高程所对应点上进行水准测量。

（三）CPⅢ控制点高程数据处理

在每一个闭合环或附合水准线路测量结束后，首先对线路闭合差进行检查计算，对超限的线路及时进行重测。

测段水准测量作业结束后，每条水准路线按测段往返测高差不符值计算偶然中误差 M_Δ；当水准网的环数超过 20 个时，还按环线闭合差计算 M_W。M_Δ 和 M_W 均符合《高速铁路工程测量规范》（TB 10601—2009）中精密水准测量精度的要求。M_Δ 和 M_W 应按下列公式计算：

$$M_\Delta = \sqrt{\frac{1}{4n}\left[\frac{\Delta\Delta}{L}\right]} \qquad M_W = \sqrt{\frac{1}{N}\left[\frac{WW}{L}\right]}$$

式中：Δ——测段往返高差不符值（mm）；

　　　L——测段长（km）；

　　　n——测段数；

　　　W——经过各项修正后的水准环线闭合差（mm）；

　　　N——水准环数。

六、思考题

（1）CPⅢ的路线图是什么样的？

（2）CP0、CPⅠ、CPⅡ、CPⅢ有什么不同？

（3）CPⅢ控制网的特点有哪些？

任务三　高铁路基（底座）施工实训

一、实训目的

（1）掌握高铁路基施工测量的方法。

（2）能够使用轨道板精确测量定位软件进行无砟轨道的施工测量。

二、实训要求

1. 实训时间

2 课时

2. 实训形式

以组为单位进行无砟轨道测量实训作业练习。

3. 实训注意事项

（1）实训时安全第一，不允许在实训场地大声喧哗、争斗、打闹，保持安静，轻声讨论。

（2）实训场地内禁止饮食，禁止吐痰，禁止嚼口香糖。

（3）不准恶意破坏实训设备，若有损坏及时向实训指导教师报备。

（4）实训结束后，整理复原仪器设备、桌椅，清理四周环境，待检查符合要求后，方可离开。

（5）实训室的设备严禁带出。

4. 工器具材料准备

实训所需工器具材料包括松下 CF-19 便携电脑、测量标架、全站仪等。

三、实训作业步骤

（一）任务描述

以组为单位进行无砟轨道测量任务，能够使用配套仪器和软件进行无砟轨道精密测量定位。

（二）无砟轨道施工测量的方法

1. 系统应用流程

（1）启动无砟轨道测量施工系统。

（2）新建工程。

（3）项目配置：施工项目选择；全站仪通信设置；参数限差设置；布板设置。

2. 文件管理

（1）新建工程项目。

（2）打开工程项目。

（3）工程文件管理：设计文件管理；梁长、梁缝调查文件管理；控制点文件管理；布板文件管理；测量结果文件管理。

3．施工测量

（1）相关配置。

（2）梁长、梁缝调查：施工项目简介；限差和参数输入；施工项目选择；梁长、梁缝调查测量实施。

（3）布板操作：布板文件选择；路基段布板；桥梁段布板。

（4）凸型挡台中心放样：施工项目简介；限差和参数输入；施工项目选择；凸型挡台中心放样测量实施。

（5）底座板浇筑：施工项目简介；限差和参数输入；施工项目选择；底座板浇筑测量实施；钢模板边线放样；钢模板实时放样测量；底座板顶面检核。

（6）底座板面上轨道板位置放线：施工项目简介；限差和参数输入；施工项目选择；底座板面上轨道板位置放线测量实施。

4．成果输出

（1）梁长梁缝调查测量成果。

（2）凸型挡台中心坐标成果。

（3）凸型挡台中心放样测量成果。

（4）底座板浇筑测量成果。

（5）底座板面上轨道板位置放线测量成果。

四、实训考核标准

实训考核标准针对轨道板精确测量定位软件的使用评分按照作业流程进行评定，见表 5-4。

五、专业知识

无砟轨道施工精密测量系统主要应用于无砟轨道施工精密测量，系统涵盖全面、便于操作，在无砟轨道施工测量方面应用广泛。

（一）系统应用流程

1．启动无砟轨道测量施工系统

系统启动方式有两种：

第一种：直接在桌面上双击轨道板检测系统的图标"CRTS I 型轨道板检测系统"。

第二种：点击"开始\程序\南方高速铁路测量技术中心\轨道板模具检测\CRTS I 型轨道板检测系统"。

启动后即可进入轨道板检测系统的主界面。

表 5-4　轨道板精确测量定位软件的使用工作评分表

序号	执行内容	评分标准	评分方式	配分	得分
1	作业前准备	仪器正常、防护和各类备品与探伤记录簿本齐全	人工评分	3 分	
2	轨道板精确测量定位软件的使用	（1）进入软件。 （2）项目管理。 （3）项目配置。 （4）测量。 （5）检校。 （6）查询。 （7）平顺性检测。 （8）工程目录文件结构	每项 10 分	80 分	
3	作业后整理	（1）检查：检查仪器，做好仪器的日常保养工作	人工评分	2 分	
		（2）整理：找出问题、总结经验		3 分	
		（3）总结汇报：开好完工会，作当日工作小结及次日工作预报；及时向车间、工务段调度汇报安全及伤损情况		2 分	
4	组内互评	根据小组内成员本次实训的表现情况打分（参考标准：迟到早退、玩手机、嬉戏打闹、不认真记录数据、测量数据不认真等）		10 分	
总分（满分 100 分）					

轨道板检测系统的操作界面主要分为两部分——顶部下拉菜单和软件操作主界面，如图 5-5 所示。

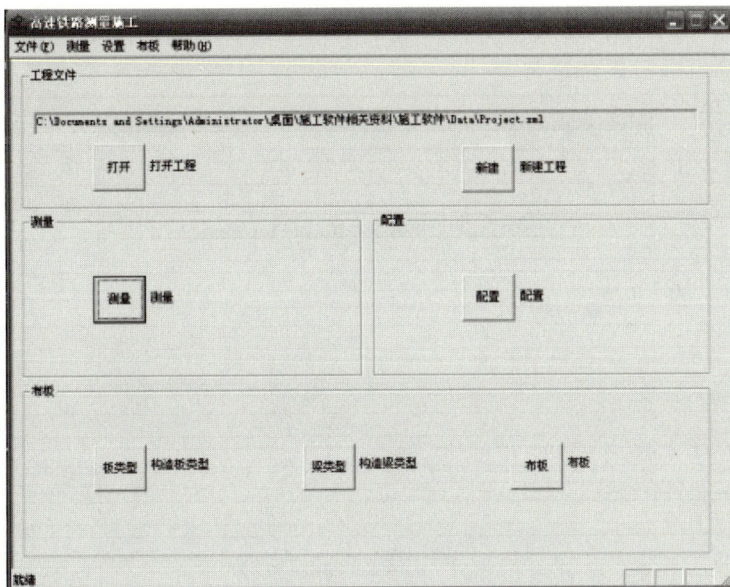

图 5-5　高速铁路测量施工系统主界面

2. 新建工程

（1）新建项目：点击"文件/新建"或在主界面单击新建按钮弹出新建项目对话框，如图 5-6 所示。

（2）工程名称：记录本次工作的名称，将生成一个*.prj 文件，该文件将保存重要的测量工作参数信息。

（3）保存路径：记录本次工作项目的保存路径，系统将在保存路径下创建一个与工程同名的文件夹，文件夹中存放与该工程相关的文件。

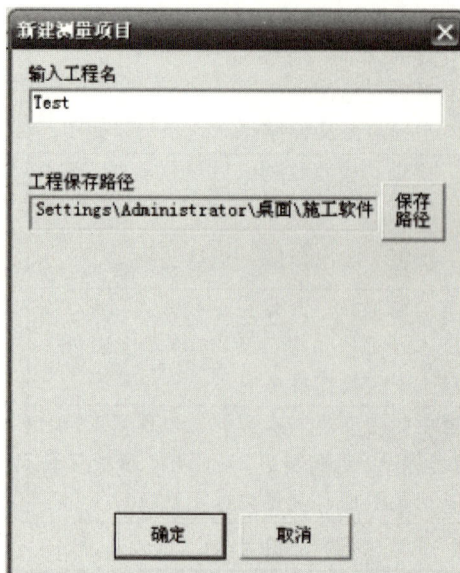

图 5-6　新建测量项目对话框

3. 系统配置

点击菜单栏"设置/配置"项，或者在系统主界面点击"配置"按钮，弹出如图 5-7 所示窗口进行系统配置。

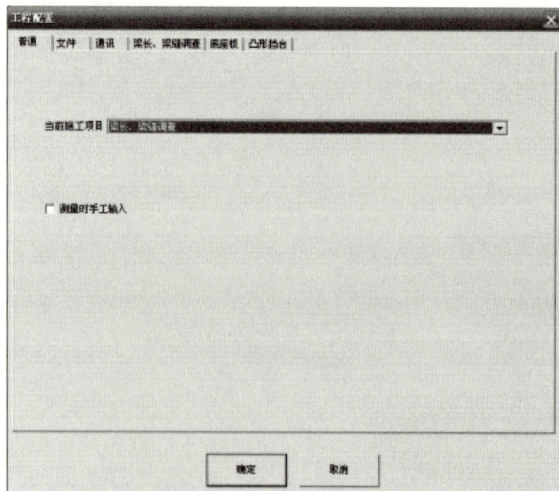

图 5-7　工程配置界面

（1）施工项目选择。

在工程配置对话框中选择"普通"选项卡，在"普通"选项卡下可以选择当前施工项目，如图5-8所示。

备注：手工输入选项如果选中，在测量时将不能进行全站仪通信连接，用户只能通过手工输入坐标进行测量计算。

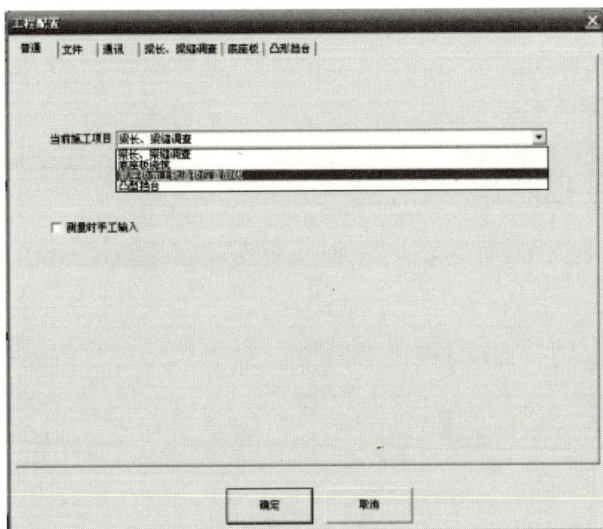

图 5-8　施工项目选择

（2）全站仪通信设置。

在工程配置对话框中选择"通讯"选项卡，在"通讯"选项卡中可以设置与全站仪通信连接，如图5-9所示。

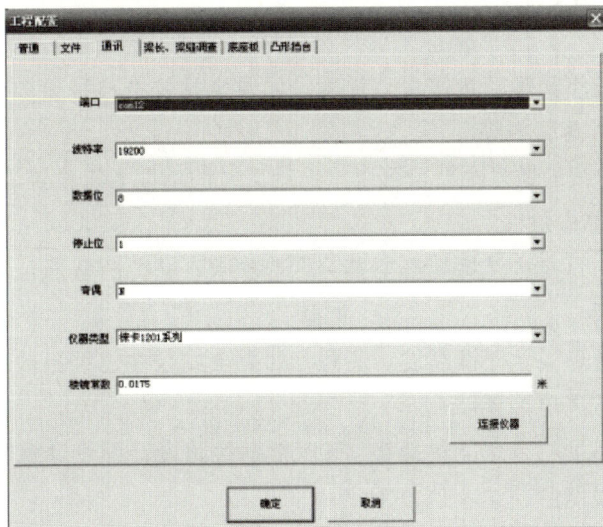

图 5-9　全站仪通信设置

端口：选择计算机中的可用端口。

波特率：与全站仪中数据传输波特率一致。

数据位：默认 8 位。

停止位：默认为 1。

奇偶：选择 N 代表无奇偶选择。

仪器类型：选择与所用仪器匹配类型。

棱镜常数：与全站仪中棱镜常数一致。

上述参数设置完成后，点击连接仪器，弹出初始化端口成功对话框。

（3）参数限差设置。

① 梁长、梁缝调查。

在系统配置对话框中选择"梁长、梁缝调查"选项卡，进行梁长、梁缝调查参数限差设置，如图 5-10 所示。

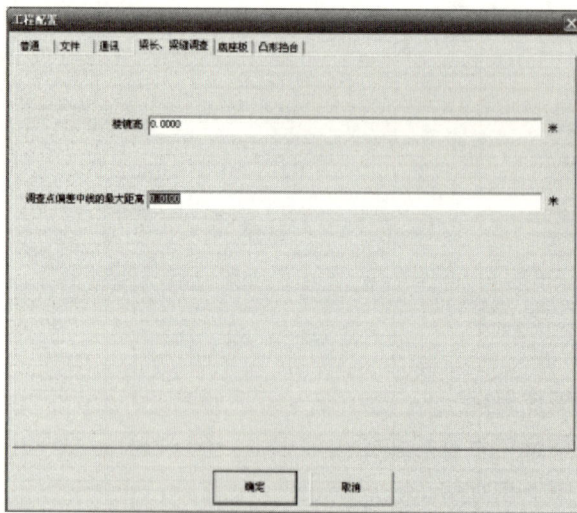

图 5-10　梁长、梁缝调查限差参数设置

棱镜高：测量点实际棱镜高度。注意：如果全站仪中已经更改了棱镜高度，在软件中请使用默认高度为零。

调查点偏差中线的最大距离：可以根据施工时的精度要求设置适合的限差范围。

② 凸型挡台中心放样。

在系统配置对话框中选择"凸型挡台"选项卡，进行凸型挡台测量参数限差设置，如图 5-11 所示。

棱镜高：测量点实际棱镜高度。注意：如果全站仪中已经更改了棱镜高度，在软件中请使用默认高度为零。

设计中线到凸型挡台之间的距离：可以根据线路设计图纸计算出一个确定的常参数，在同一条线路中，这个值是固定的。

③ 底座板浇筑。

在系统配置对话框中选择"底座板"选项卡，进行底座板浇筑测量参数限差设置，如图 5-12 所示。

图 5-11　凸型挡台限差参数设置

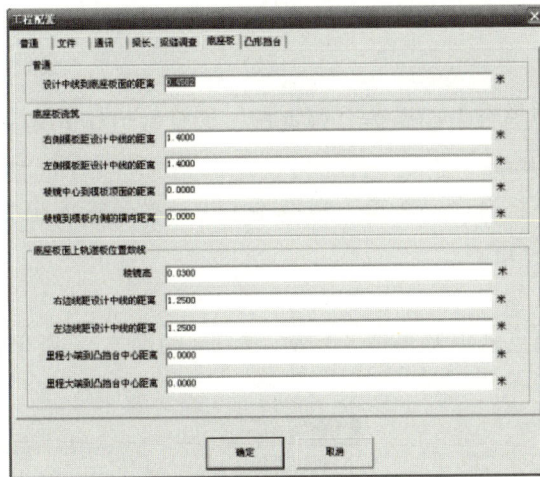

图 5-12　底座板浇筑限差参数设置

设计中线到底座板面的距离：可以根据线路设计图纸计算出一个确定的常参数，在同一条线路中，这个值是固定的。

左（右）侧模板距设计中线的距离：根据施工底座具体设计要求输入相关值，CRTS Ⅰ型轨道板默认值为 1.400 m。

棱镜中心到模板顶面的距离：在校验钢模板时，使用配套的工装时此值为 0.05 m。

棱镜中心到模板内侧的横向距离：在校验钢模板时，使用配套的工装时此值为 0.000 m。

④ 底座板上轨道板位置放线。

在系统配置对话框中选择"底座板"选项卡，进行底座板上轨道板位置放线测量参数限差设置，如图 5-13 所示。

棱镜高：测量点实际棱镜高度。注意：如果全站仪中已经更改了棱镜高度，在软件中请使用默认高度为零。

左（右）边线距设计中线的距离：根据施工轨道板具体设计要求输入相关值，CRTS Ⅰ型轨道板默认值为 1.250 0 m。

图 5-13　底座板上轨道板位置放线限差参数设置

里程小端到凸型挡台中心距离：根据施工设计数值输入相关值，CRTS Ⅰ 型轨道板默认值为 0.000 0 m。

里程大端到凸型挡台中心距离：根据施工设计数值输入相关值，CRTS Ⅰ 型轨道板默认值为 0.000 0 m。

（4）布板设置。

在软件主界面中点击主菜单栏"布板"按钮，如图 5-14 所示，其界面如图 5-15 所示。

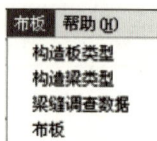

图 5-14　布板按钮

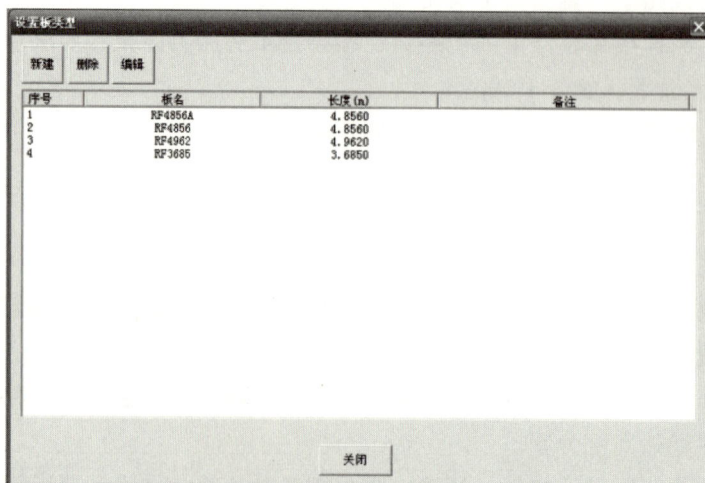

图 5-15　布板菜单

单击"构造板类型"或在主界面布板框中单击"板类型"可以进行构造板类型设置，如图 5-16 所示。

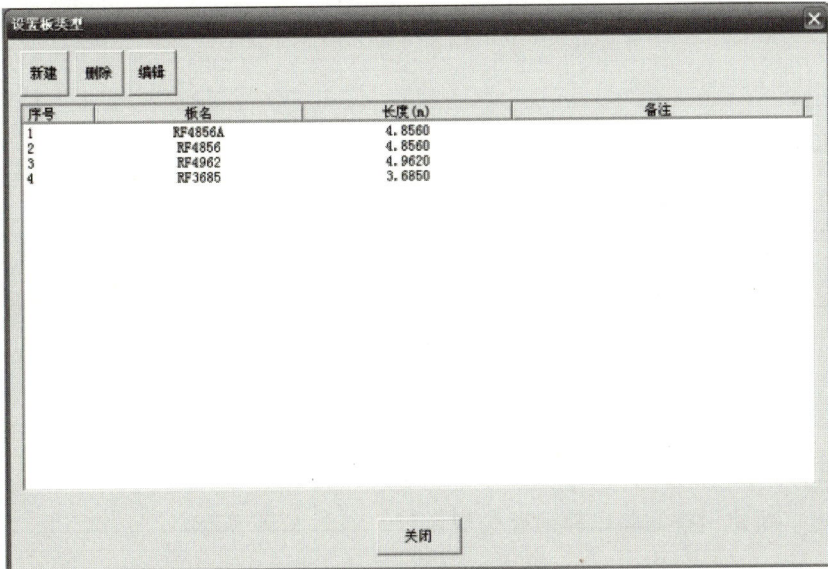

图 5-16　构造板类型

可以通过点击"新建/删除/编辑"按钮完成构造板类型工作，如图 5-17 所示。

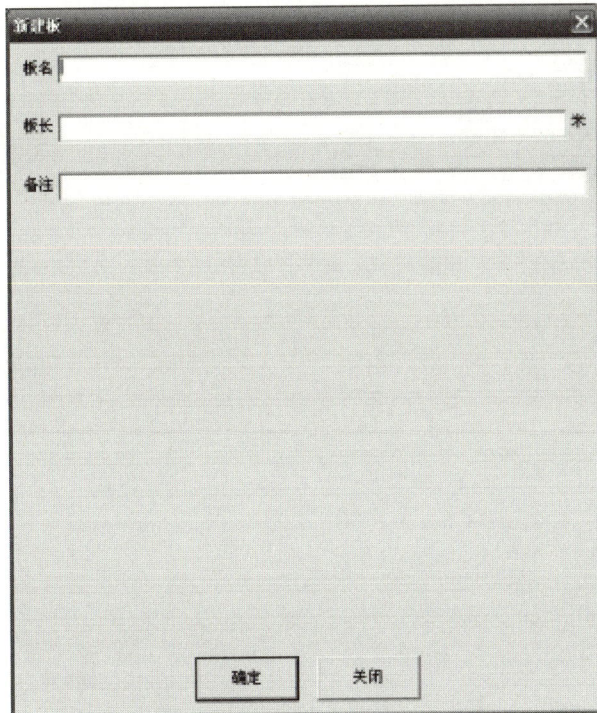

图 5-17　新建板类型

单击"构造梁类型"或在主界面布板框中单击"梁类型"可以进行构造梁类型设置，如图 5-18 所示。

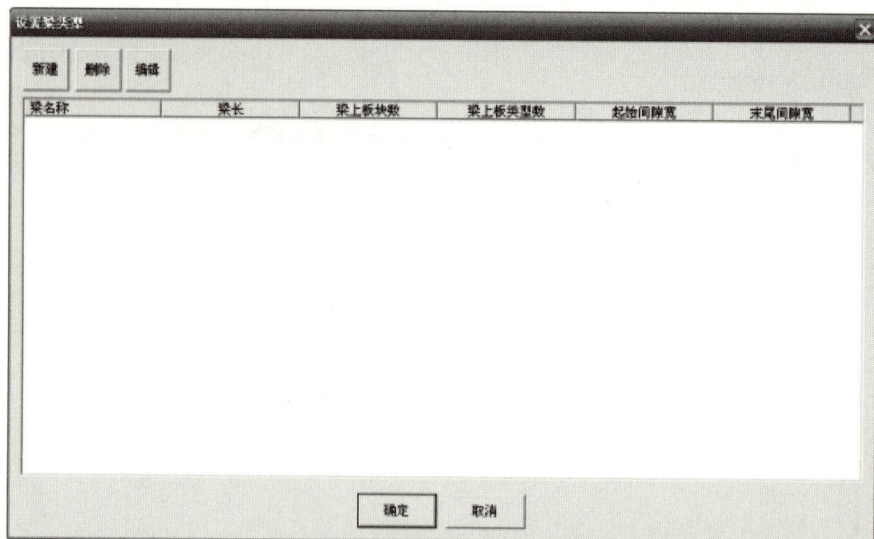

图 5-18　构造梁类型

点击"新建"按钮弹出新建梁类型窗口，如图 5-19 所示。

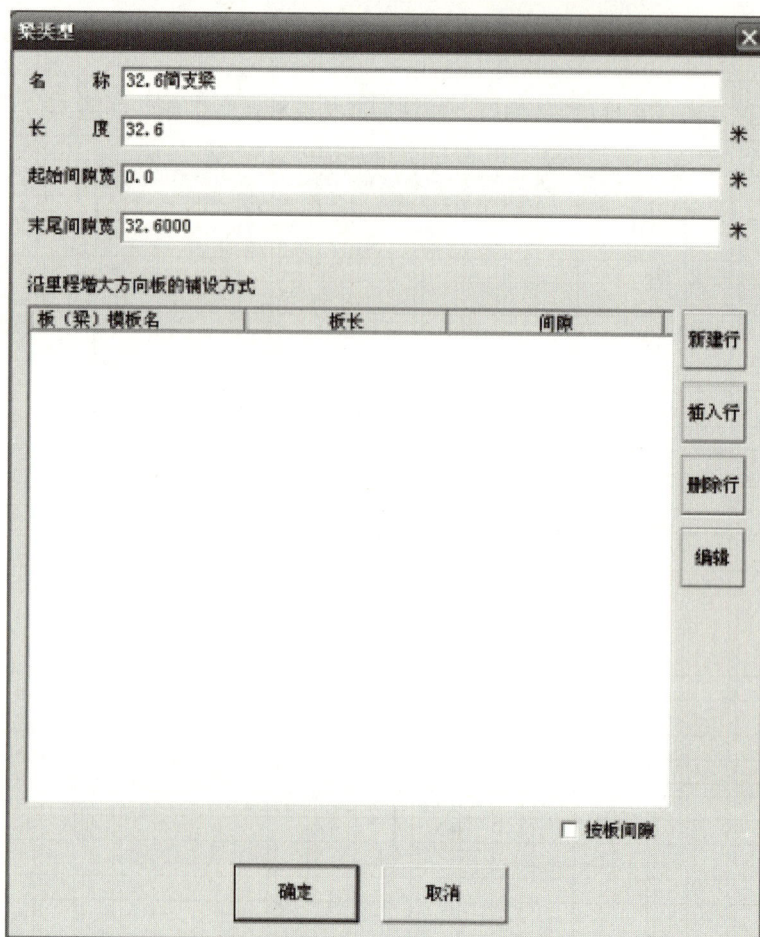

图 5-19　新建梁类型

名称：可以定义便于识别的梁名称。

长度：梁的设计长度。

起始间隙：第一块板端与梁端的距离，软件默认为零。

末尾间隙：最后一块板端与梁端的距离，软件支持两种模式计算末尾间隙。

① 按板间隙：在新建梁窗口右下角选中按板间隙，如图 5-20 所示。

图 5-20　梁设计方式选择

点击"是"，则在梁上实行布板方案时需要手工输入板件间隙，然后软件会自动计算出最后一块板的末尾间隙，如图 5-21、图 5-22 所示。

图 5-21　选择板类型

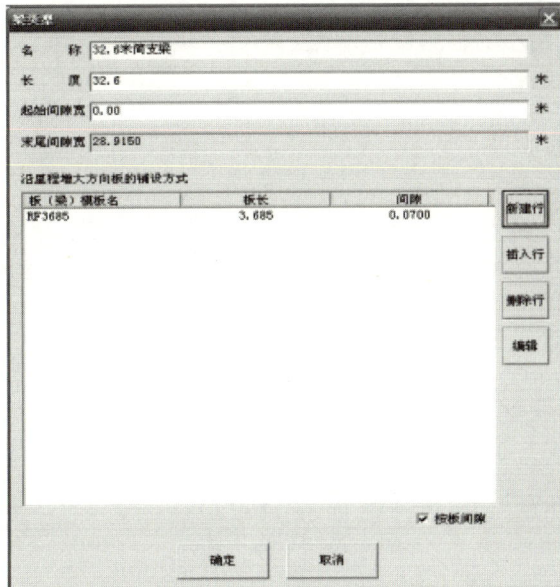

图 5-22　构造梁类型

② 软件自动计算板间隙：在新建梁窗口右下角不选中按板间隙，如图 5-23 所示。

图 5-23　梁设计方式选择

点击"是"，则在梁上实行布板方案时需要输入末尾间隙为零，然后软件会自动计算出每一块轨道板的板件间隙，最后一块轨道板的板端与梁端重合，如图 5-24、图 5-25 所示。

图 5-24　选择板类型

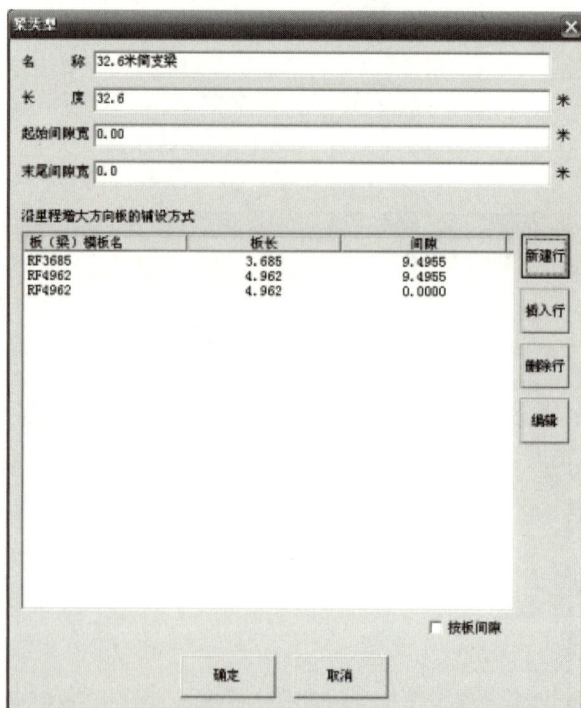

图 5-25　设置梁类型

可以利用这两种方式来设计梁上布板方案，图 5-26、图 5-27 所示为 32.6 m 简支梁布板结果。

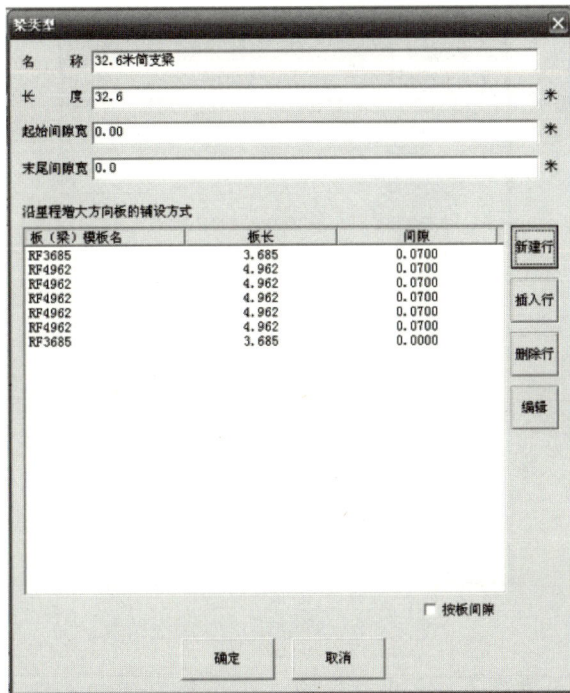

图 5-26　完成梁设计

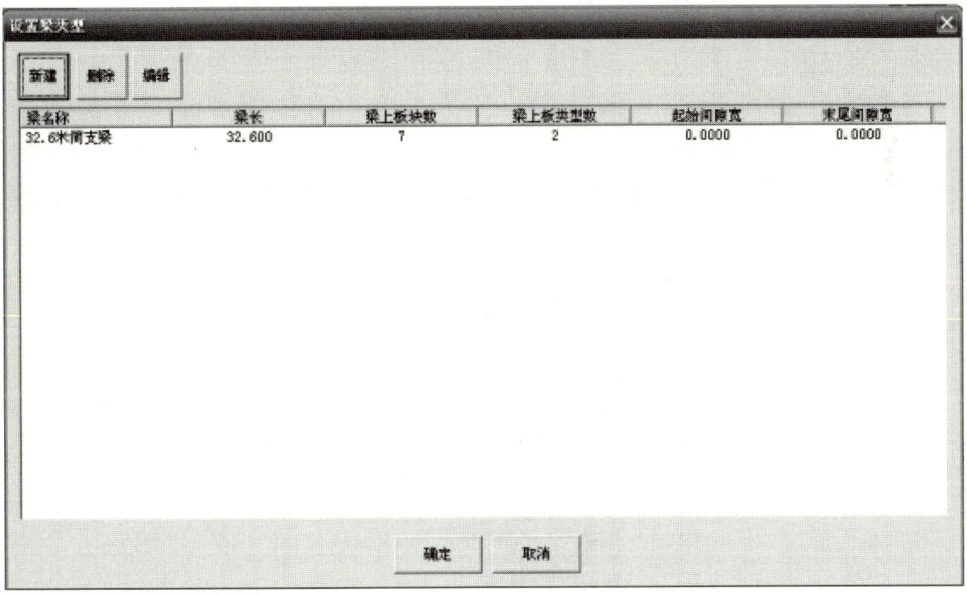

图 5-27　设置梁类型

（二）文件管理

1. 新建工程项目

功能：新建一个作业工程项目。

点击"文件/新建测量项目"或在主界面单击"新建"按钮弹出新建测量项目对话框，如图 5-28 所示。

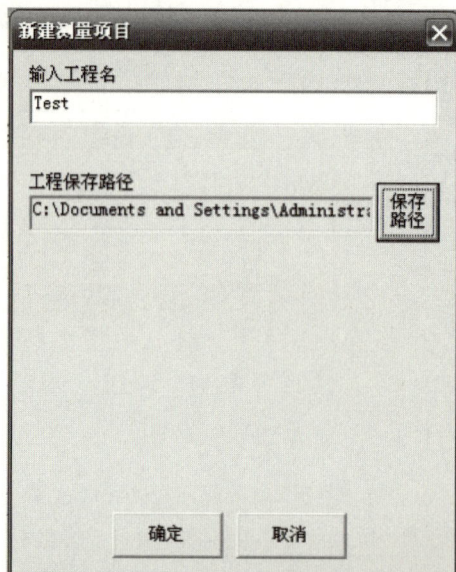

图 5-28 新建项目对话框

工程名称：记录本次工作的名称，将生成一个 Project.xml 文件，该文件将保存重要的测量工作参数信息。

保存路径：记录本次工作项目的保存路径，系统将在保存路径下创建一个与工程同名的文件夹，文件夹中存放与该工程相关的文件。

存储路径一栏中显示本次新建工程文件在电脑中的具体储存位置。若需修改新建工程的储存位置，则用左键单击存储路径一栏右侧"保存路径"按钮。此时弹出一个名为"浏览文件夹"的对话框，如图 5-29 所示。选择所需要的工程存储路径，单击"确定"按钮，即可完成存储路径的修改。

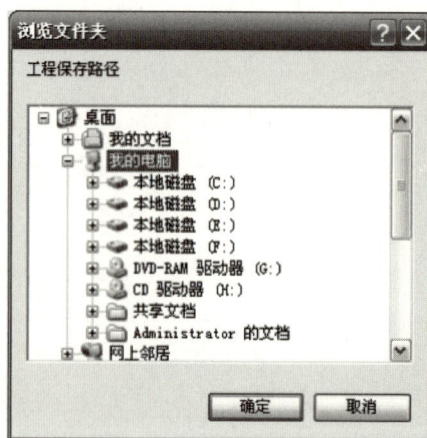

图 5-29 浏览文件夹对话框

此时自动回到新建工程对话框，当确认填写完毕后，左键单击对话框左下方的"确定"按钮，即完成工程的新建。

2. 打开工程项目

功能：打开已有的工程文件。

操作过程：点击"文件/打开测量项目"或在主界面单击"打开"按钮弹出打开工程文件对话框，如图 5-30 所示。文件类型栏中显示此文件的文件类型，即"工程文件（*.xml）"。用户根据目录选择需要打开的工程文件，点击"打开"按钮即可打开工程文件。

图 5-30　打开项目对话框

3. 工程文件管理

在新建项目工程文件时，高速铁路测量施工系统会在项目工程创建路径时创建一个与工程同名的文件夹，该文件夹存放与该工程文件相关的文件，如图 5-31 所示。

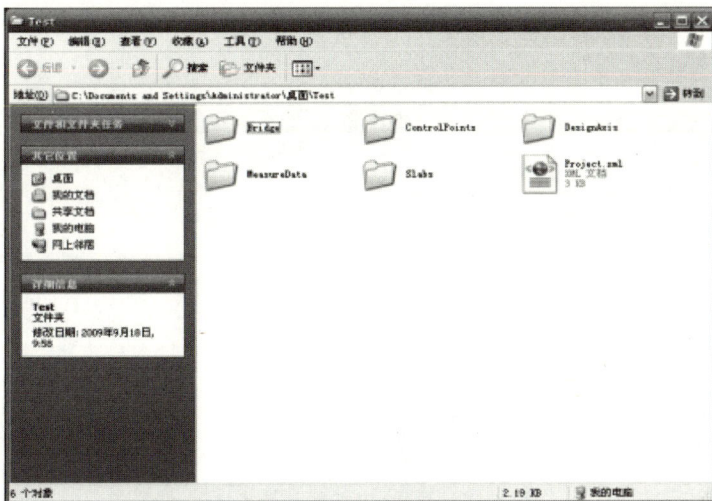

图 5-31　工程文件夹内容

文件夹介绍：

DesignAxis：设计文件，保存线路设计文件。

Bridge：梁文件，主要保存梁缝调查文件。

Slabs：板文件，保存轨道板文件与布板方案文件。

ControlPoints：控制点文件，保存控制点文件。

MeasureData：测量文件，保存施工项目过程中的实际测量数据。

点击主菜单中的"设置/配置"，或者在系统主界面点击"配置"按钮，弹出工程配置对话框，在工程配置对话框中选择"文件"选项卡，如图 5-32 所示。

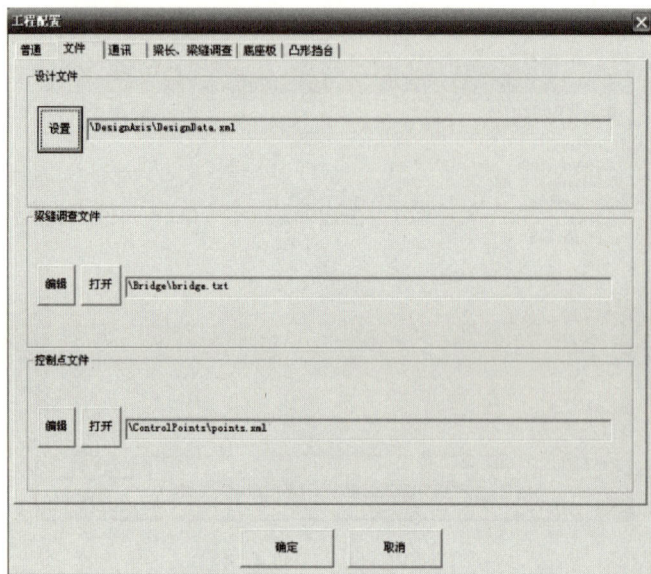

图 5-32　文件配置对话框

（1）设计文件管理。

设计文件指线路的设计文件，包括线路的平面曲线要素、纵断面曲线要素和超高。

在文件配置对话框中设计文件部分点击"设置"按钮弹出设计中线管理对话框，如图 5-33 所示。

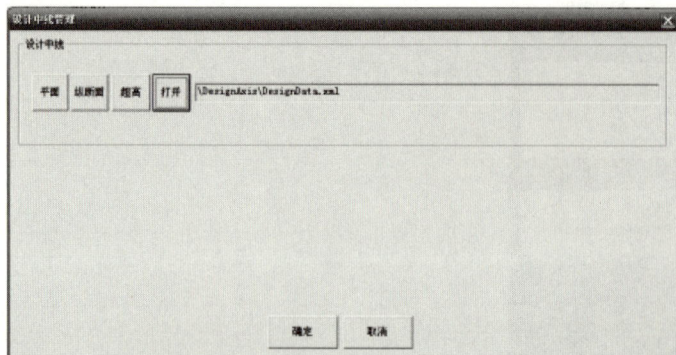

图 5-33　设计中线管理对话框

系统默认文件为当前工程下→DesignAxis 文件夹→DesignDate.xml 文件。为了便于区分线路左右线，建议用户在输入曲线要素之前新建文件来区分左右线。点击"打开"按钮，弹出选择设计文件对话框，如图 5-34、图 5-35 所示。

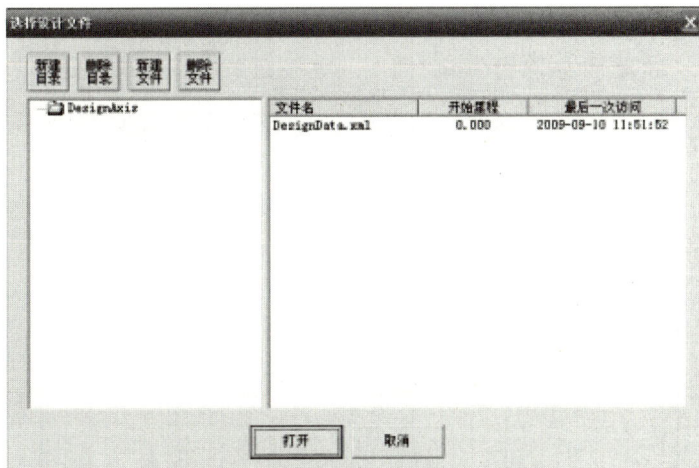

图 5-34　选择设计文件对话框

图 5-35　新建设计文件对话框

新建的设计文件默认保存在 DesignAxis 文件夹下。

在选择设计文件之后，回到设计中线对话框，点击"平面"按钮输入平面曲线要素，如图 5-36 所示。注意：这里的平面曲线要素输入的是设计路线特征点坐标。可以通过"新建行/删除行/编辑/插入"等按钮来选择修改数据。

图 5-36　平曲线数据输入对话框

在设计中线窗口点击"纵断面"按钮输入纵断面曲线要素，如图 5-37 所示。用户可以通过"新建行/删除行/编辑/插入"等按钮来选择修改数据。

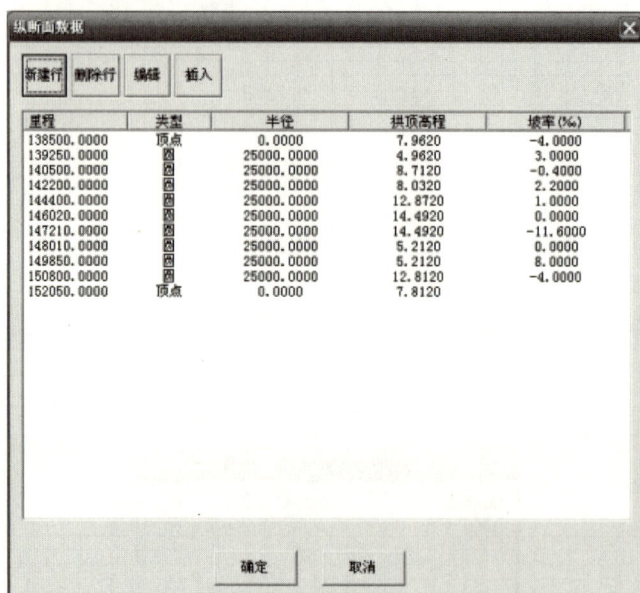

图 5-37　纵断面数据输入对话框

在设计中线窗口点击"超高"按钮输入超高曲线要素，如图 5-38 所示。可以通过"新建行/删除行/编辑/插入"等按钮来选择修改数据。

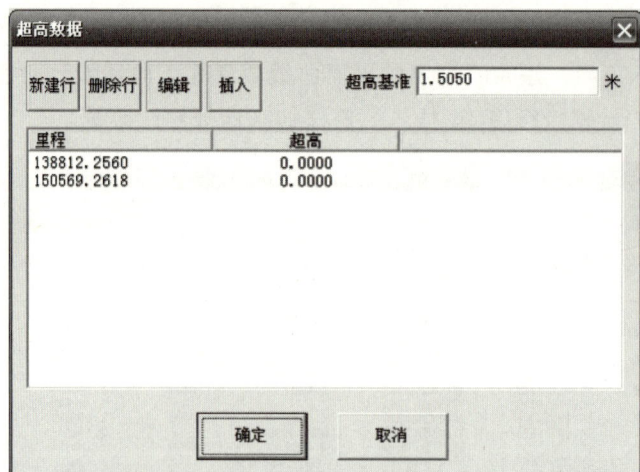

图 5-38　超高数据输入对话框

（2）梁长、梁缝调查文件管理。

梁缝调查文件：梁缝调查文件指在进行梁缝调查时保存梁缝调查数据的文件。系统默认梁缝调查文件为当前工程下→Bridge 文件夹→bridge.txt 文件。为了便于区分线路左右线，建议用户在进行梁长、梁缝调查之前新建文件来区分左右线。

点击"打开"按钮，弹出选择梁缝调查文件窗口，如图 5-39 所示。在选择梁长、梁缝调查文件对话框中点击"新建/删除目录"可以新建/删除文件夹，点击"新建/删除文件"可以新建/删除设计文件，如图 5-40 所示。

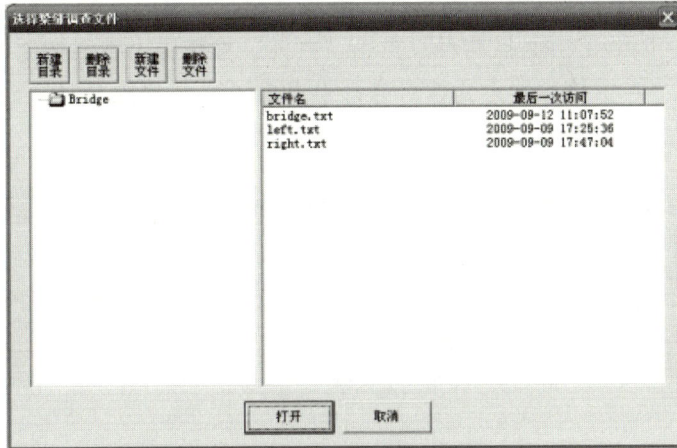

图 5-39　选择梁缝调查文件对话框

图 5-40　新建梁缝调查文件对话框

　　在文件配置界面的梁缝调查文件部分点击"编辑"按钮弹出梁缝调查数据窗口，在窗口中可以通过"新建行/删除行/编辑/向上/向下"等按钮来编辑调整梁缝调查文件，如图 5-41 所示。

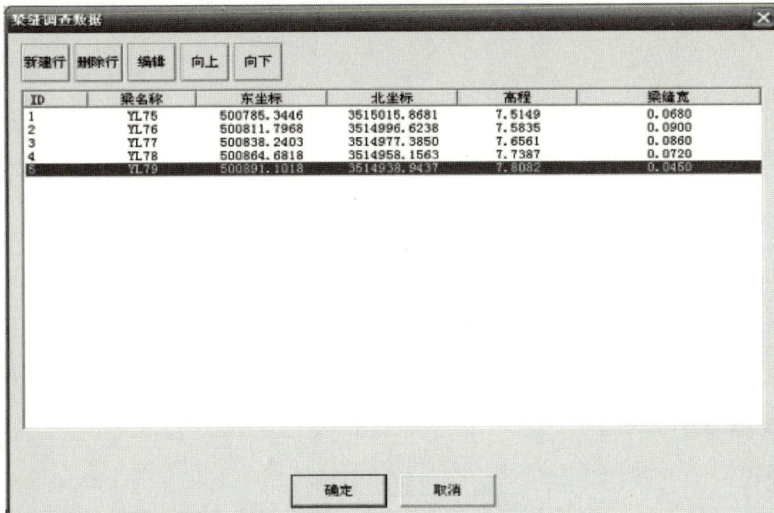

图 5-41　梁缝调查数据管理界面

（3）控制点文件管理。

控制点文件：控制点文件指的是进行精密测量时控制测量精度的设站点坐标文件，主要有 CPⅢ点和 GRP 点两种。点击"打开"按钮弹出选择控制点文件窗口，如图 5-42 所示。在选择控制点文件对话框中点击"新建/删除目录"可以新建/删除文件夹，点击"新建/删除文件"可以新建/删除设计文件。

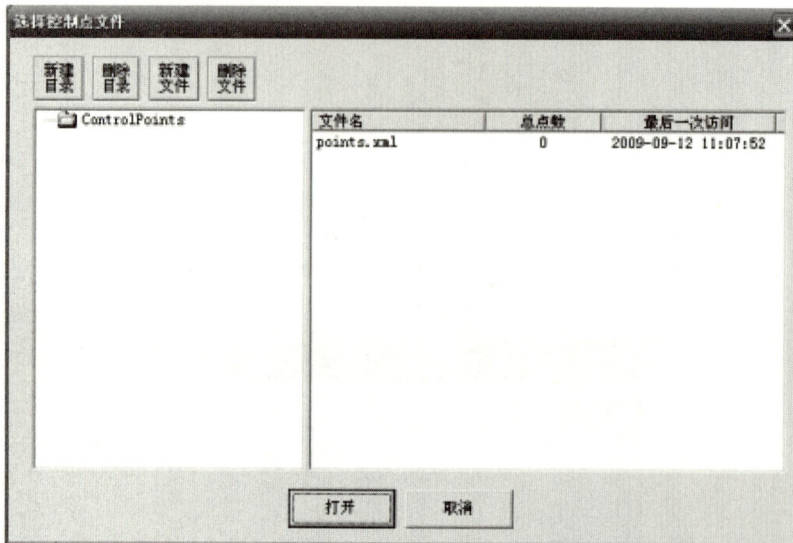

图 5-42　选择控制点文件对话框

在梁缝调查文件部分点击"编辑"按钮弹出梁缝调查数据窗口，在窗口中可以通过"新建行/删除行/编辑"等按钮来编辑调整梁缝调查文件，如图 5-43 所示。

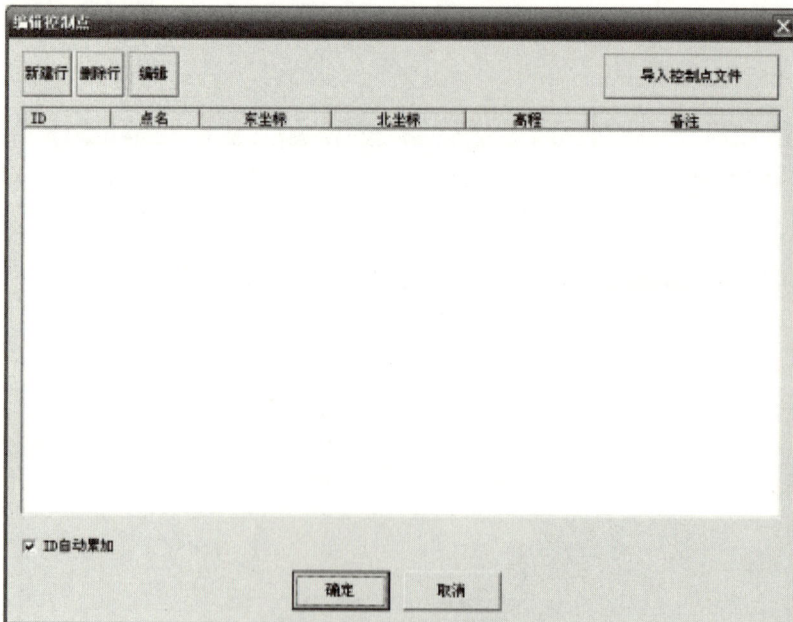

图 5-43　编辑控制点对话框

点击"导入"控制点按钮，弹出如图 5-44 所示对话框，可以选择已有的控制点文件，导入软件。

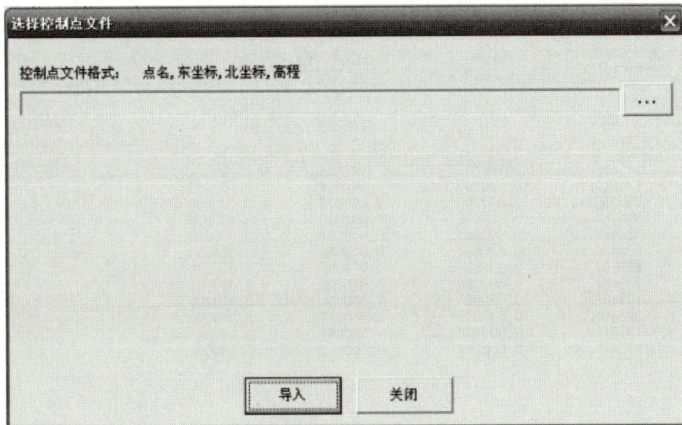

图 5-44　选择控制点文件对话框

在选择控制点文件对话中点击右侧的"…"按钮，弹出导入控制点文件对话框，选择文件类型为"控制点文件（ *.dat ）"，选择需要导入的控制点文件，如图 5-45 所示。

图 5-45　导入控制点文件对话框

选择好控制点文件后，点击"打开"按钮回到选择控制点文件对话框，点击"导入"按钮，完成控制点的导入，如图 5-46 所示。

图 5-46　导入控制点成功

点击"确定"，软件自动转入编辑控制点界面，如图 5-47 所示。在编辑控制点界面左下角选择"ID 自动累加"，软件会自动累加控制点编号，否则需要手动编辑控制点 ID。

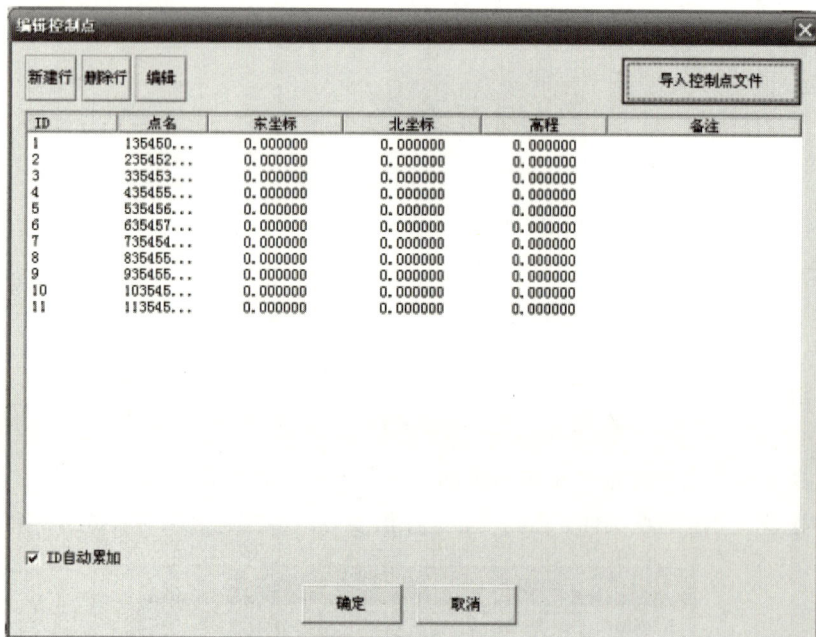

图 5-47　编辑控制点对话框

（4）布板文件管理。

在软件主界面中点击主菜单中的"布板/布板"，或在主界面中直接点击"布板"按钮弹出设置板范围对话框，如图 5-48 所示。

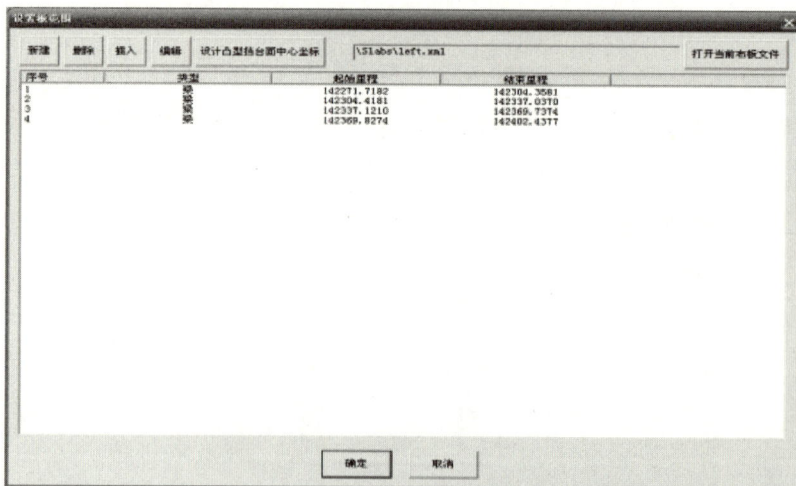

图 5-48　设置板范围对话框

在设置板范围对话框右上角点击"打开当前板文件"按钮，弹出选择布板文件对话框，如图 5-49 所示。

图 5-49　选择布板文件对话框

　　布板文件默认保存路径为当前工程下的 Slabs 文件夹。为了便于布板文件的管理，可以在选择布板文件对话框中通过"新建目录/删除目录/新建文件/删除文件"等按钮来管理布板文件。这里建议新建文件来区分线路左（右）线的布板文件，如图 5-50 所示。

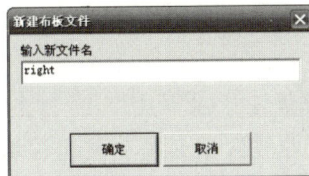

图 5-50　新建布板文件对话框

　　（5）测量结果文件管理。

　　测量结果文件保存路径为当前工程目录下的 MeasureData 文件夹。在该文件夹下，软件为不同施工项目创建了与之相对应的文件夹，如图 5-51 所示。

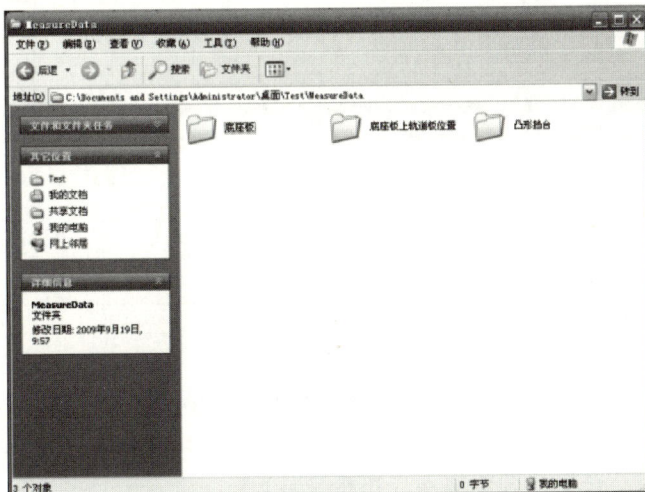

图 5-51　测量结果保存目录

在实时测量过程中，测量结果的保存，软件会自动匹配施工项目，在对应文件夹下创建与当前日期同名的文本文档，如图 5-52 所示。

图 5-52　测量结果保存文件的创建

（三）施工测量

1．相关配置

在进行施工测量时，用户需注意以下几点：

（1）高速铁路线路的设计曲线数据必须完整无误地输入软件，因为该系统所有的测量均以设计曲线要素为基准，如图 5-53 所示。

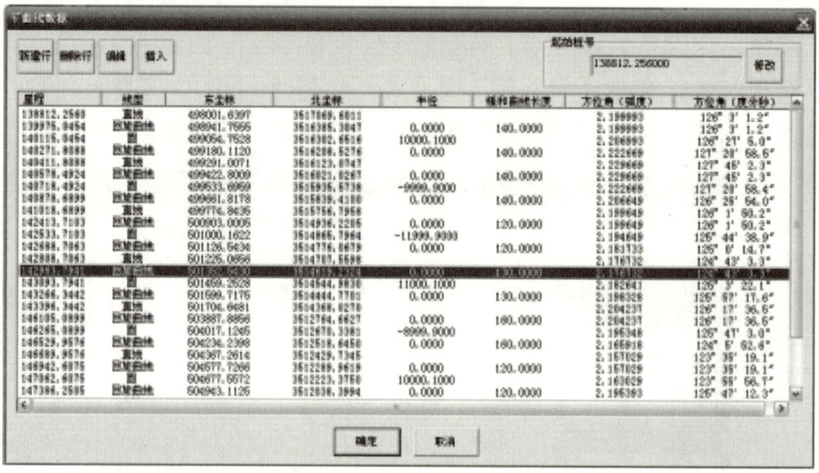

图 5-53　线路设计文件正确输入

（2）文件配置正确（图 5-54）。由于铁路设计有左（右）线区分，在设计文件时，为了便于管理和辨认，建议把线路左（右）线的相关数据分开保存，包括线路设计数据文件、梁长梁缝调查文件、布板文件。

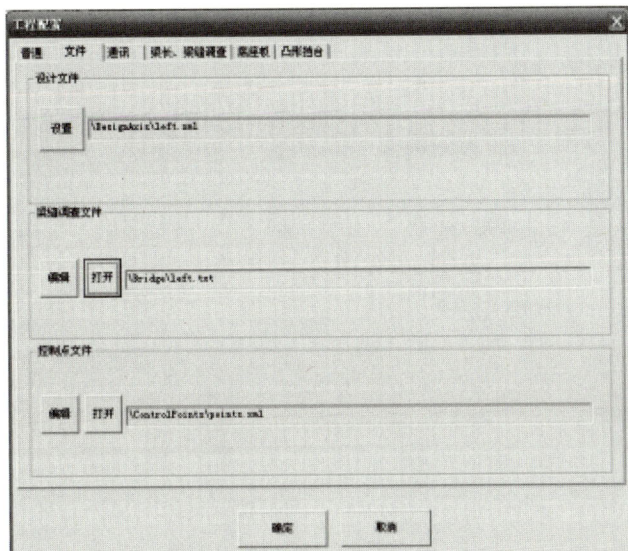

图 5-54　文件正确配置

（3）软件与全站仪通信设置正确（图 5-55）。为了避免测量时数据丢失，建议在实施测量工作之前，首先查看全站仪通信是否顺畅。

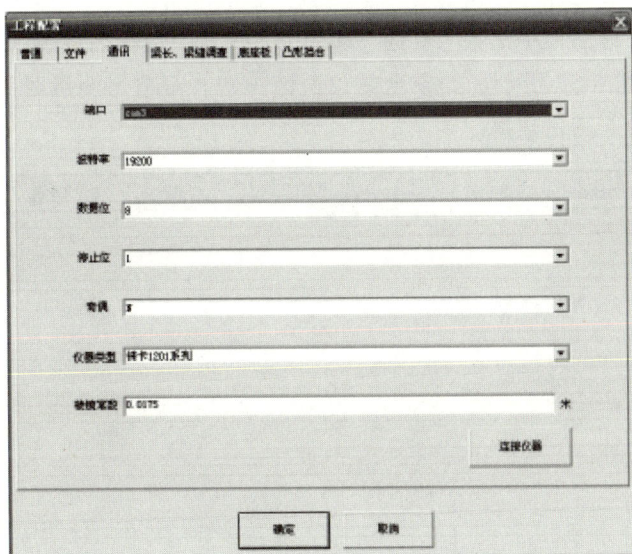

图 5-55　全站仪通信配置

2. 梁长、梁缝调查

（1）施工项目简介。

梁长、梁缝调查是指底座板浇筑前期，通过梁长、梁缝调查确定桥梁布板方案，同时根据布板方案计算出凸型挡台中心坐标（线路基准点）的工作。

测量点选择：在每片梁小里程梁端靠近线路中线附近位置架设棱镜，照准棱镜后点击"测量"按钮，软件自动测取棱镜坐标，并计算出横向偏差。

（2）限差和参数输入。

在工程配置对话框中选择"梁长、梁缝调查"选项卡，在其中输入正确的参数和限差，如图 5-56 所示。

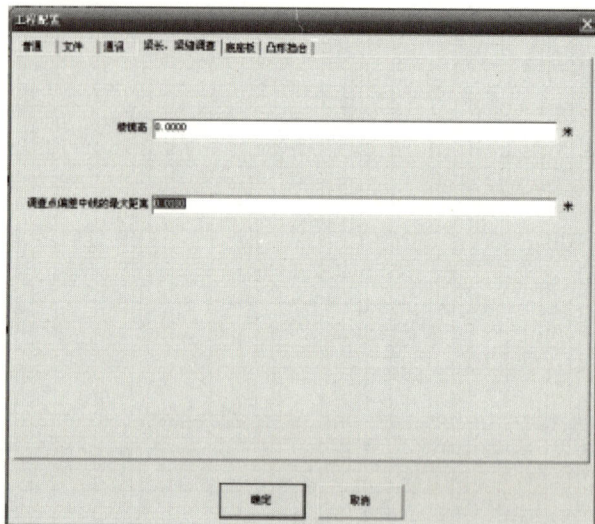

图 5-56　梁长、梁缝调查参数限差输入

（3）施工项目选择。

在工程配置对话框中选择"普通"选项卡，在其中选择当前施工项目为"梁长、梁缝调查"，如图 5-57 所示。如果全站仪通信失败，可选用测量时手工输入，在测量过程中手工输入测量数据。

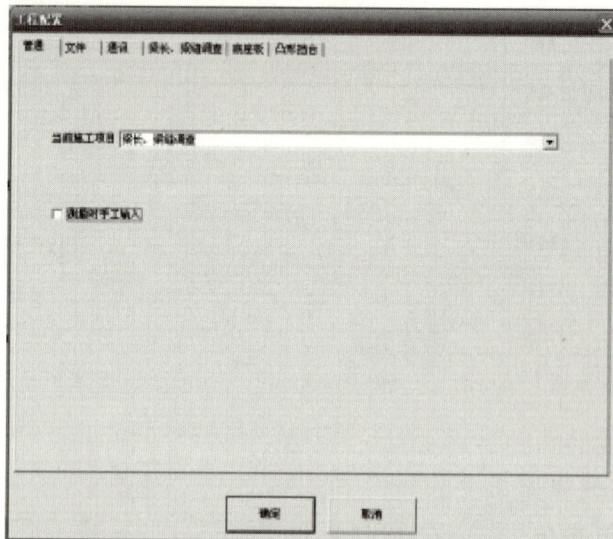

图 5-57　梁长、梁缝调查施工项目选择

（4）梁长、梁缝调查测量实施。

在以上工作完成以后在工程配置对话框中点击"确定"回到软件主界面。

在软件主界面中点击主菜单栏中的"测量/测量"或者在主界面点击"测量"按钮弹出梁缝调查测量界面，如图 5-58 所示。

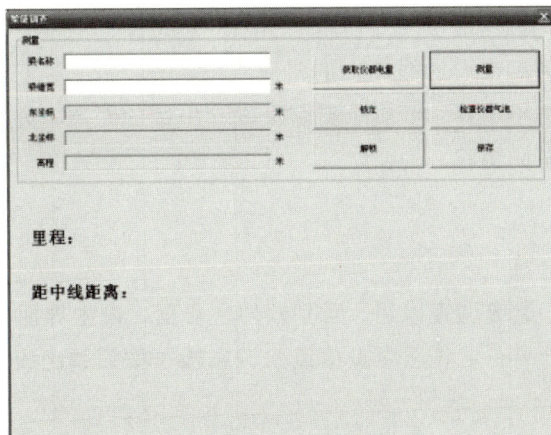

图 5-58　梁缝调查测量界面

数据介绍：

梁名称：可以自己设计便于识别的名称。

梁缝宽：现场测量时需要首先用钢尺等测量工具获得被测点的梁缝宽度。梁缝的设计宽度为 0.1 m。

东坐标、北坐标、高程：被测点的坐标数据，可以通过与全站仪通信实时动态获取，或者选择测量后手工输入。被测点选择在靠近梁缝两端里程大的梁端的轨道中线附近。

按钮介绍：

检查仪器气泡：点击此按钮会弹出对话框显示仪器对中气泡的补偿值。

获取仪器电量：点击此按钮会弹出对话框显示仪器的实时电量数据。

锁定：在仪器照准棱镜后，点击此按钮可使仪器始终锁定在同一目标上。

解锁：点击此按钮解除目标锁定。

测量：点击此按钮，软件进行测量，并通过测量数据计算结果，并在界面中显示，如图 5-59 所示。

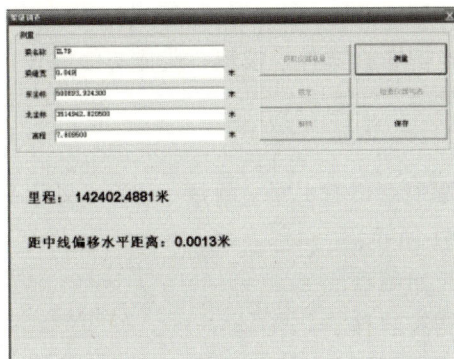

图 5-59　梁缝调查测量结果演示

保存：保存当前测量数据。梁长、梁缝调查数据默认保存在当前工程文件下的 Bridge 内的对应文本文档中。

测量结果介绍：

里程：当前测量点在设计线路上的对应里程。

距离中线偏移水平距离：当前所测点距设计中线的距离，负数表示要向右侧偏移，正数表示要向左侧偏移。

3. 布板操作

（1）布板文件选择。

在进行完梁长、梁缝调查以后，回到软件主界面，在主界面中点击主菜单中的"布板/布板"按钮，或在主界面中直接点击"布板"按钮弹出设置板范围对话框，如图 5-60 所示。

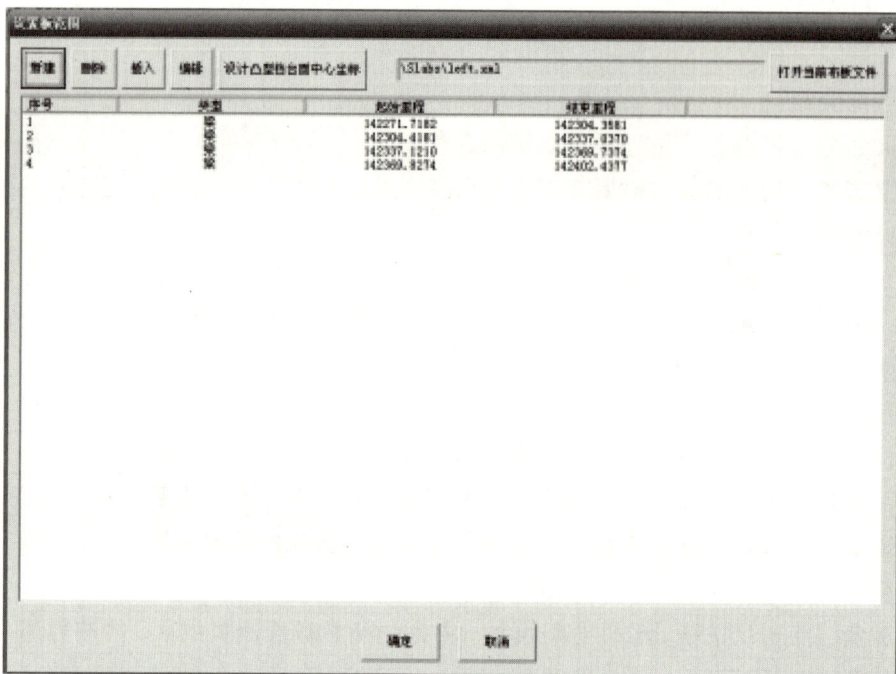

图 5-60　设置板范围

点击右上角"打开当前布板文件"按钮，选择与线路设计文件、梁长梁缝调查文件所匹配的相关布板文件，并打开。

（2）路基段布板。

在设置板范围对话框中点击右上角"新建"按钮，弹出新建布板对话框，在类型选择中选板，如图 5-61 所示。

起始里程：布板的起始里程。

结束里程：布板的结束里程。

布板方式 1：

按板间隙布板：只需要输入起始里程，在布板对话框中右侧点击"新建行"，弹出如图 5-62 所示对话框。

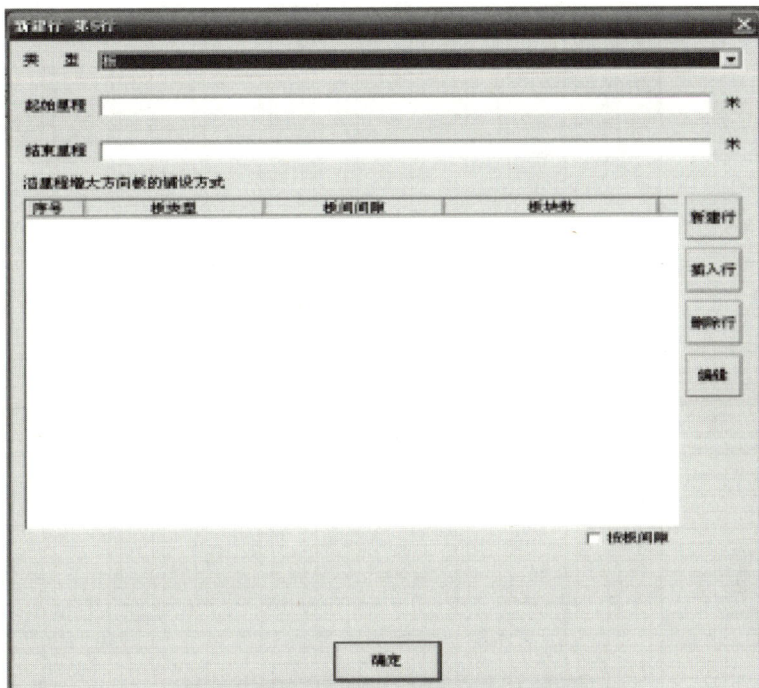

图 5-61　新建布板方案

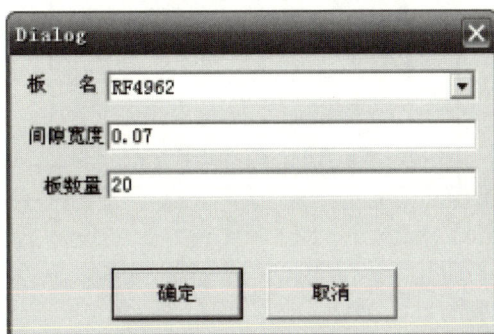

图 5-62　选择板类型

板名：对应板类型中构造的板名。

间隙宽度：轨道板之间的板件间隙。

板数量：相同类型轨道板的数量。

布板方案完成界面如图 5-63 所示。

软件会自动根据布板方案计算结束里程。

布板方式 2：

软件自动计算板件间隙：需要同时输入起始里程和结束里程，点击右侧"新建行"按钮弹出如图 5-64 所示对话框。

板名：对应板类型中构造的板名。

间隙宽度：轨道板之间的板件间隙。

点击"确定"，软件会根据布板方案，自动计算出板件间隙，如图 5-65 所示。

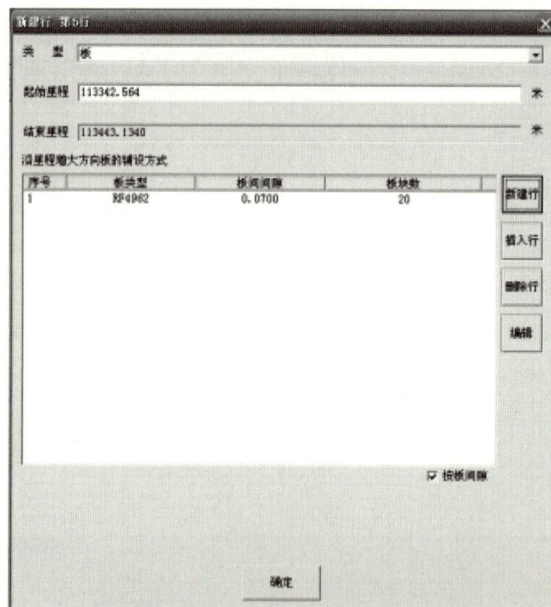

图 5-63　布板方案完成界面

图 5-64　选择板类型

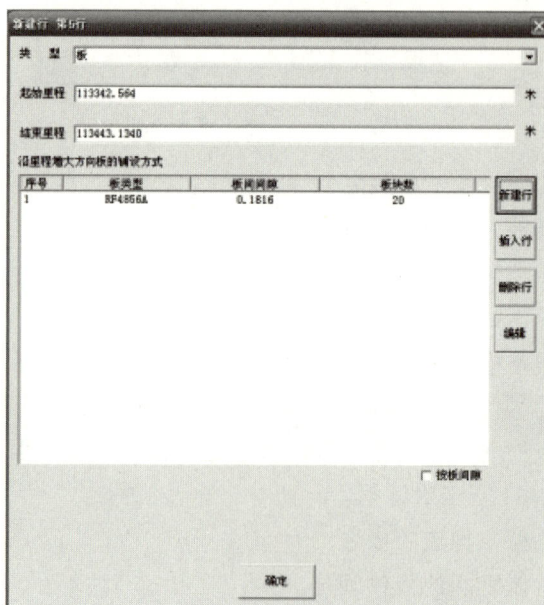

图 5-65　新建布板方案

（3）桥梁段布板。

在设置板范围对话框中点击右上角的"新建"按钮，弹出新建布板对话框，在类型选择中选择梁，如图5-66所示。

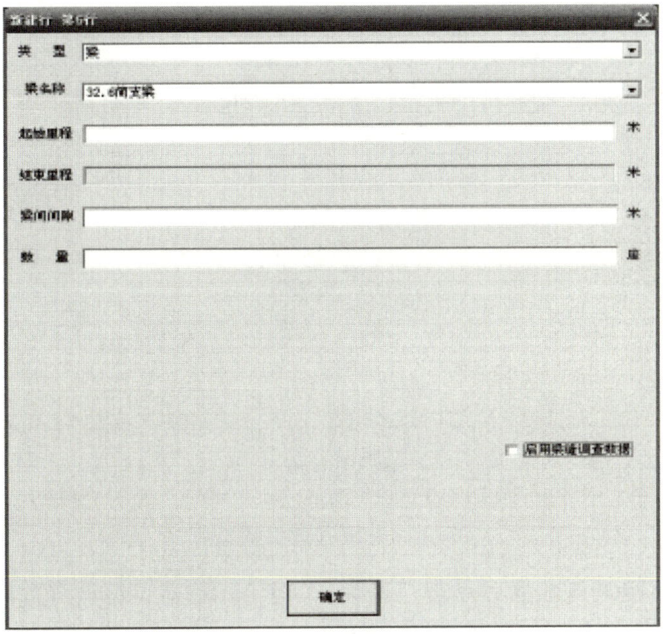

图 5-66　新建布板方案

在新建布板对话框中右下角勾选"启用梁缝调查数据"，出现如图5-67所示对话框。

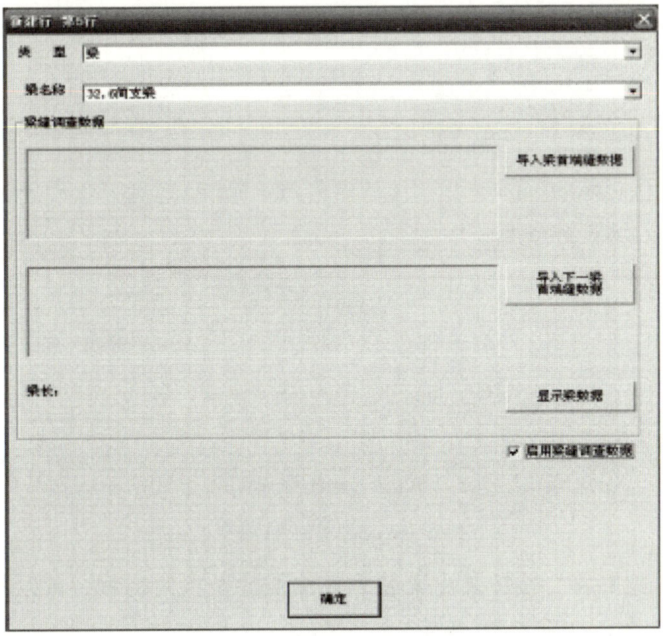

图 5-67　启用梁缝调查数据

梁名称：与构造梁类型中梁名称匹配。

点击右侧"导入梁首端缝数据"按钮，弹出梁缝调查数据对话框，如图 5-68 所示。

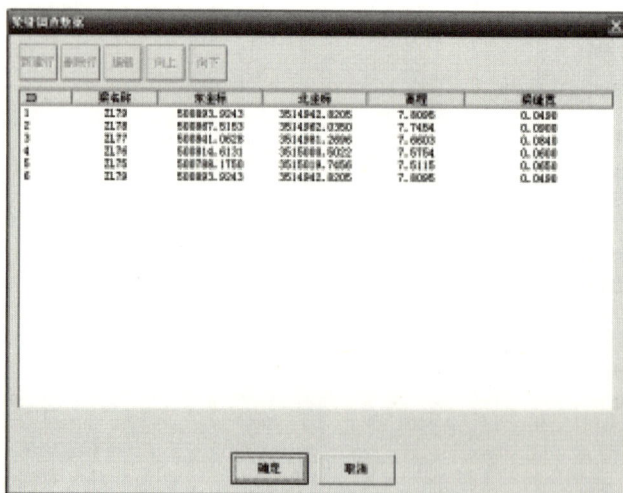

图 5-68　梁缝调查数据选择

选择首端梁缝调查数据后点击"确定"，即导入首端梁缝调查数据，如图 5-69 所示。同样，点击"导入下一梁首端梁缝数据"按钮后导入下一梁首端梁缝调查数据，最后回到新建对话框。软件会自动根据梁缝调查数据计算出实际梁长并完成布板。

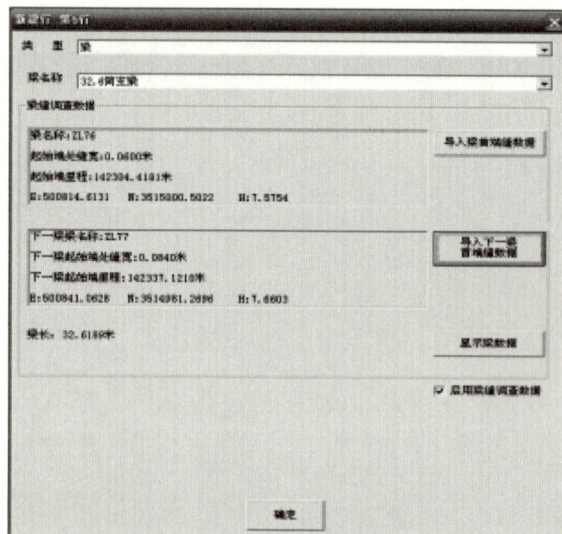

图 5-69　启用梁缝调查

点击"显示梁数据"按钮弹出梁缝调查实测梁数据对话框，可以看到实测梁缝调查后的布板方案，如图 5-70 所示。

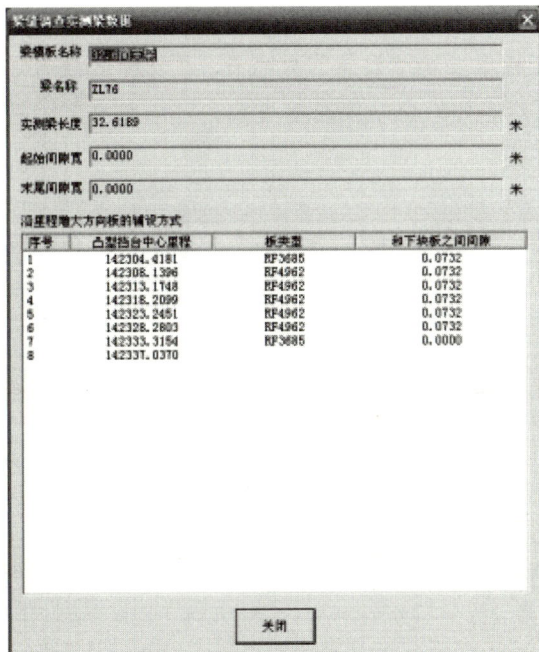

图 5-70　梁缝调查实测梁数据

4. 凸型挡台中心放样

（1）施工项目简介。

在完成布板工作以后，软件会自动计算出对应的凸型挡台顶面中心坐标（基准点坐标），软件计算依据为梁缝布板方案参数统计表。

在梁缝调查结束后，可以在软件中启用梁长、梁缝调查数据，计算出布板方案和凸型挡台中心点坐标，通过软件实时放样作业。

（2）限差和参数输入。

在工程配置对话框中选择"凸型挡台"选项卡，在其中输入正确的参数和限差，如图 5-71 所示。

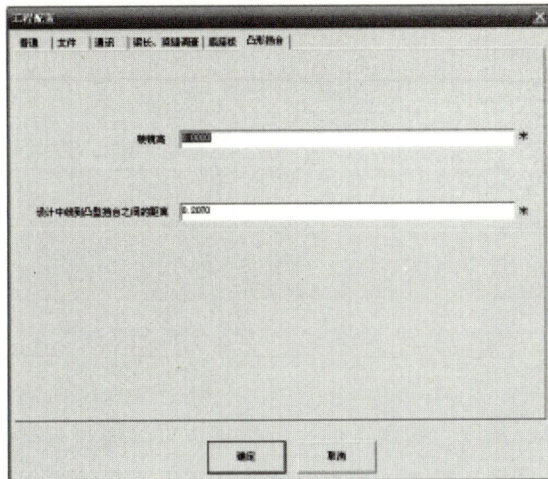

图 5-71　凸型挡台限差参数配置

（3）施工项目选择。

在工程配置对话框中选择"普通"选项卡，在其中选择当前施工项目为"凸型挡台"，如图 5-72 所示。如果全站仪通信失败，可选用测量时手工输入，在测量过程中手工输入测量数据。

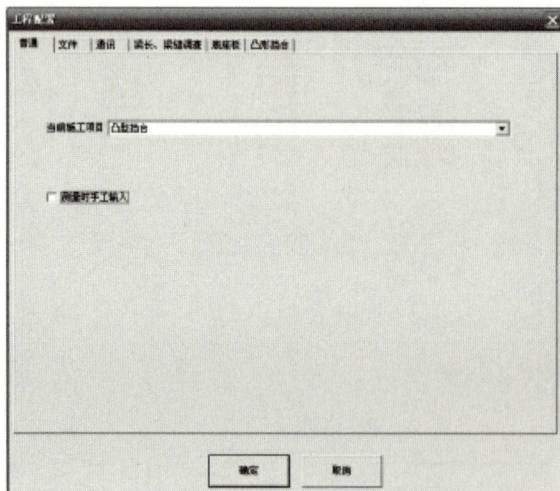

图 5-72　凸型挡台施工项目选择

（4）凸型挡台中心放样测量实施。

以上工作完成后，在工程配置对话框中点击"确定"回到软件主界面。

在软件主界面中点击主菜单栏中的"测量/测量"或者在主界面点击"测量"按钮弹出凸型挡台测量界面，如图 5-73 所示。被测点应选择在凸型挡台中心附近，在测取测量点坐标数据后，点击"测量"按钮，软件会计算出横向、纵向和高程偏差。

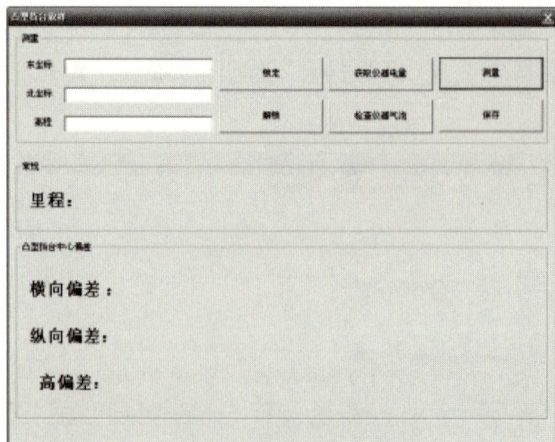

图 5-73　凸型挡台中心坐标放样测量界面

数据介绍：

东坐标、北坐标、高程：被测点的坐标数据，可以通过与全站仪通信实时动态获取，或者选择测量后手工输入。被测点选择在靠近梁缝两端里程大的梁端的轨道中线附近。

按钮介绍：

检查仪器气泡：点击此按钮会弹出对话框显示仪器对中气泡的补偿值。

获取仪器电量：点击此按钮会弹出对话框显示仪器的实时电量数据。

锁定：在仪器照准棱镜后，点击此按钮可使仪器始终锁定在同一目标上。

解锁：点击此按钮解除目标锁定。

测量：点击此按钮，软件进行测量，通过测量数据计算结果，并在界面中显示，如图 5-74 所示。

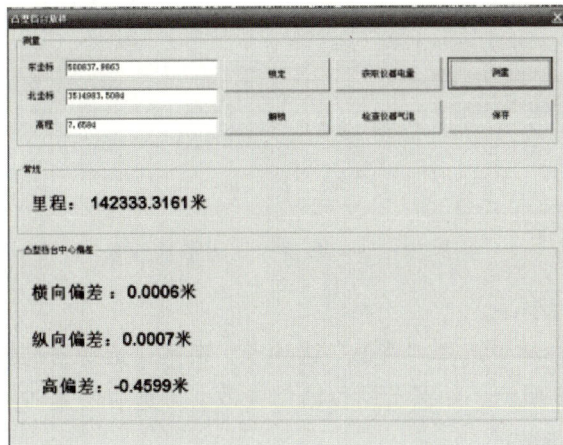

图 5-74　凸型挡台中心坐标放样测量结果演示

保存：保存当前测量数据。凸型挡台放样数据默认保存在当前工程文件下的 MesureData 内的对应"凸型挡台"文件夹中。

里程：当前测量点在设计线路上的对应里程。

横向偏差：到设计的凸型挡台中心点的横向偏差，负数表示要向右偏移，正数表示要向左偏移。

纵向偏差：到设计的凸型挡台中心点的纵向偏差，负数表示要向里程大偏移，正数表示要向里程小偏移。

高程偏差：到设计的凸型挡台面距离的偏差。

5. 底座板浇筑

（1）施工项目简介。

施工方在进行无砟轨道铺设前，需进行底座板浇筑。底座板浇筑需要严格按照设计路线的铺设方式进行。浇筑底座板主要分为 3 个部分：底座板边线放样、底座钢模板实时检校、底座板顶面检核。

（2）限差和参数输入。

在工程配置对话框中选择"底座板浇筑"选项卡，在其中底座板浇筑部分输入正确的参数和限差，如图 5-75 所示。

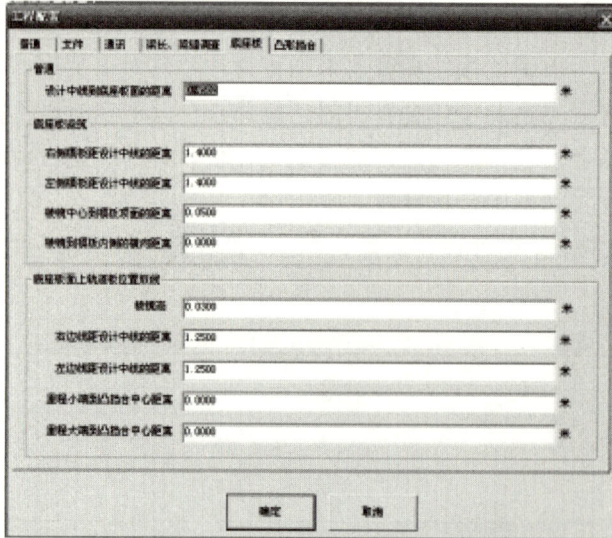

图 5-75　底座板浇筑限差参数设置

（3）施工项目选择。

在工程配置对话框中选择"普通"选项卡，在其中选择当前施工项目为"底座板浇筑"，如图 5-76 所示。如果全站仪通信失败，可选用测量时手工输入，在测量过程中手工输入测量数据。

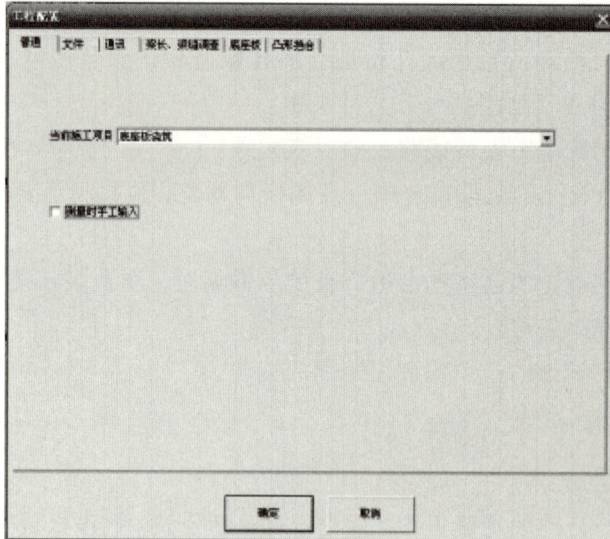

图 5-76　底座板浇筑施工项目选择

（4）底座板浇筑测量实施。

以上工作完成后，在工程配置对话框中点击"确定"回到软件主界面。

在软件主界面中点击主菜单栏中的"测量/测量"或者在主界面点击"测量"按钮弹出凸型挡台测量界面，如图 5-77 所示。被测点应选择在钢模板设计边线附近。

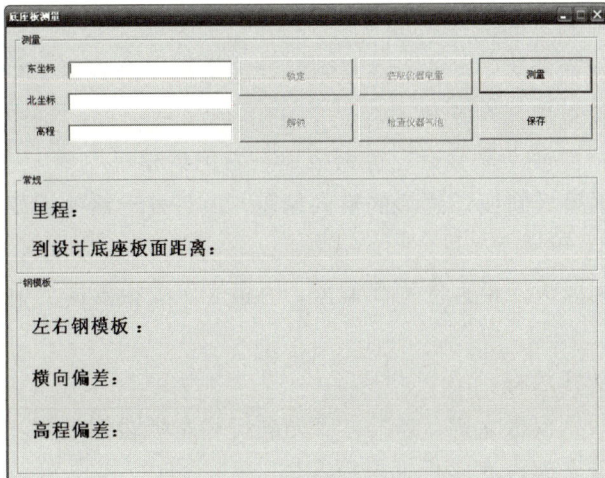

图 5-77　底座板浇筑测量界面

数据介绍:

东坐标、北坐标、高程:被测点的坐标数据,可以通过与全站仪通信实时动态获取,或者选择测量后手工输入。被测点选择在靠近梁缝两端里程大的梁端的轨道中线附近。

按钮介绍:

检查仪器气泡:点击此按钮会弹出对话框显示仪器对中气泡的补偿值。

获取仪器电量:点击此按钮会弹出对话框显示仪器的实时电量数据。

锁定:在仪器照准棱镜后,点击此按钮可使仪器始终锁定在同一目标上。

解锁:点击此按钮解除目标锁定。

测量:点击此按钮,软件进行测量,通过测量数据计算结果,并在界面中显示,如图 5-78 所示。

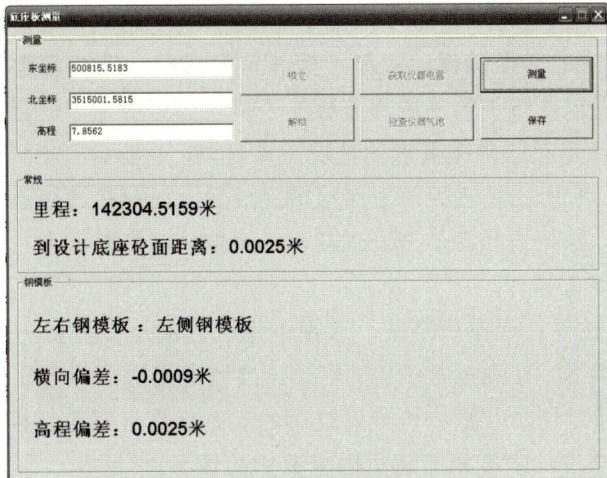

图 5-78　底座板浇筑测量结果演示

保存:保存当前测量数据。底座板浇筑测量数据默认保存在当前工程文件下的 MesureData 内的对应"底座板"文件夹中。

里程：当前所测点的里程。

到设计底座板面距离：当前所测点到设计底座板面的距离。这个值目前始终是正数。以后改进，可做成有正负的。

左右钢模板：当前点是靠近左侧钢板还是右侧钢模板。

横向偏差：钢模板到设计边线的横向偏差，为负表示钢模板要向外偏移，为正表示要向内偏移。

高程偏差：钢模板沿铅直向的高偏差，为负表示模板要向上偏移，为正表示模板要向下偏移。

（5）钢模板边线放样。

在架设底座板钢模板之前，施工方应先进行底座板边线放样。通过边线放样确定底座板边线，便于架设底座板钢模板。

边线放样过程：模板设计坐标是软件根据实时里程计算而得的。

现场通过软件实时测取坐标来计算钢模板在横向、高程方向上的偏差，指导施工人员作业。

通过底座板浇筑测量，测量边线上的点。在放底座板边线作业时，测量结果不考虑高程偏差，可以确定底座板边线位置。

（6）钢模板实时放样测量。

① 根据线路设计参数自动计算出任意里程处底座钢模上的空间坐标。

② 对钢模上的 4 个固定位置的棱镜进行测量，计算出相应调整量，从而精确确定钢模的空间位置，使轨道板底座的位置达到设计要求（表 5-5）。

表 5-5　混凝土底座/支撑层精度要求

名称	高程	中线位置
精度	−5 ~ 0 mm	±2 mm

（7）底座板顶面检核。

① 底座板浇筑、表面清理、混凝土板养护完成后，应对底座顶面选取部分点进行相应的检核，以检查浇筑后的底座板是否满足铺板要求，是否存在底座板顶面高度与设计高度相差超过限差要求的情况。

② 每 3 ~ 4 个断面的底座板顶面点检核完成后，如存在超限点，应重新架站对超限点进行复核。结果复核后，若发现超限，测量员需将数据上报，对底座板进行相应的重筑或铣削等操作。

③ 顶面检核过程：底座板浇筑、表面清理、混凝土板养护完成后，通过软件选择底座板浇筑测量。在测量数据中，到设计底座混凝土面距离表示任一点到底座板的垂直距离。通过这个数据以检查浇筑后的底座板是否满足铺板要求，是否存在底座板顶面高度与设计高度相差超过限差要求的情况。

6. 底座板面上轨道板位置放线

（1）施工项目简介。

本项工作在底座板浇筑以后进行，软件根据实时里程计算出轨道板边线顶点坐标。通过顶点位置，确定粗略的轨道板位置边框，满足施工方在轨道板粗放时的精度要求。

（2）限差和参数输入。

在工程配置对话框中选择"底座板浇筑"选项卡，在其中底座板面上轨道板位置放线部分输入正确的参数和限差，如图 5-79 所示。

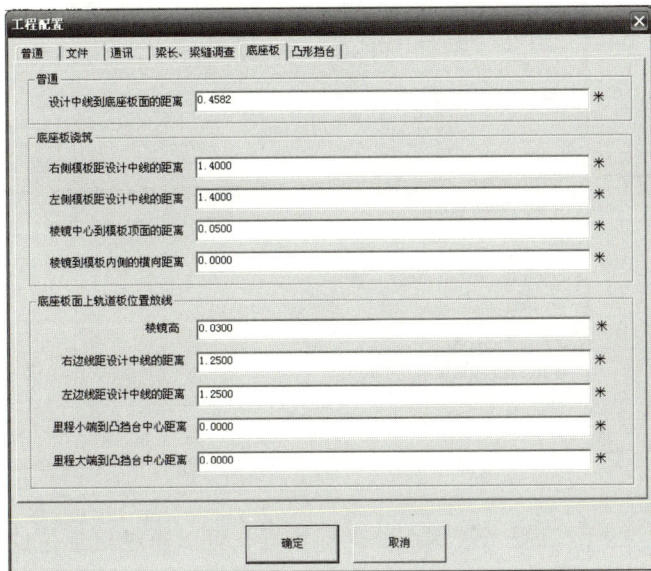

图 5-79　底座板面上轨道板位置放线限差参数设置

（3）施工项目选择。

在工程配置对话框中选择"普通"选项卡，在其中选择当前施工项目为"底座板面上轨道板位置放线"，如图 5-80 所示。如果全站仪通信失败，用户可选用测量时手工输入，在测量过程中手工输入测量数据。

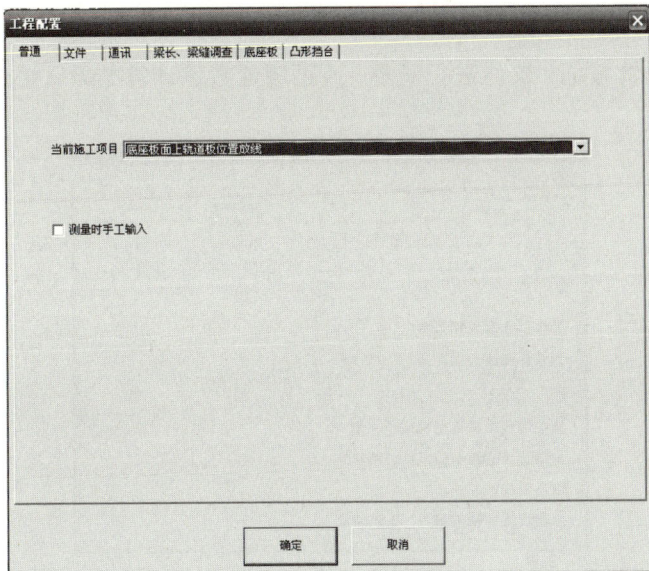

图 5-80　底座板面上轨道板位置放线施工项目选择

（4）底座板面上轨道板位置放线测量实施。

以上工作完成后，在工程配置对话框中点击"确定"回到软件主界面。

在软件主界面中点击主菜单栏中的"测量/测量"或者在主界面点击"测量"按钮弹出凸型挡台测量界面，如图 5-81 所示。被测点应选择在轨道设计边线范围内任一点。

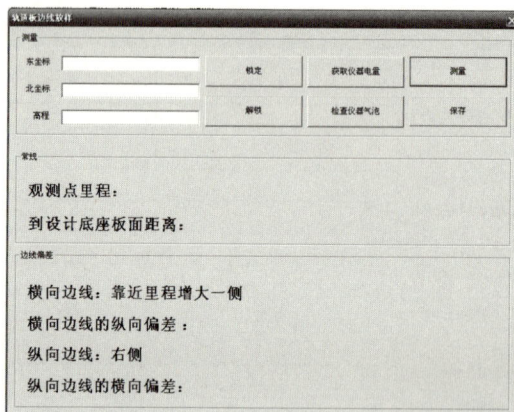

图 5-81　底座板面上轨道板位置放线施工测量界面

数据介绍：

东坐标、北坐标、高程：被测点的坐标数据，可以通过与全站仪通信实时动态获取，或者选择测量后手工输入。被测点选择在靠近梁缝两端里程大的梁端的轨道中线附近。

按钮介绍：

检查仪器气泡：点击此按钮会弹出对话框显示仪器对中气泡的补偿值。

获取仪器电量：点击此按钮会弹出对话框显示仪器的实时电量数据。

锁定：在仪器照准棱镜后，点击此按钮可使仪器始终锁定在同一目标上。

解锁：点击此按钮解除目标锁定。

测量：点击此按钮，软件进行测量，通过测量数据计算结果，并在界面中显示，如图 5-82 所示。

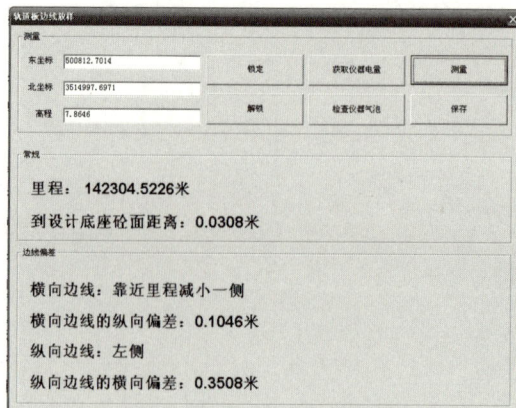

图 5-82　底座板面上轨道板位置放线施工测量结果演示

保存：保存当前测量数据。凸型挡台放样数据默认保存在当前工程文件下的 MesureData 内的对应"底座板上轨道板位置"文件夹中。

里程：当前所测点的里程。

到设计底座板面距离：当前所测点到设计底座板面的距离。当前点高于设计底座板为正，反之为负。

横向边线：当前所测点是靠近设计里程小的横向边线还是靠近设计里程大的横向边线。

横向边线的纵向偏差：当前所测点到设计横向边线的距离，负数则向里程大偏移，正数则向里程小偏移。

纵向边线：当前所测点是靠近设计左边线还是设计右边线。

纵向边线的横向偏差：当前所测点到设计纵向边线的距离，负数表示要向外偏移，正数则表示要向内侧偏移。

（四）成果输出

1. 梁长、梁缝调查测量成果

梁长、梁缝调查数据存储在当前作业工程文件目录下的 Bridge 文件夹中，在 Bridge 文件夹中系统会默认创建一个"bridge.txt"文件来保存梁长、梁缝调查数据，测量过程中，宜新建文件来区分左（右）线数据，如图 5-83 所示。

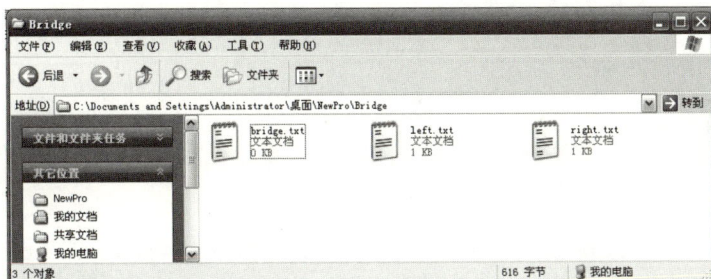

图 5-83　梁缝调查数据存储位置

梁长、梁缝调查数据格式如图 5-84 所示。

图 5-84　梁缝调查数据格式

以逗号分隔符分开，数据分别表示为：

ID，梁名称，东坐标，北坐标，高程，梁缝宽。

2. 凸型挡台中心坐标成果

在进行完布板操作以后，回到软件主界面，在主界面中点击主菜单中的"布板/布板"，或在主界面中直接点击"布板"按钮弹出设置板范围对话框，如图 5-85 所示。

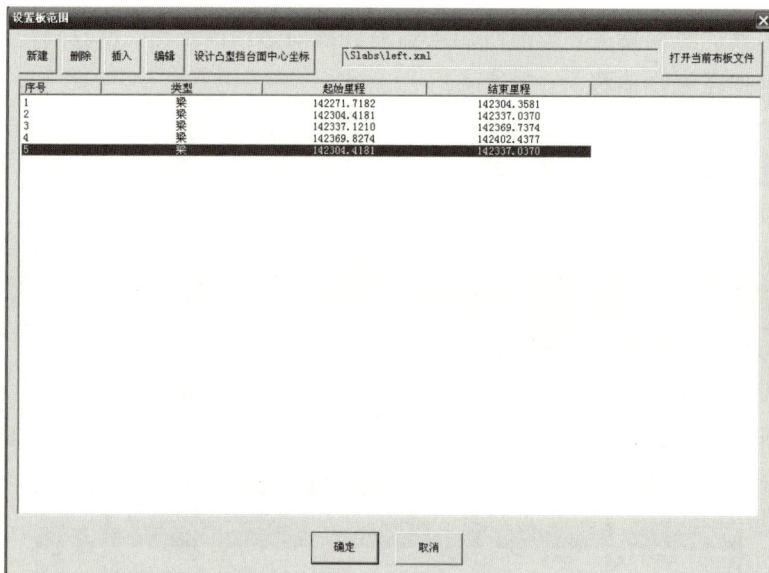

图 5-85　设置板范围

选中任意一片梁，然后点击对话框上方的"设计凸型挡台面中心坐标"按钮弹出设计凸型挡台面中心坐标对话框，如图 5-86 所示。

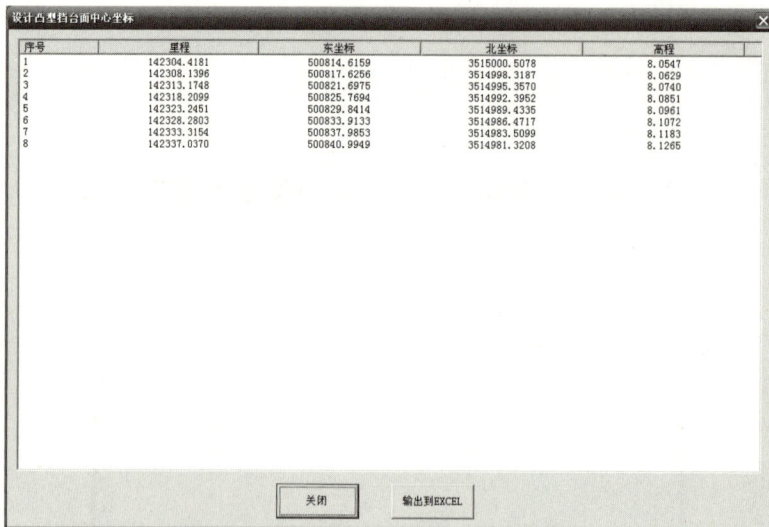

图 5-86　凸型挡台面中心坐标查看

在设计凸型挡台面中心坐标中会显示设计凸型挡台面的中心坐标、里程。点击下方"输出到 Excel",弹出导出对话框,如图 5-87 所示。

图 5-87　导出凸型挡台面中心坐标到 Excel

　　选择导出文件的保存位置后点击"保存",即可导出该片梁的设计凸型挡台面中心坐标数据,如图 5-88 所示。

图 5-88　导出凸型挡台面中心坐标到 Excel 文件格式

3. 凸型挡台中心放样测量成果

　　系统默认凸型挡台中心放样测量结果保存在当前作业工程目录下的 MeasureData 文件夹下的"凸型挡台"文件夹中。

　　在进行施工测量时,系统会自动生成一个与当前测量日期同名的文本文档,如图 5-89 所示,20090919.txt,20090923.txt 分别表示 2009 年 9 月 19 日与 2009 年 9 月 23 日的测量数据。

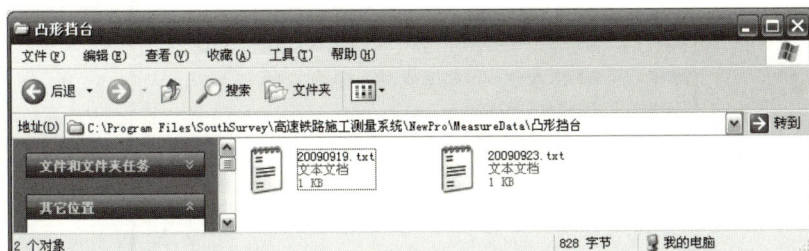

图 5-89　导出凸型挡台面中心坐标放样测量数据存储位置

数据格式：系统会按测量时间分条目保存与测量项目相关的数据，如图 5-90 所示。

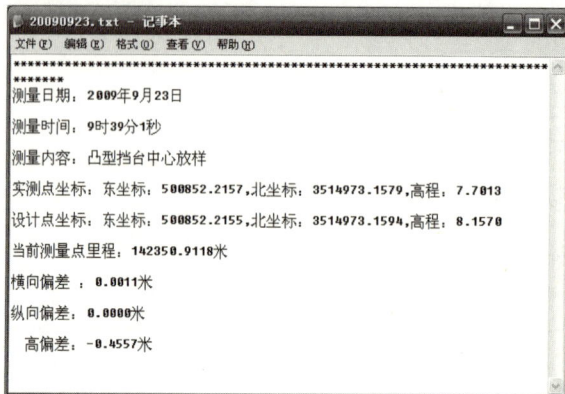

图 5-90　凸型挡台面中心坐标放样测量结果举例

4. 底座板浇筑测量成果

系统默认底座板浇筑测量结果保存在当前作业工程目录下的 MeasureData 文件夹下的"底座板"文件夹中。

在进行施工测量时，系统会自动生成一个与当前测量日期同名的文本文档，如图 5-91 所示，20090922.txt 表示 2009 年 9 月 22 日的测量数据。

图 5-91　底座板浇筑测量数据存储位置

数据格式：系统会按测量时间分条目保存与测量项目相关的数据，如图 5-92 所示。

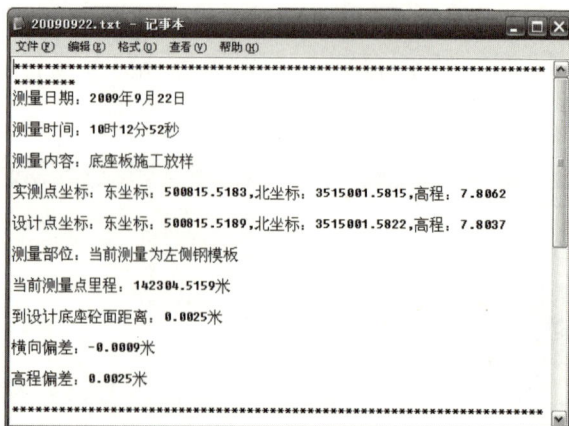

图 5-92　底座板浇筑测量数据结果演示

5. 底座板面上轨道板位置放线测量成果

系统默认底座板板面上的轨道板位置放线测量结果保存在当前作业工程目录下的 MeasureData 文件夹下的"底座板上轨道板位置"文件夹中。

在用户进行施工测量时，系统会自动生成一个与当前测量日期同名的文本文档，如图 5-93 所示，20090923.txt 表示 2009 年 9 月 23 日的测量数据。

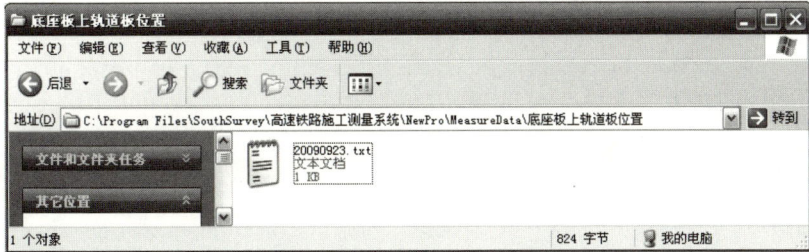

图 5-93　底座板面上轨道板位置放线测量结果存储位置

数据格式：系统会按测量时间分条目保存与测量项目相关的数据，如图 5-94 所示。

图 5-94　底座板面上轨道板位置放线测量结果演示

六、思考题

（1）无砟轨道精密测量系统包括哪三部分？

（2）无砟轨道精密测量系统的使用步骤总共有哪些？

任务四　轨道板精调实训

一、实训目的

（1）掌握轨道板精确测量定位软件的使用方法。
（2）能够使用配套仪器和软件进行轨道板精确测量定位。

二、实训要求

1. 实训时间

2 课时

2. 实训形式

以组为单位进行轨道板测量实训作业练习。

3. 实训注意事项

（1）实训时安全第一，不允许在实训场地大声喧哗、争斗、打闹，保持安静，轻声讨论。

（2）实训场地内禁止饮食，禁止吐痰，禁止嚼口香糖。

（3）不准恶意破坏实训设备，若有损坏及时向实训指导教师报备；

（4）实训结束后，整理复原仪器设备、桌椅，清理四周环境，待检查符合要求后，方可离开。

（5）实训室的设备严禁带出。

4. 工器具材料准备

实训所需工器具材料包括松下 CF-19 便携电脑、测量标架、全站仪等。

三、实训作业步骤

1. 任务描述

以组为单位进行轨道板测量任务，能够使用配套仪器和软件进行轨道板精确测量定位。

2. 轨道板精确测量定位软件的使用方法

（1）进入软件。
（2）项目管理。
（3）项目配置。
（4）测量。
（5）检校。

（6）查询。

（7）平顺性检测。

（8）工程目录文件结构。

四、实训考核标准

实训考核标准针对轨道板精调实训按照作业流程进行评定，见表 5-6。

表 5-6　轨道板精调实训工作评分表

序号	执行内容	评分标准	评分方式	配分	得分
1	作业前准备	仪器正常、防护和各类备品与探伤记录簿本齐全	人工评分	3 分	
2	轨道板精确测量定位软件的使用	（1）进入软件。 （2）项目管理。 （3）项目配置。 （4）测量。 （5）检校。 （6）查询。 （7）平顺性检测。 （8）工程目录文件结构	每项 10 分	80 分	
3	作业后整理	（1）检查：检查仪器，做好仪器的日常保养工作	人工评分	2 分	
		（2）整理：找出问题、总结经验		3 分	
		（3）总结汇报：开好完工会，作当日工作小结及次日工作预报；及时向车间、工务段调度汇报安全及伤损情况		2 分	
4	组内打分	根据小组内成员本次实训的表现情况打分（参考标准：迟到早退、玩手机、嬉戏打闹、不认真记录数据、测量数据不认真等）		10 分	
总分（满分 100 分）					

五、专业知识

（一）硬件简介

测量标架是该系统重要的组成部分，分为测量标架和标准标架 2 类，共 7 个，如图 5-95 所示。

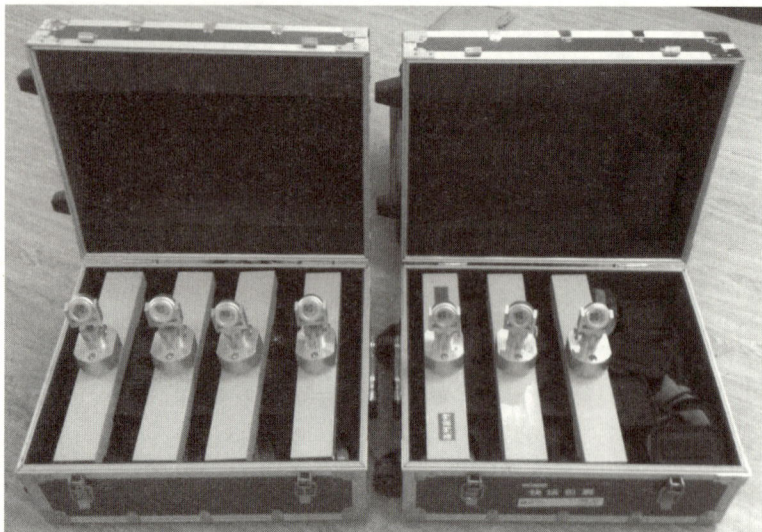

图 5-95 测量标架

（二）软件使用

1. 进入软件

双击桌面 CRTSⅢ板精调系统软件快捷方式，启动软件，并自动打开最近一次使用的工程和配置信息，进入软件主界面，如图 5-96 所示。

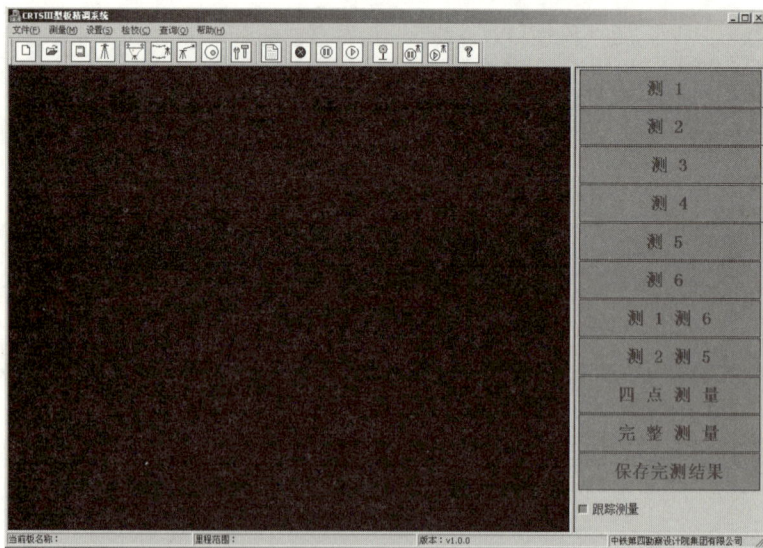

图 5-96 CRTSⅢ板精调系统软件主界面

2. 项目管理

新建项目：新建一个测量项目。

在菜单里，点击"文件"→"新建项目"或在工具栏里直接点击"新建项目" □ 按钮，弹出新建项目对话框，如图 5-97 所示。

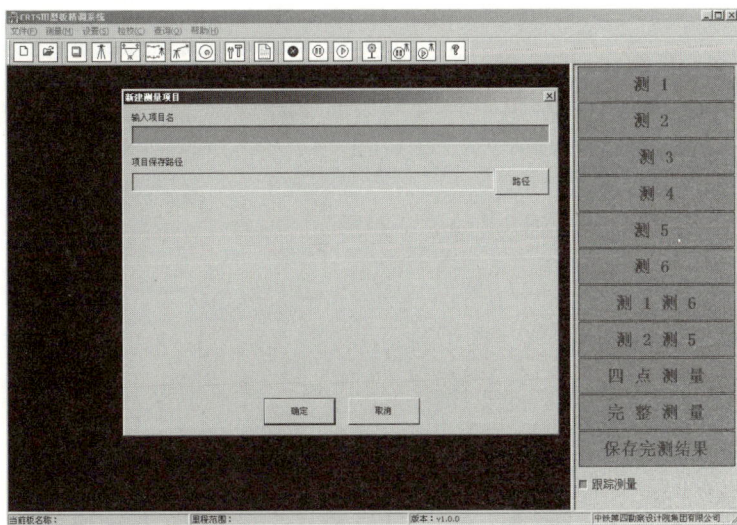

图 5-97 新建项目对话框

项目名：填写新建项目的名称。

保存路径：该项目的保存路径。

点击"确定"后程序将生成并初始化各参数文件且保存在该路径的项目名文件夹里。

打开项目：打开已经建立的项目。

在菜单里，点击"文件"→"打开项目"或在工具栏里直接点击"打开项目"按钮，弹出打开项目对话框，如图 5-98 所示。

图 5-98 打开项目对话框

进入已存在的一个项目文件夹里面，打开 Project.xml 项目文件，程序读取该项目文件的参数信息，并初始化该项目。

3. 项目配置

在菜单里，点击"设置"→"工程配置"或在工具栏里直接点击"工程配置"

按钮，弹出工程配置对话框，如图 5-99 所示。

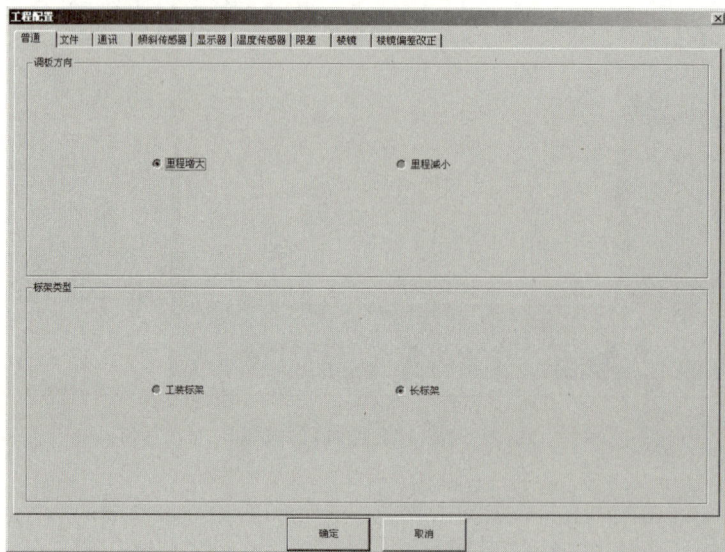

图 5-99　工程配置对话框

（1）普通：设置调板的方向和使用标架的类型。

调板方向：选择向里程增大方向调板或向里程减小方向调板。

标架类型：选择标架的类型，有工装标架和长标架两种。

（2）文件：设置和查询项目所使用的各类文件，如图 5-100 所示。

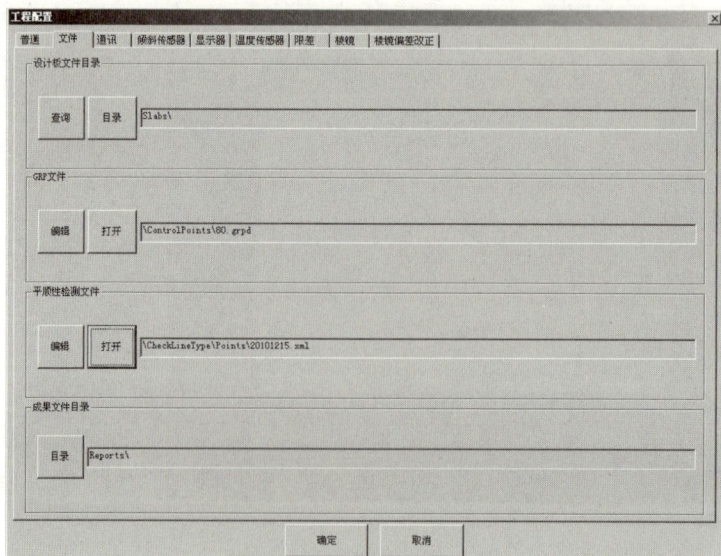

图 5-100　文件选项卡

① 设计板文件目录：设置设计板文件存放路径及查询设计板文件，点击"目录"按钮则弹出选择路径对话框，如图 5-101 所示。

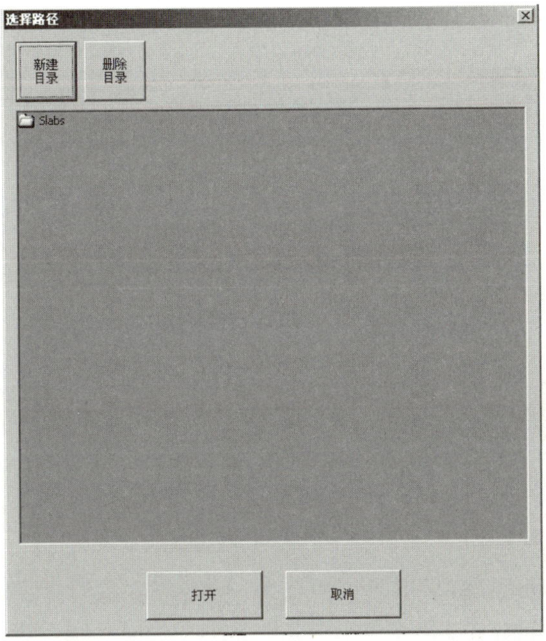

图 5-101　选择路径对话框

在该对话框中可以设置设计板文件存放的路径。

点击"查询"按钮则弹出板查询对话框，如图 5-102 所示。

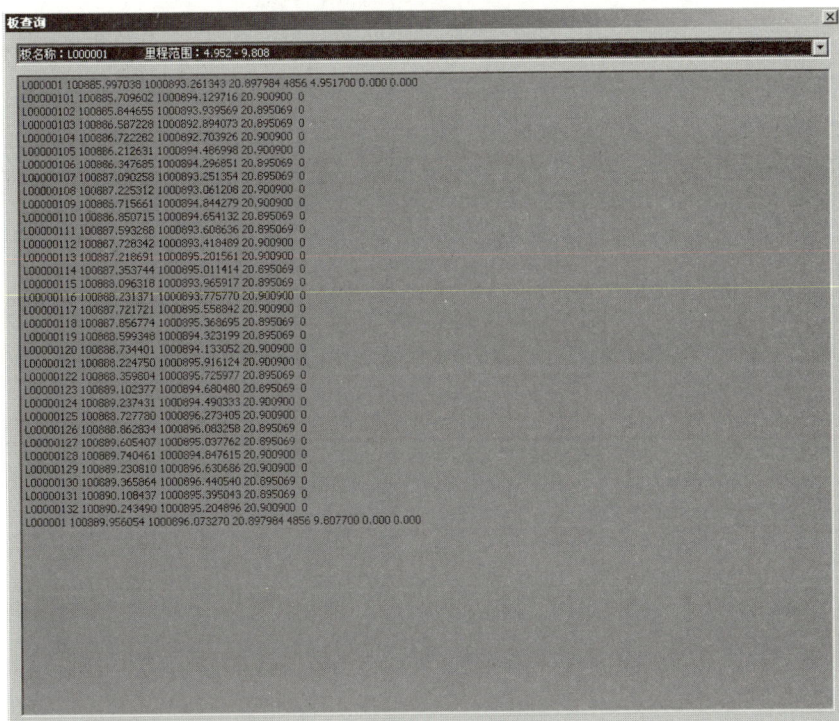

图 5-102　板查询对话框

②GRP 文件：在该对话框中可以查询每块设计板的详细信息 GRP 文件、打开或新建 GRP 控件点坐标文件以及查询和编辑文件里的控制点坐标数据。

点击"打开"按钮则弹出选择 GRP 坐标文件对话框，如图 5-103 所示。

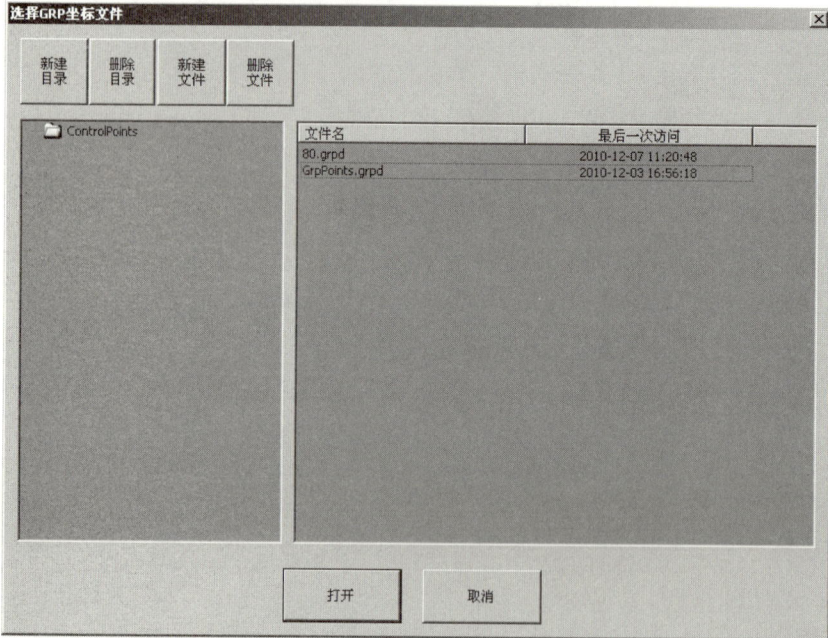

图 5-103　选择 GRP 坐标文件对话框

在该对话框中可以打开、新建 GRP 控制点坐标文件。

点击"编辑"按钮则弹出 GRP 控制点文件对话框，如图 5-104 所示。

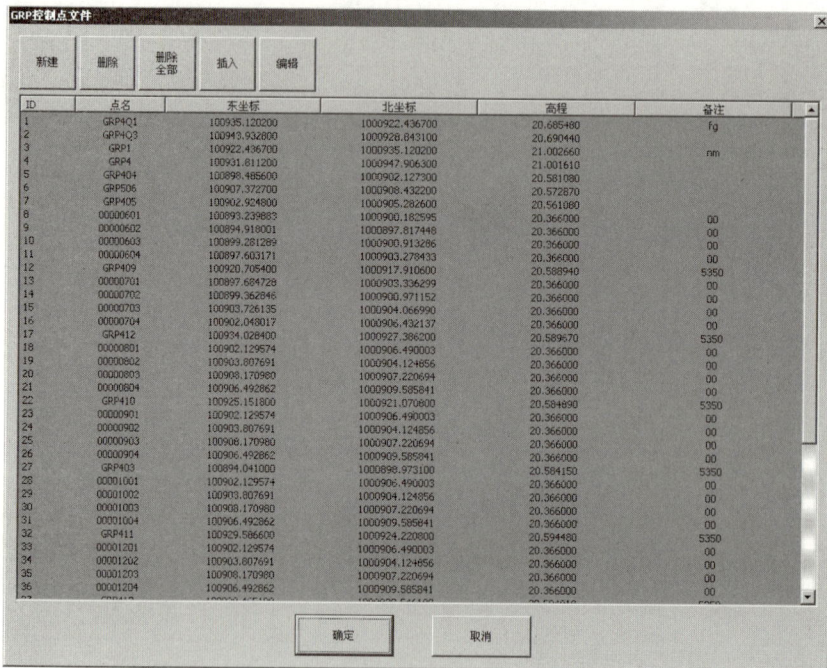

图 5-104　GRP 控制点文件对话框

在该对话框中可以对 GRP 控制点坐标进行新建、编辑、删除等操作。

③ 平顺性检测文件：打开或新建平顺性检测文件以及查询和编辑文件里的采

集点坐标数据。

点击"打开"按钮则弹出选择平顺性检测坐标文件对话框,如图 5-105 所示。

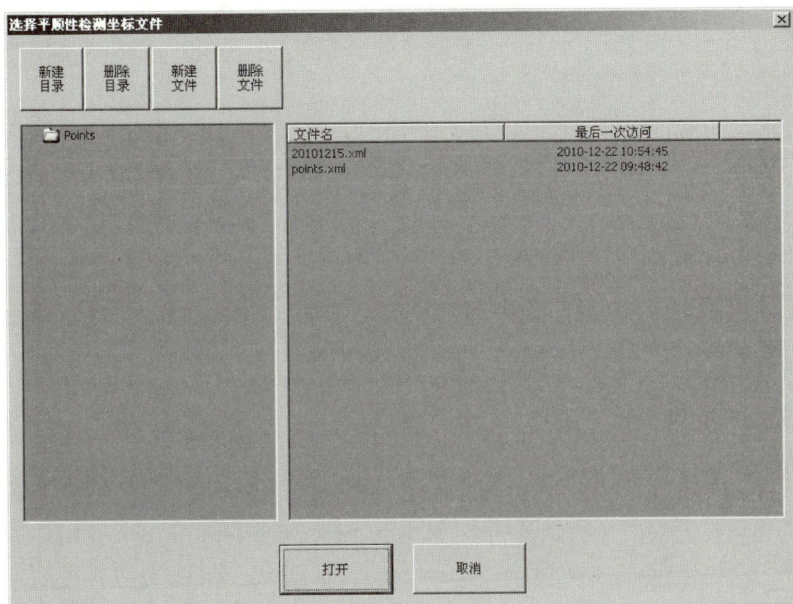

图 5-105　选择平顺性检测坐标文件对话框

在该对话框中可以打开、新建平顺性检测文件。

点击"编辑"按钮,则弹出平顺性检测坐标文件对话框,如图 5-106 所示。

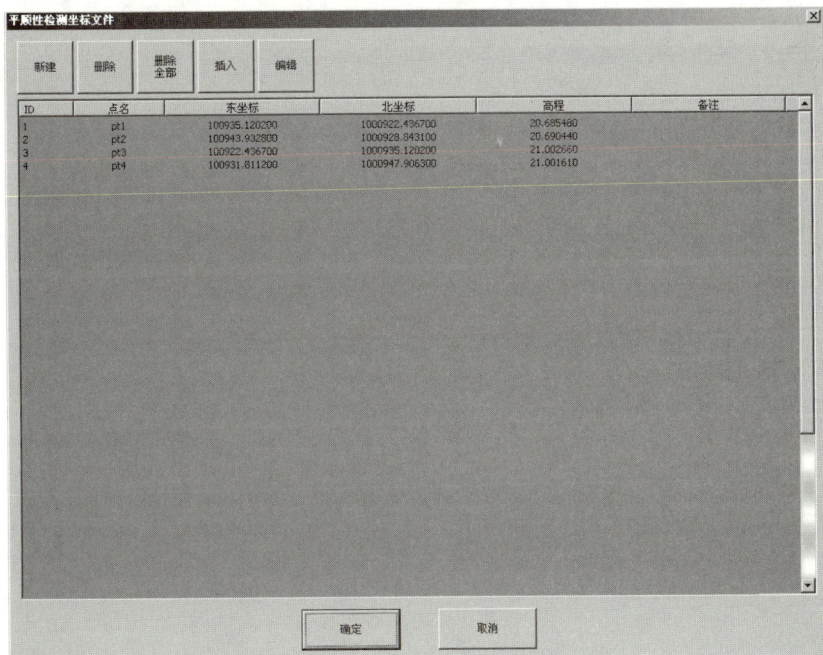

图 5-106　平顺性检测坐标文件对话框

在该对话框中可以对平顺性检测采集的坐标进行新建、编辑、删除等操作。

④ 成果文件目录：设置存放精调板的成果文件的路径。

点击"目录"按钮则弹出选择路径对话框，如图 5-107 所示。

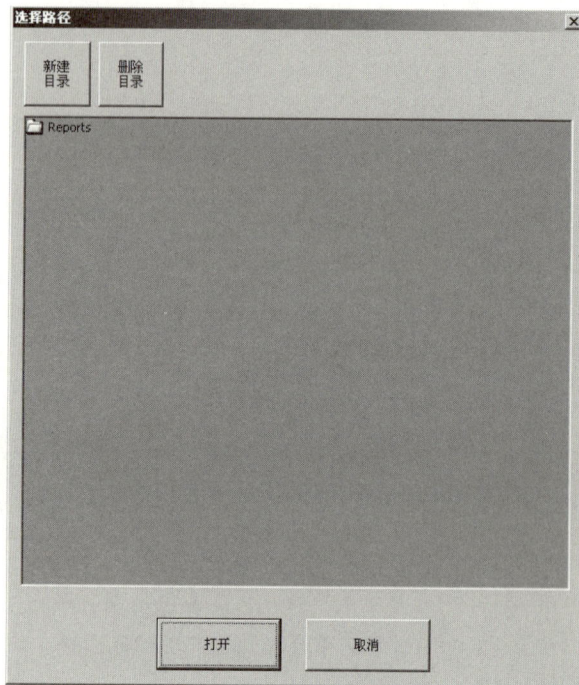

图 5-107　选择路径对话框

（3）通讯：设置全站仪及各传感器的通信参数及超时时间，如图 5-108 所示。

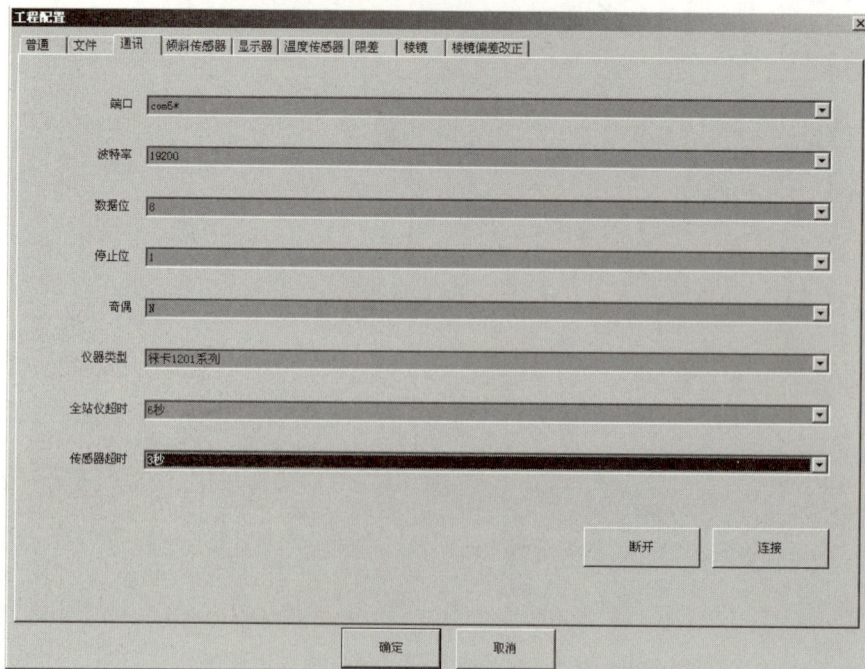

图 5-108　通讯选项卡

端口、波特率、数据位、停止位、奇偶为通信参数。

仪器类型：测量所用的仪器，支持 3 类全站仪，分别是徕卡 1800 及 2003 系列、徕卡 120 系列、天宝 S8 全站仪。

全站仪超时及传感器超时：设置全站仪及传感器超时的时间。

程序启动时会自动连接各传感器及全站仪，如果此时各硬件还没有连接好，可以先连接好各硬件，然后点击"连接"按钮，即可连接硬件设备。

在精调过程中，如果中途通信出了故障，则可以先点击"断开"按钮，然后再点击"连接"按钮，即可重新连接硬件设备。

（4）倾斜传感器：执行倾斜传感器各命令，查询倾斜传感器的改正数，如图 5-109 所示。

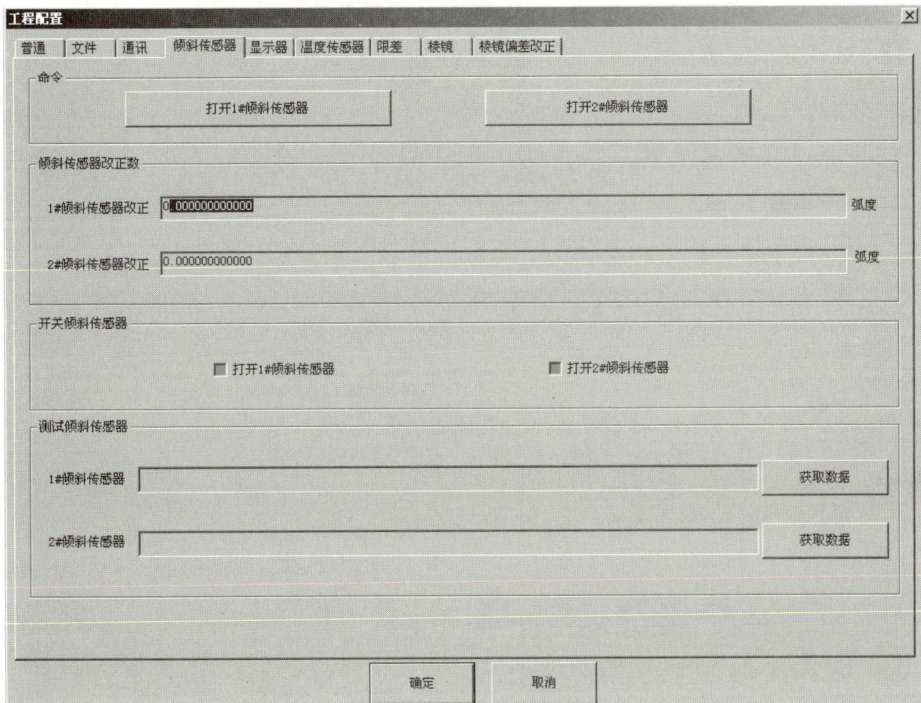

图 5-109　倾斜传感器选项卡

命令：执行打开 1#和 2#传感器命令。

倾斜传感器改正数：查询各传感器的改正数。

开关倾斜传感器：执行打开传感器的命令。

测试倾斜传感器：执行获取倾斜传感器数据的命令。

（5）显示器：打开、关闭及测试各显示器，如图 5-110 所示。

启用显示器：打开或关闭各显示器。

测试显示器：测试显示器是否正常工作。

（6）温度传感器：打开、关闭及测试温度传感器，如图 5-111 所示。

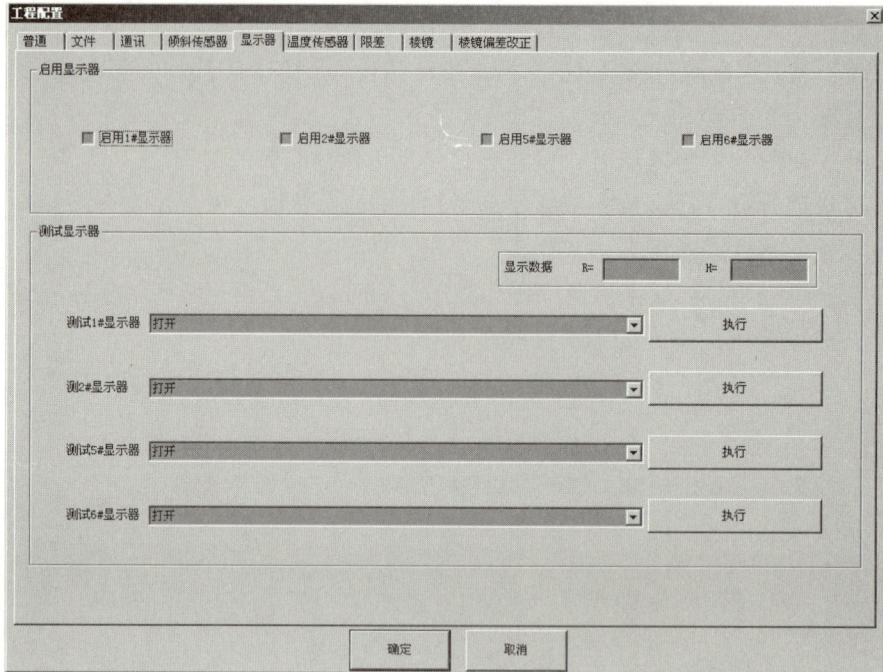

图 5-110　显示器选项卡

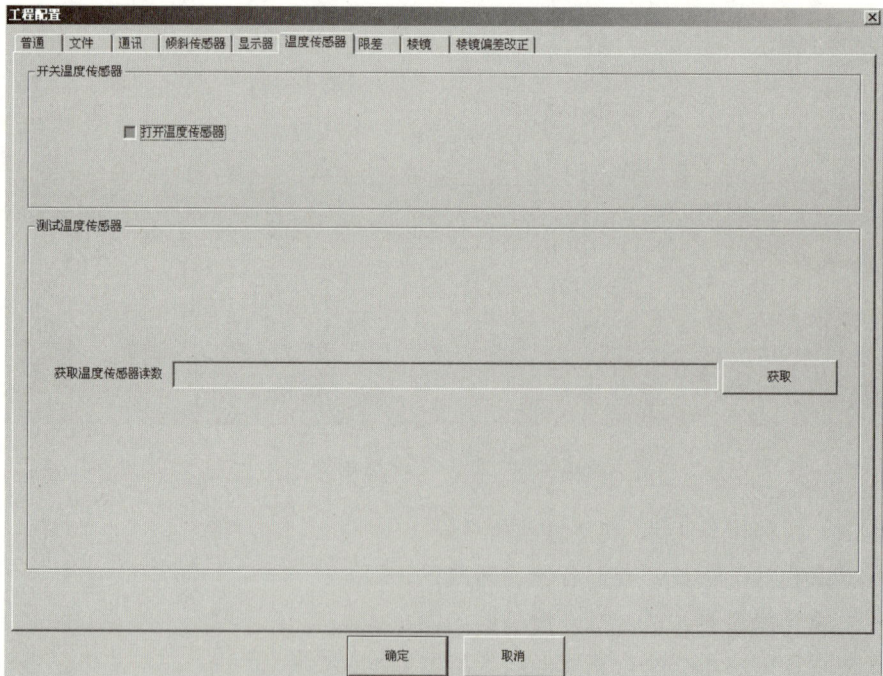

图 5-111　温度传感器选项卡

开关温度传感器：打开或关闭温度传感器。

测试温度传感器：测试温度传感器是否正常工作。

（7）限差：设置测量允许的限差，如图 5-112 所示。

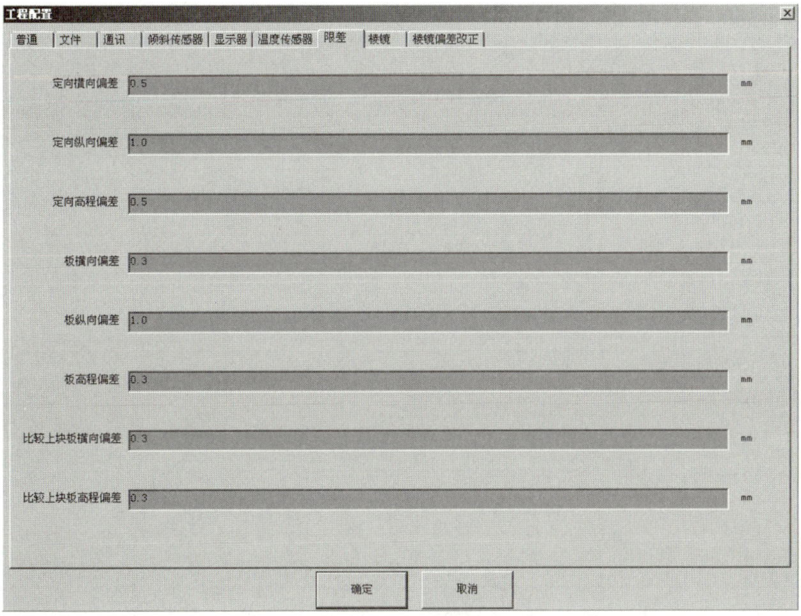

图 5-112　限差选项卡

定向时限差设置分别有：定向横向偏差、定向纵向偏差及定向高程偏差。

调板限差设置分别有：板横向偏差、板纵向偏差、板高程偏差。

与上块板搭接限差分别有：比较上块板横向偏差及比较上块板高程偏差。

（8）棱镜：设置测量棱镜的棱镜常数及棱镜高，如图 5-113 所示。

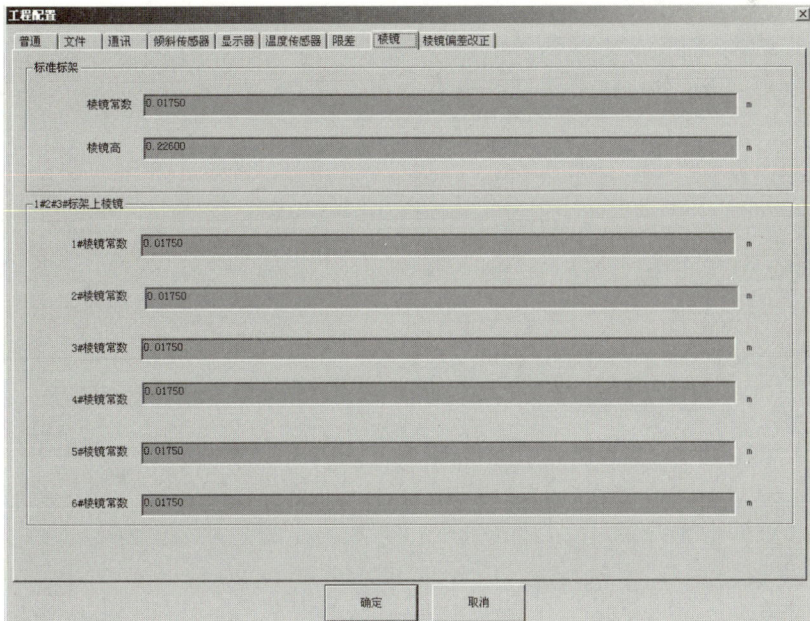

图 5-113　棱镜选项卡

（9）棱镜偏差改正：各测量棱镜的横向偏差和高程偏差，在检校标架时进行设置，如图 5-114 所示。

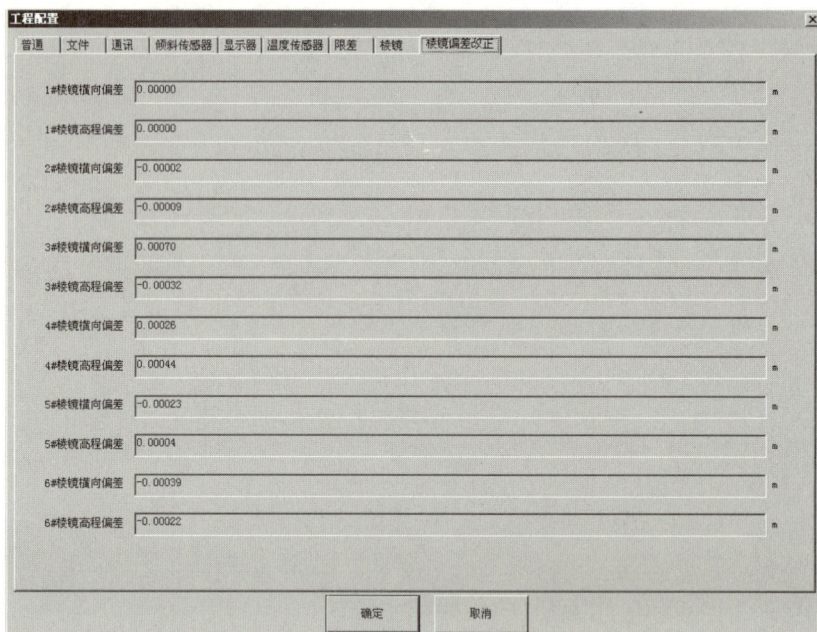

图 5-114　棱镜偏差改正选项卡

4. 测量

选板：选择要测量的板。

在菜单里，点击"测量"→"选板"或在工具栏里直接点击"选板" [□] 按钮，弹出选板对话框，如图 5-115 所示。

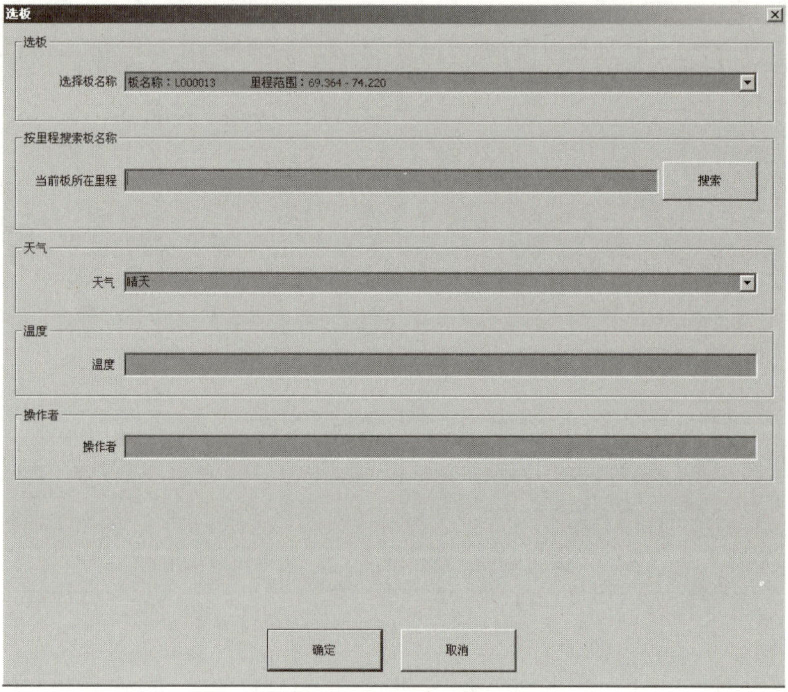

图 5-115　选板对话框

（1）选板：在选择板名称下拉列表中选择当前要调的板。

按里程搜索板名称：如果不知道当前要调的板名称，但知道所处的里程，可以将该板处的一个里程值输到当前板所在里程文本框内，单击"搜索"按钮，即可把当前板选择上。

温度：由温度传感器自动写入温度值，也可以人工对温度值进行修改。

操作者：输入操作者的姓名。

（2）定向：当全站仪位于新的测站时，要进行定向，以确定全站仪位置、方位及角度改正数。

在菜单里，点击"测量"→"定向"或在工具栏里直接点击"定向" 按钮，弹出定向对话框，如图 5-116 所示。

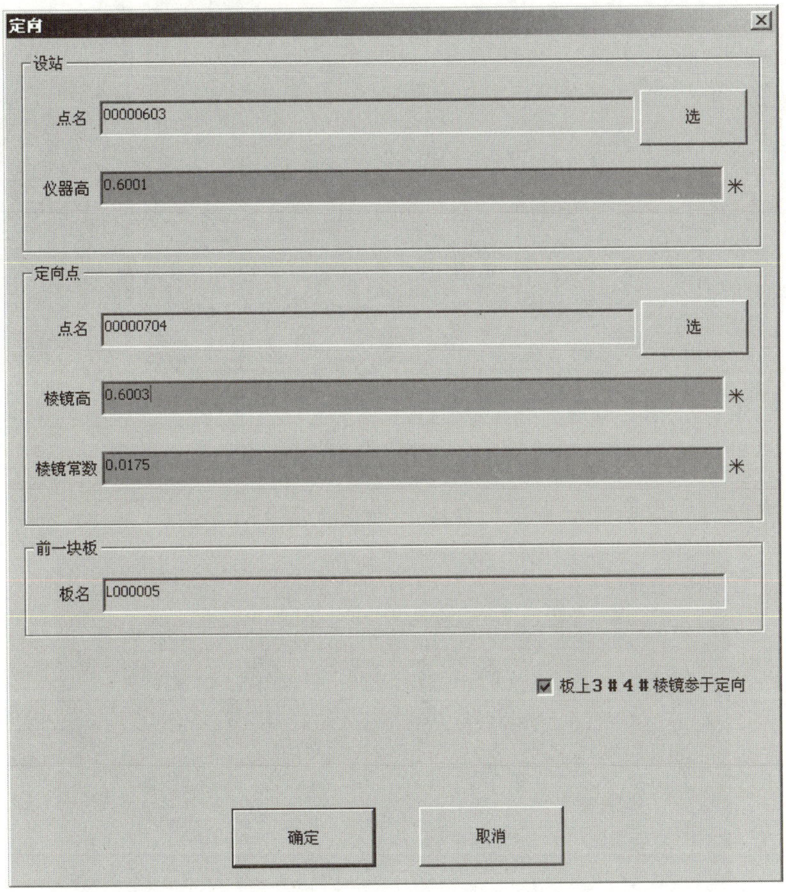

图 5-116　定向对话框

设站：单击"选"按钮则会弹出 GRP 控制点坐标对话框，在该对话框中选择当前测站的 GRP 点。

在仪器高文本框中输入全站仪的高度。

定向点：单击"选"按钮则会弹出 GR 控制点坐标对话框，在该对话框中选择定向的 GRP 点。

在棱镜高里面输入定向棱镜的棱镜高。在棱镜常数里面输入定向棱镜的棱镜常数。

板上 3#4#棱镜参与定向：如果选中板上 3#4#棱镜参与定向，则全站仪在测完 GRP 定向点后，会继续测上一站调的最后一块板的 3#4#棱镜，会对定向进行改正，从而消除站与站之间的搭接误差，使板与板之间平顺过渡。

若定向完成并且没有超限，则此时用于精调作业的各按钮正常显示，可进行板的精调作业，如图 5-117 所示。

图 5-117　定向完成

定向完成后的数据显示在主界面中，如图 5-118 所示。

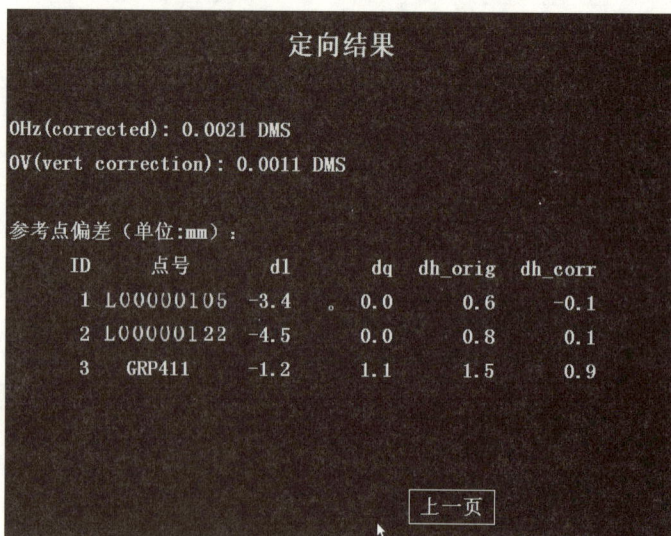

图 5-118　定向结果

图中各数据含义如下：

OHz〔corrected〕：水平角改正数。

OV（vert correction）：竖直角改正数。

dl：各棱镜的纵向偏差。

dq：各棱镜的横向偏差。

dh_orig：各棱镜的高程偏差。

dh_corr：各棱镜的高程改正。

图 5-119 显示的是参与定向的 3#棱镜的设计数据。

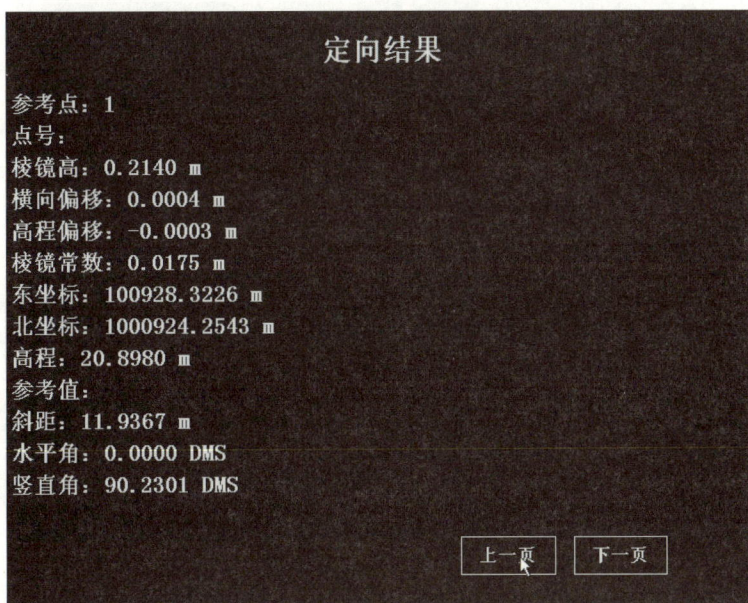

定向结果

参考点：1
点号：
棱镜高：0.2140 m
横向偏移：0.0004 m
高程偏移：−0.0003 m
棱镜常数：0.0175 m
东坐标：100928.3226 m
北坐标：1000924.2543 m
高程：20.8980 m
参考值：
斜距：11.9367 m
水平角：0.0000 DMS
竖直角：90.2301 DMS

上一页　下一页

图 5-119　参与定向的 3#棱镜的设计数据

图 5-120 显示的是参与定向的 4#棱镜的设计数据。

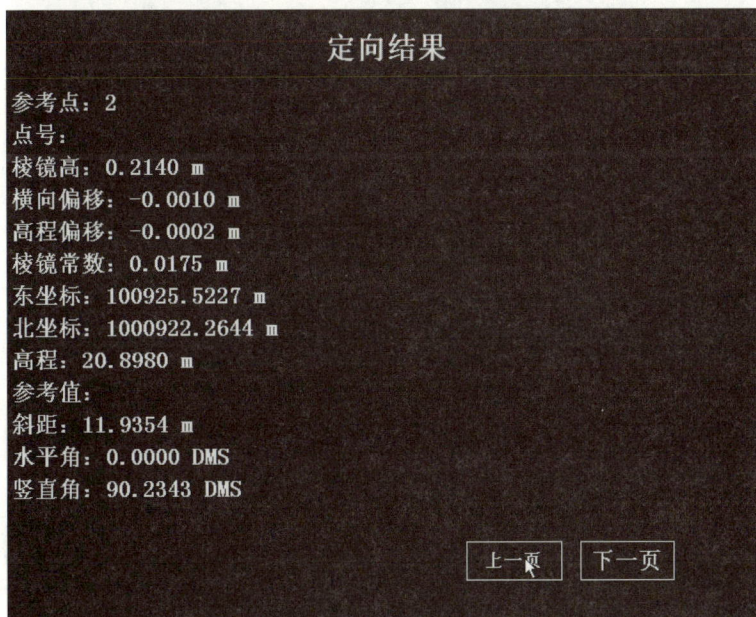

定向结果

参考点：2
点号：
棱镜高：0.2140 m
横向偏移：−0.0010 m
高程偏移：−0.0002 m
棱镜常数：0.0175 m
东坐标：100925.5227 m
北坐标：1000922.2644 m
高程：20.8980 m
参考值：
斜距：11.9354 m
水平角：0.0000 DMS
竖直角：90.2343 DMS

上一页　下一页

图 5-120　参与定向的 4#棱镜的设计数据

图 5-121 显示的是定向 GRP 点的设计数据。

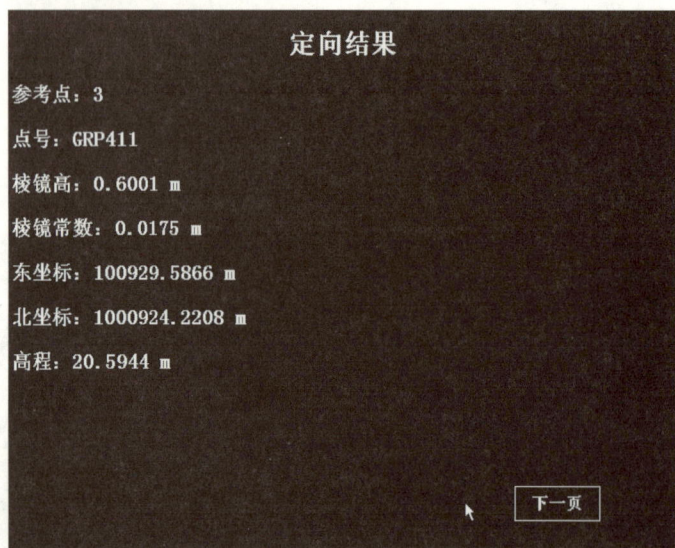

图 5-121　定向 GRP 点的设计数据

（3）测 1 斜 6：在菜单里，点击"测量"→"测 1 斜 6"或直接点击右侧 测 1 按钮，则程序测量 1#棱镜，计算并显示其横向、纵向和高偏差，如果连有倾斜传感器则同时获取此时倾斜传感器的读数，并计算和显示对面 6#棱镜的高偏差，如图 5-122 所示。

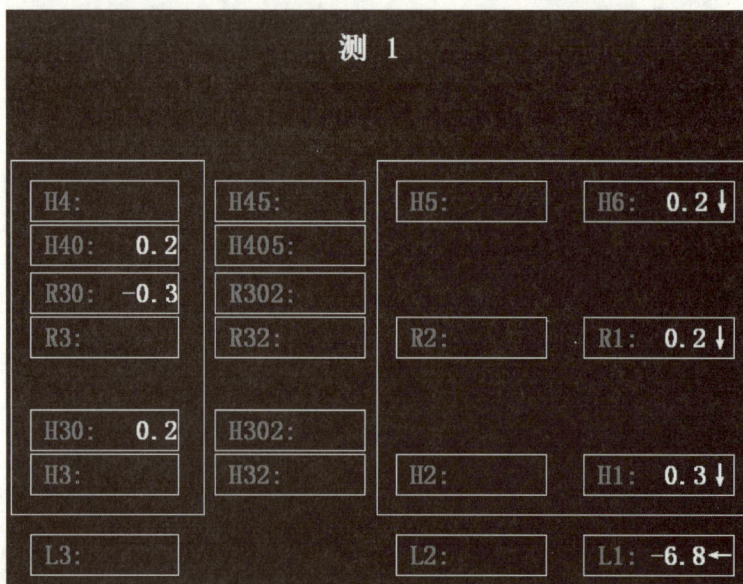

图 5-122　测 1 斜 6 结果显示

（4）测 2 斜 5：在菜单里，点击"测量"→"测 2 斜 5"或直接点击右侧 测 2 按钮，则程序测量 2#棱镜，计算并显示其横向、纵向和高偏差，如果连有倾斜传感器则同时获取此时倾斜传感器的读数，并计算和显示对面 5#棱镜的高偏差，如图 5-123 所示。

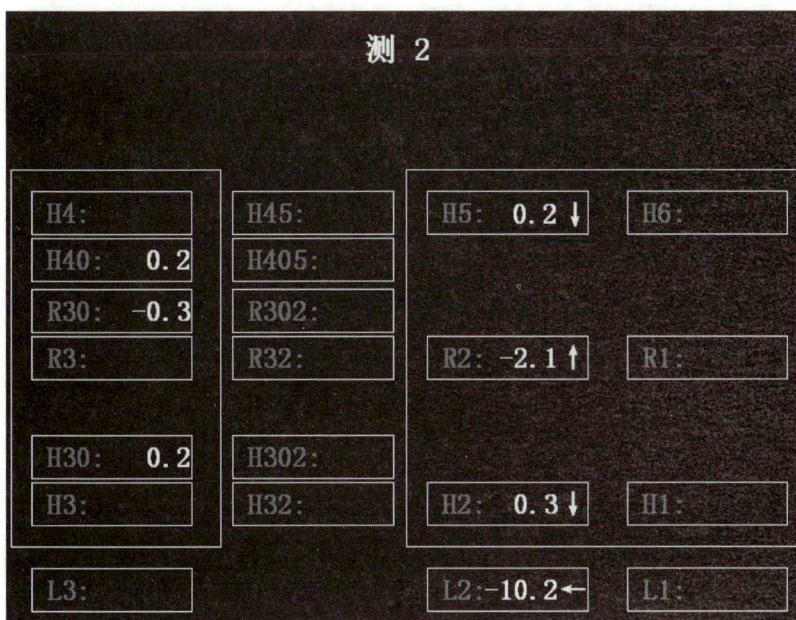

图 5-123　测 2 斜 5 结果显示

（5）测 3：在菜单里，点击"测量"→"测 3"或直接点击右侧 ▉ 测 3 ▉ 按钮，则程序测量 3#棱镜，计算并显示其横向、纵向和高偏差，如图 5-124 所示。

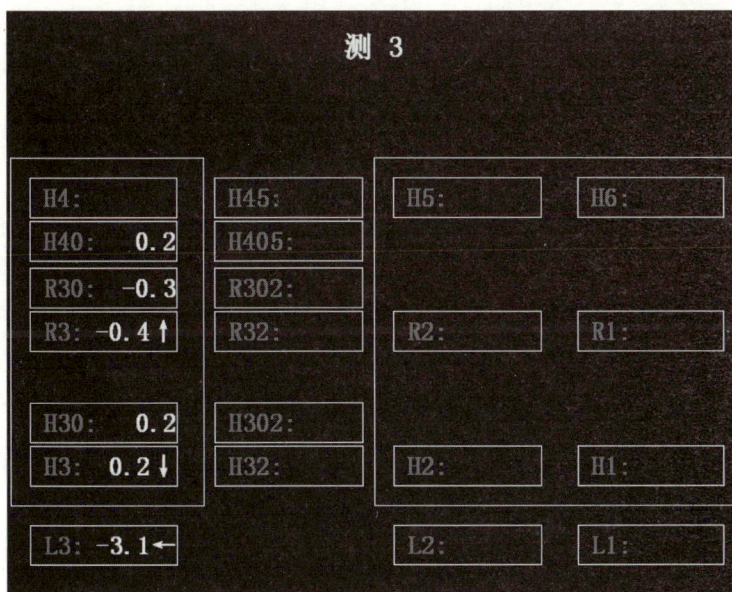

图 5-124　测 3 结果显示

（6）测 4：在菜单里，点击"测量"→"测 4"或直接点击右侧 ▉ 测 4 ▉ 按钮，则程序测量 4#棱镜，计算并显示其横向、纵向和高偏差，如图 5-125 所示。

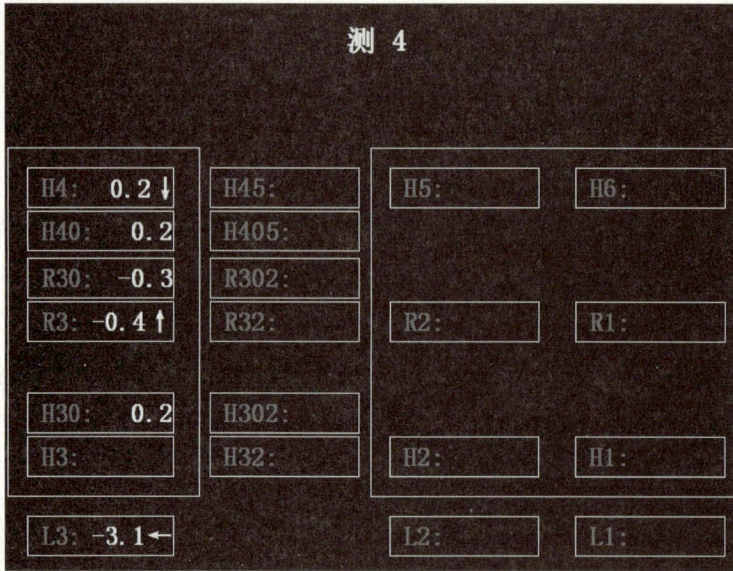

图 5-125　测 4 结果显示

（7）测 5 斜 2：在菜单里，点击"测量"→"测 5 斜 2"或直接点击右侧 [测 5] 按钮，则程序测量 5#棱镜，计算并显示其横向、纵向和高偏差，如果连有倾斜传感器则同时获取此时倾斜传感器的读数，并计算和显示对面 2#棱镜的高偏差，如图 5-126 所示。

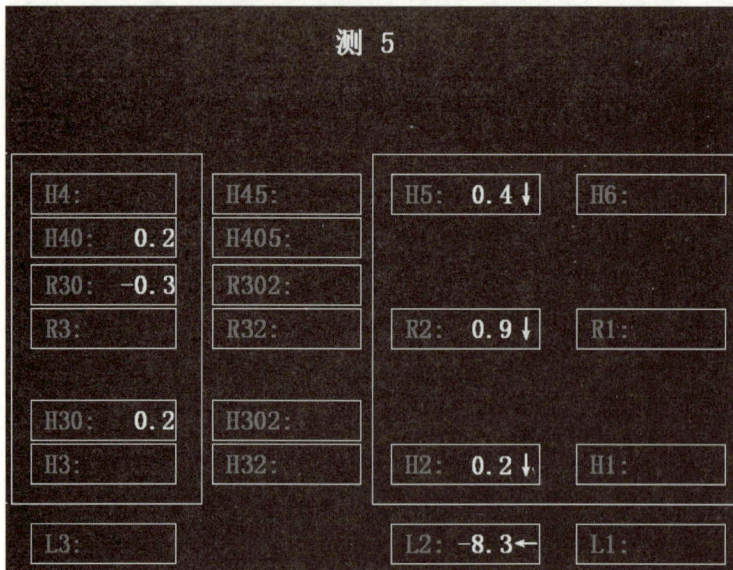

图 5-126　测 5 斜 2 结果显示

（8）测 6 斜 1：在菜单里，点击"测量"→"测 6 斜 1"或直接点击右侧 [测 6] 按钮，则程序测量 6#棱镜，计算并显示其横向、纵向和高偏差，如果连有倾斜传感器则同时获取此时倾斜传感器的读数，并计算和显示对面 1#棱镜的高偏差，如图 5-127 所示。

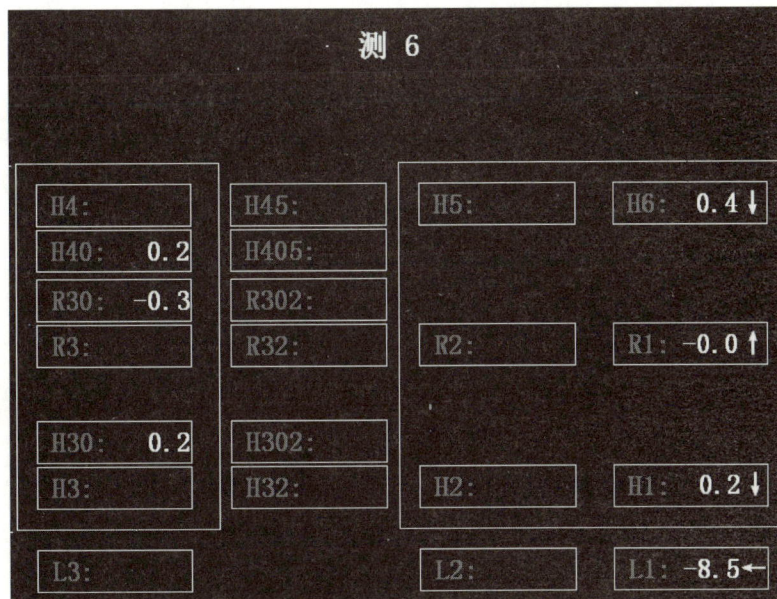

图 5-127　测 6 斜 1 结果显示

（9）测 1 测 6：在菜单里，点击"测量"→"测 1 测 6"或直接点击右侧 测 1 测 6 按钮，则程序分别测量 1#棱镜和 6#棱镜，计算并显示它们的横向、纵向和高偏差，如图 5-128 所示。

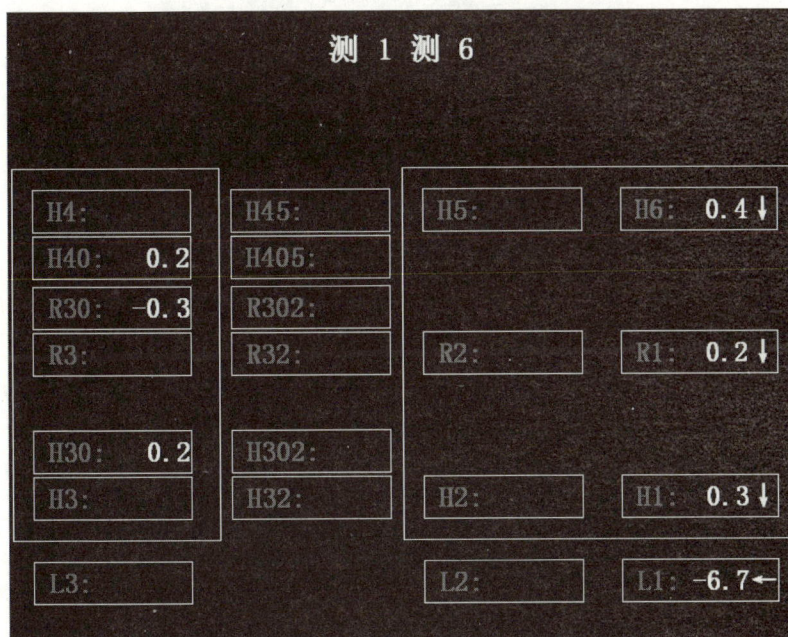

图 5-128　测 1 测 6 结果显示

（10）测 2 测 5：在菜单里，点击"测量"→"测 2 测 5"或直接点击右侧 测 2 测 5 按钮，则程序分别测量 2#棱镜和 5#棱镜，计算并显示它们的横向、纵向和高偏差，如图 5-129 所示。

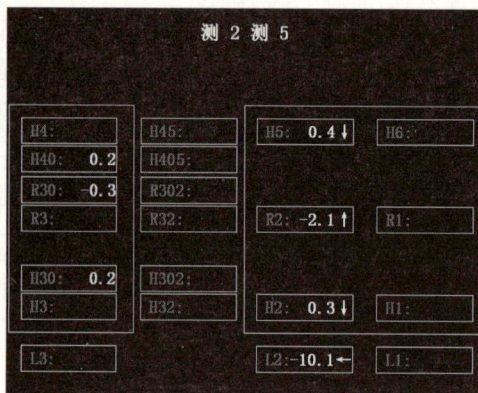

图 5-129　测 2 测 5 结果显示

（11）四点测量：在菜单里，点击"测量"→"四点测量"或直接点击右侧 四 点 测 量 按钮，则程序分别测量板 4 个角点上的 1#棱镜、2#棱镜、5#棱镜和 6# 棱镜，计算并显示它们的横向、纵向和高偏差，如图 5-130 所示。

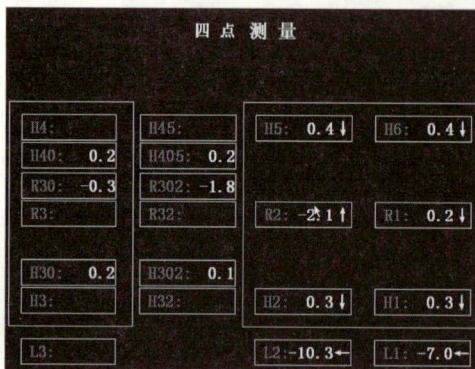

图 5-130　四点测量结果显示

（12）完整测量：在菜单里，点击"测量"→"完整测量"或直接点击右侧 完 整 测 量 按钮，则程序对板上的所有棱镜进行测量，并显示各棱镜的横向偏差、纵向偏差和高差等信息，如图 5-131 所示。

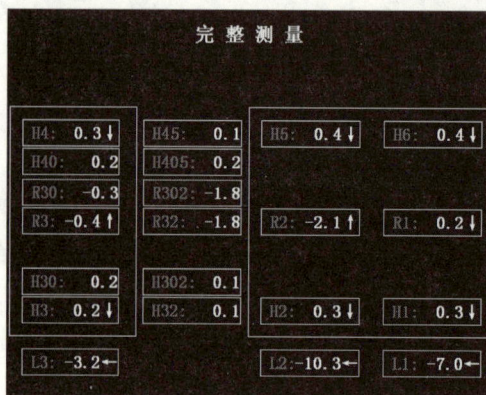

图 5-131　完整测量结果显示

（13）保存完测结果：当完整测量完成后，右侧的"保存完测结果"按钮变蓝，这时可以保存完测的结果。

在菜单里，点击"测量"→"保存完测结果"或直接点击右侧 保存完测结果 按钮，如果完测结果有超限的，则会弹出超限信息对话框，用户必须在该对话框中输入超限理由，如图 5-132 所示。程序将把调好的当前板的定向、偏差、坐标等所有信息都保存在一个文本文件内。

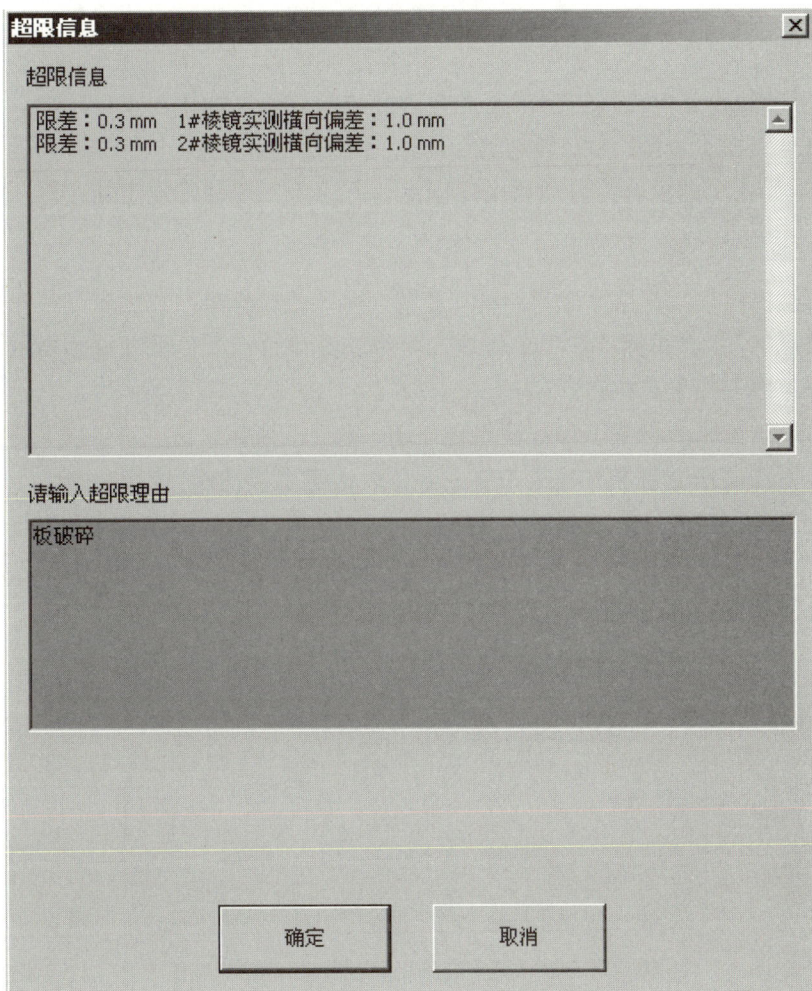

超限信息	×

超限信息

限差：0.3 mm　1#棱镜实测横向偏差：1.0 mm
限差：0.3 mm　2#棱镜实测横向偏差：1.0 mm

请输入超限理由

板破碎

确定	取消

图 5-132　超限信息对话框

（14）测量中断：在菜单里，点击"测量"→"测量中断"或在工具栏里直接点击"测量中断" ⊗ 图标，则会中断当前的测量。

（15）测量暂停：在菜单里，点击"测量"→"测量暂停"或在工具栏里直接点击"测量暂停" ⓘ 图标，则程序、各传感器及全站仪将暂停处于挂起状态，等待用户发出恢复命令。

（16）测量恢复：在菜单里，点击"测量"→"测量恢复"或在工具栏里直接点击"测量恢复" ▷ 图标，则程序、各传感器及全站仪从挂起状态恢复到工作状态，继续测量。

（17）启动全站仪：在菜单里，点击"测量"→"启动全站仪"或在工具栏里直接点击"启动全站仪" ⌷ 图标，则会对全站仪进行开机，使全站仪处于工作状态。

（18）暂停全站仪：在菜单里，点击"测量"→"暂停全站仪"或在工具栏里直接点击"暂停全站仪" ⌷ 图标，则会使全站仪处于休眠状态。

（19）获取仪器气泡读数：在菜单里，点击"测量"→"获取仪器气泡读数"或在工具栏里直接点击"获取仪器气泡读数" ◎ 图标，则会显示全站仪当前的气泡读数。

（20）转动到定向点：当完成定向并开始调板以后，如果想重新定向，这时可以在菜单里点击"测量"→"转动到定向点"或在工具栏里直接点击"转动到定向点" ♟ 图标，全站仪就会自动照准定向点，不用人工手动瞄准定向点。

5. 检校

（1）检校标架：在菜单里，点击"检校"→"检校标架"或在工具栏里直接点击"检校标架" ▽ 图标。该项工作是在每个新工作日精调作业前必须做的准备工作，对标架的变形进行改正。

因为制造出来的标架不可能是完全一模一样的，所以，此功能用来保障确定各棱镜在平面和高程上所拥有的改正值一致，以达整个板精调过程的一致。

作业流程：

① 首先将标准标架放置在现场认为比较标准的承轨台上，触及端紧贴承轨台左侧面手工照准标准标架上的棱镜，开始测量，如图 5-133 所示。

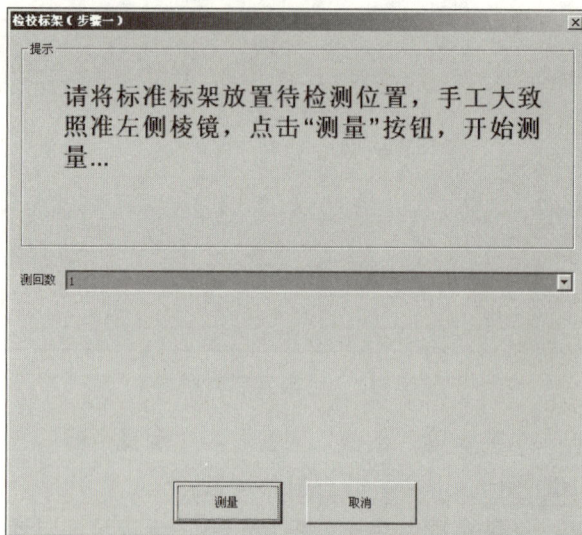

图 5-133　检校标架（步骤一）

② 将标准标架翻转 180°，触及端贴紧承轨台右侧面，手工照准标准标架上的棱镜，开始测量，如图 5-134 所示。

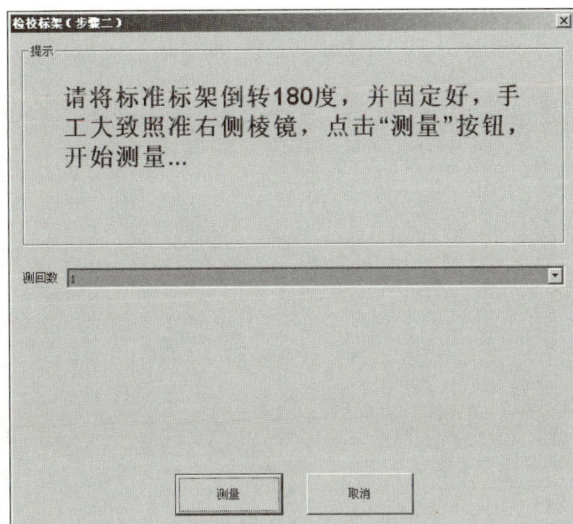

图 5-134　检校标架（步骤二）

③ 标准标架测量完后，移开标准标架，将需检测的标架放到标准标架处的承轨台上，并使触及端贴紧承轨台左侧，如图 5-135 所示。

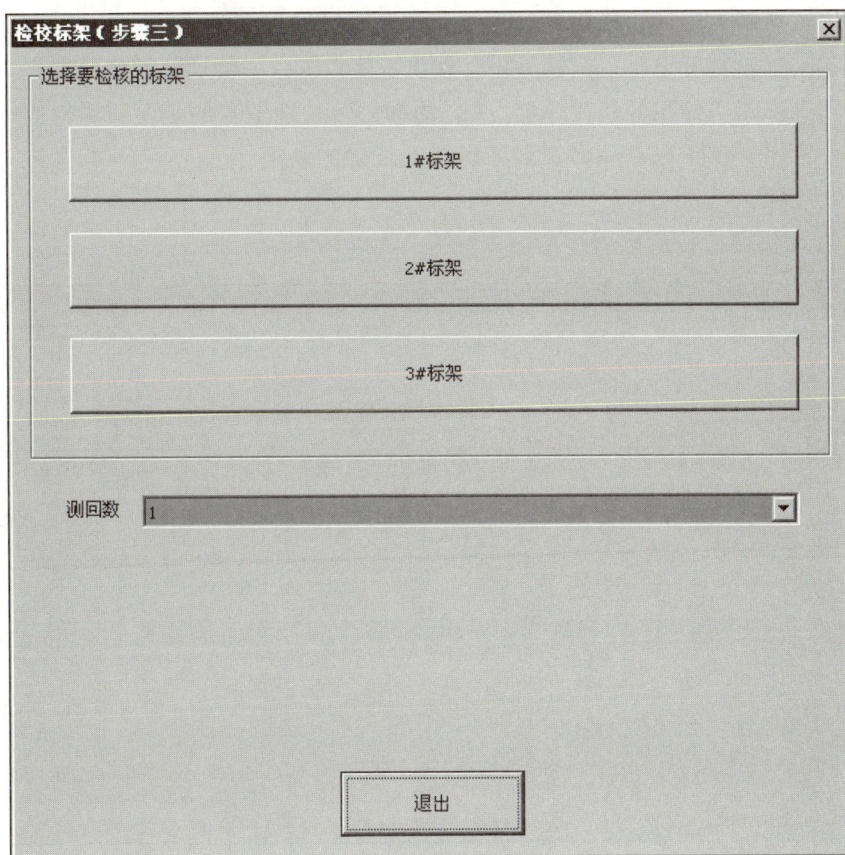

图 5-135　检校标架（步骤三）

④ 对放置好的标架进行测量。测量完成后，结果如图 5-136 所示。

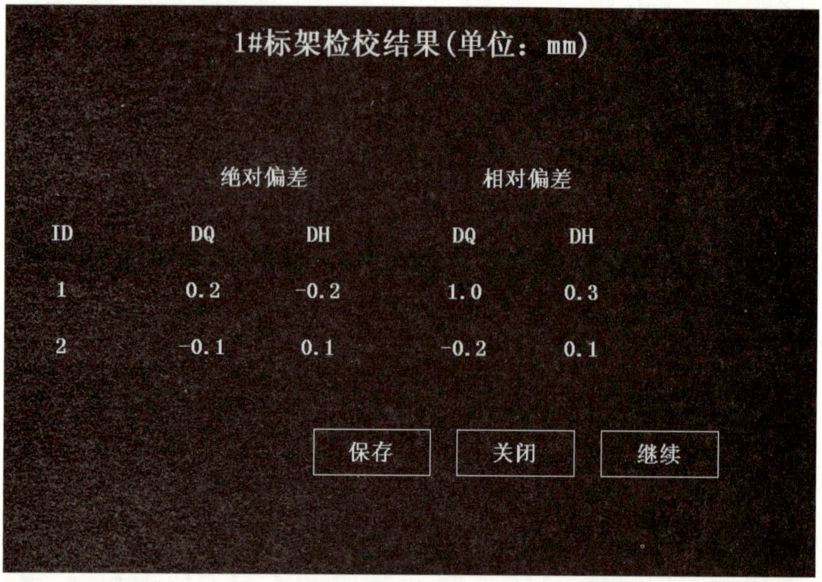

图 5-136　检校结果

⑤点击"保存"按钮，将保存该标架检校的结果；点击"继续"按钮则弹出检校标架对话框，继续检校标架；点击"关闭"按钮，则退出检校标架。

（2）检校倾斜传感器：在菜单里，点击"检校"→"检校倾斜传感器"或在工具栏里直接点击"检校倾斜传感器"图标。该功能的目的是，对倾斜传感器进行测量，求出其改正数，从而使程序能得到正确的倾角。

作业流程：

①选择需要检校的倾斜传感器，如图 5-137 所示。

图 5-137　选择倾斜传感器

②利用全站仪对该倾斜传感器进行测量，并计算其改正数，完成检校，结果如图 5-138 所示。

图 5-138　倾斜传感器检校结果

（3）定向检查：在菜单里，点击"检校"→"定向检查"或在工具栏里直接点击"定向检查" ![icon] 图标。全站仪会转动到定向点并测量，完成后将显示偏差信息，如图 5-139 所示。

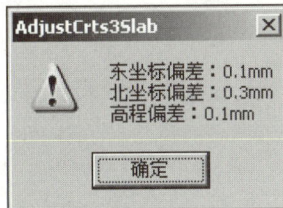

图 5-139　偏差信息显示

6．查询

当前板文件：在菜单里，点击"查询"→"当前板文件"或在工具栏里直接点击"当前板文件" ![icon] 图标，则将显示当前所调板的设计数据信息，如图 5-140 所示。

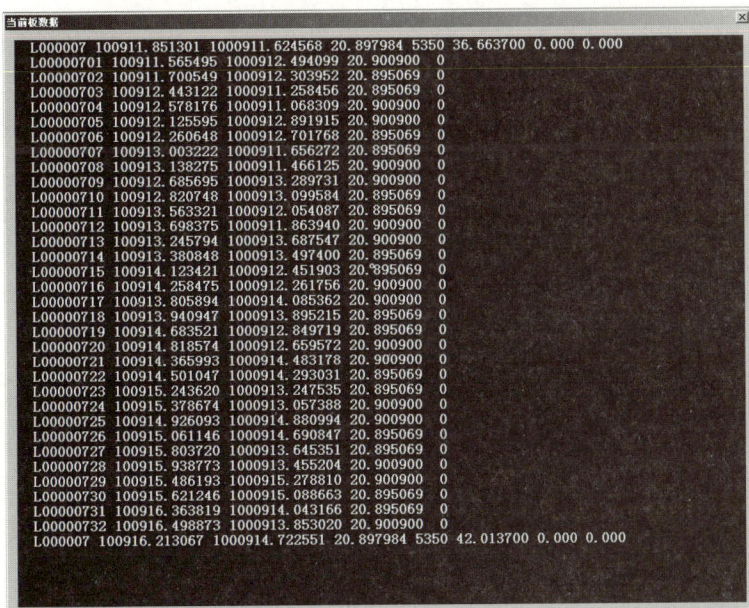

图 5-140　当前板数据

7. 平顺性检测

当调完一段轨道板后，要对这一段轨道板采集坐标，对坐标数据进分析，从而判断当前段的平顺性是否达到要求。在菜单里，点击"检校"→"平顺性检测"或在工具栏里直接点击"平顺性检测" 图标，则弹出平顺性检测界面，如图 5-141 所示。

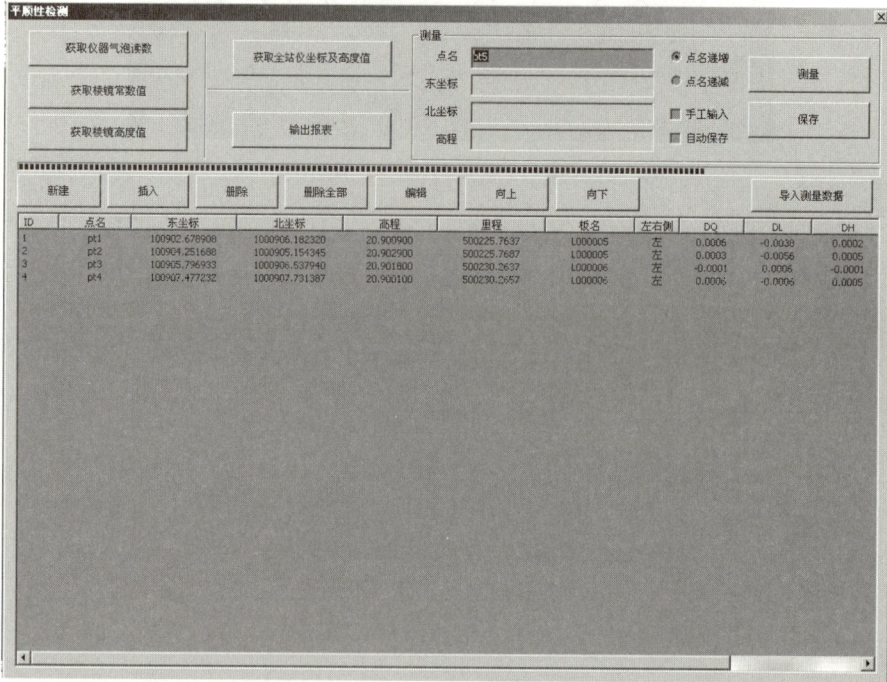

图 5-141　平顺性检测界面

获取仪器气泡读数：显示全站仪气泡的读数的信息对话框。

获取棱镜常数值：显示全站仪内部设置的棱镜常数值，该数值要和标架上的棱镜常数一致。

获取棱镜高度值：显示全站仪内部设置的目标棱镜高度值。

获取全站仪坐标及高度值：显示全站仪内部设置的测站坐标及全站仪高度值。

输出报表：输出平顺性检测报表，主要内容有各板的偏差、数据分析及图形等。

测量：对放置在板上的标架进行测量。

保存：保存当前采集的坐标数据。如果"自动保存"复选框被选中，则将自动保存当前采集的坐标数据。

平顺性检测也可以现场直用全站仪测量，然后内业将全站仪采集的数据导入软件内。这时可点击"导入测量数据"按钮，则会弹出导入数据对话框，导入全站仪采集的数据，如图 5-142 所示。

可导入两种格式的文件，一种为 TXT 格式，另一种为 GSI 格式。

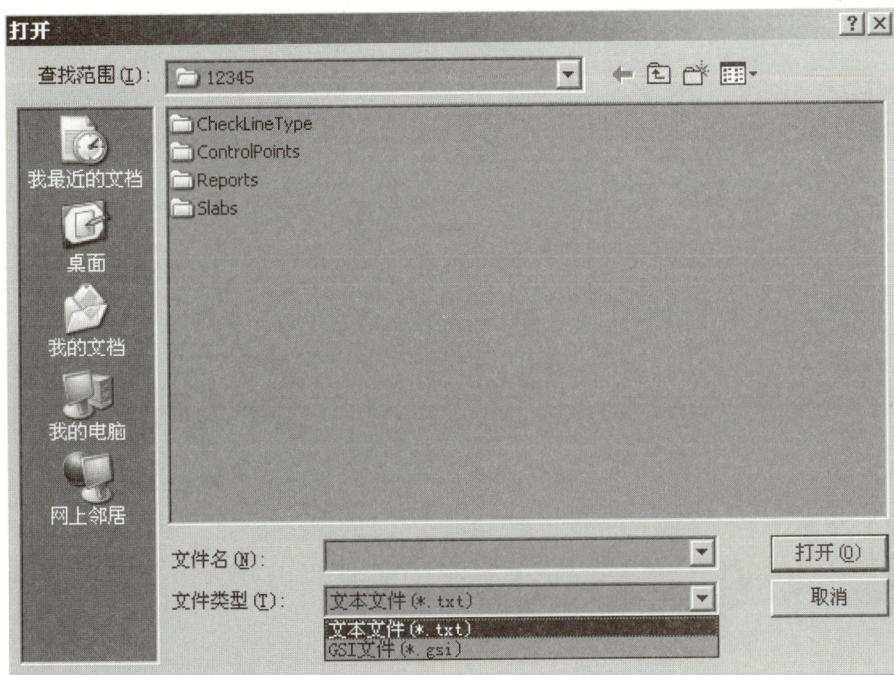

图 5-142　导入全站仪采集的数据

8. 工程目录文件结构

在工程文件夹里面存放有 4 个子目录和 1 个 Project.xml 工程文件，如图 5-143 所示。

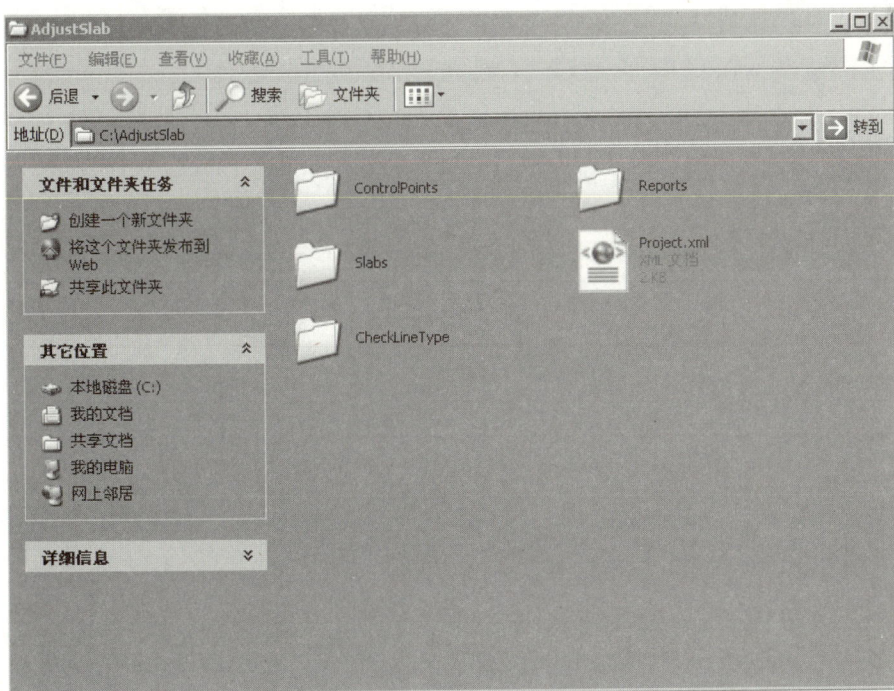

图 5-143　工程文件夹目录

（1）Project.xml 工程文件：里面存放的是该工程的配置信息，如图 5-144 所示。

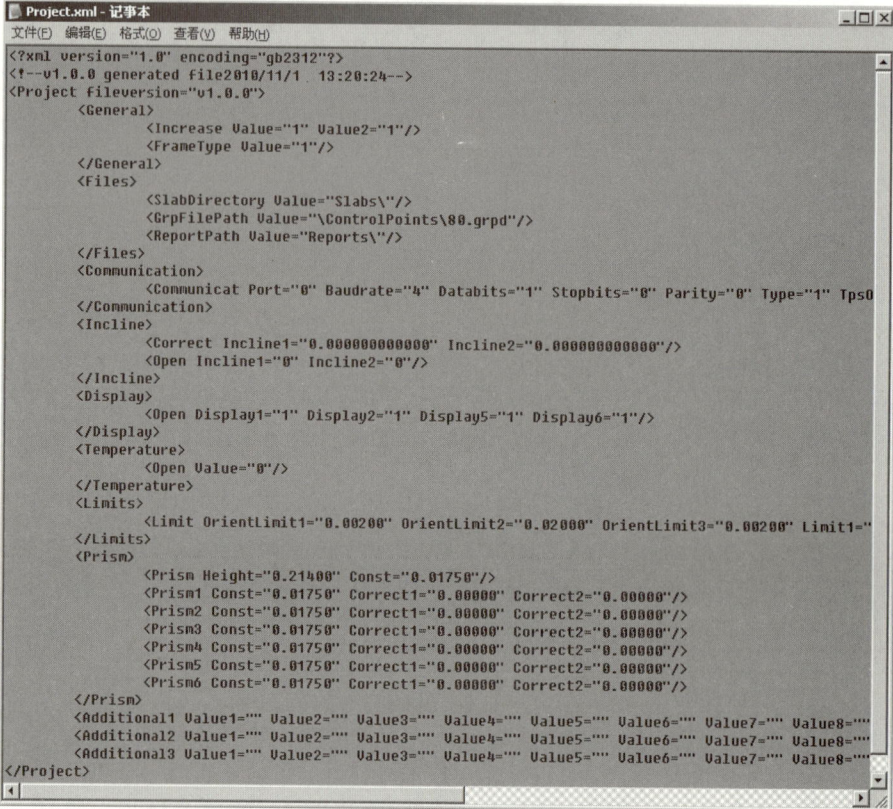

图 5-144　Project.xml 工程文件信息

（2）ControlPoints 子目录：里面存放 CPIV 控件点文件，如图 5-145 所示。

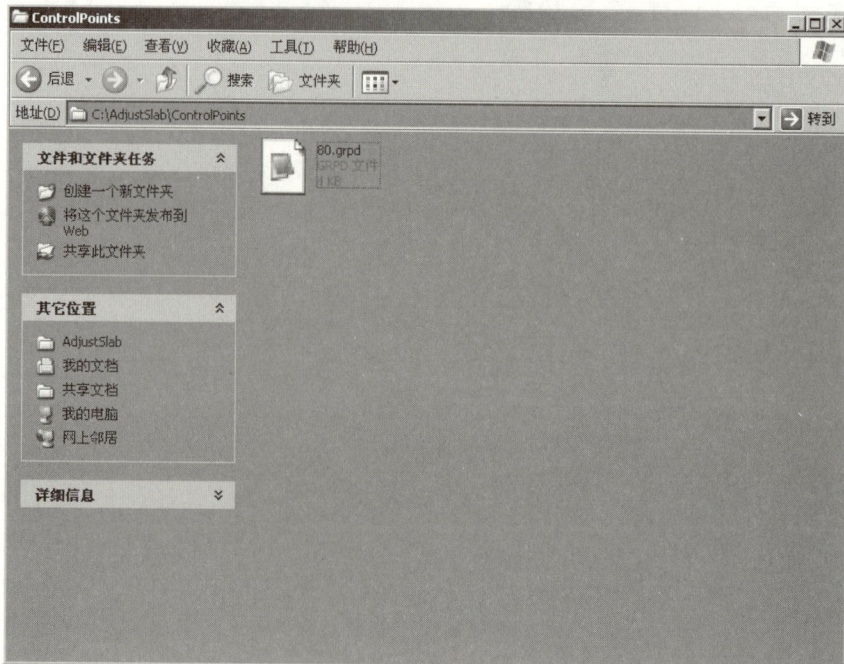

图 5-145　ControlPoints 子目录

GRP 控制点文件格式如图 5-146 所示。

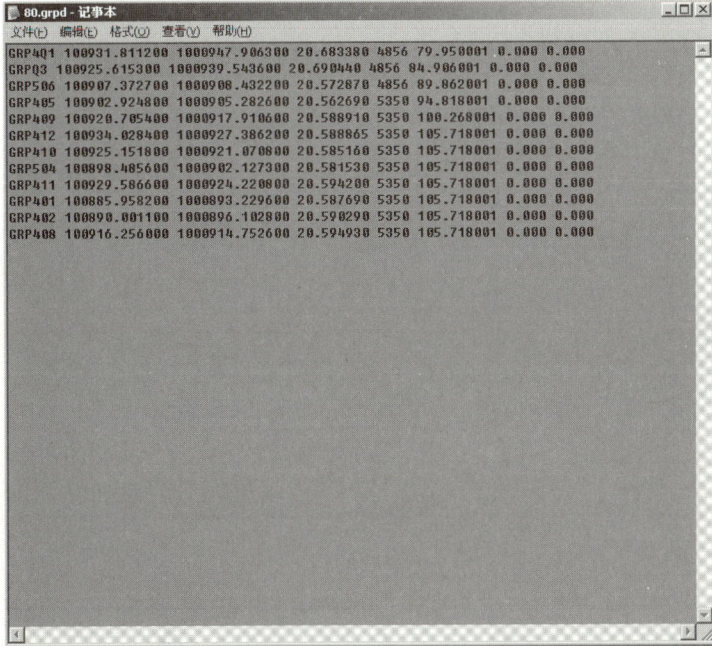

图 5-146　GRP 控制点文件格式

（3）Slabs 子目录：里面存放设计板文件，可以把所有的设计板文件放到里面，程序将读取所有的设计板的数据信息。

设计板文件格式如图 5-147 所示。

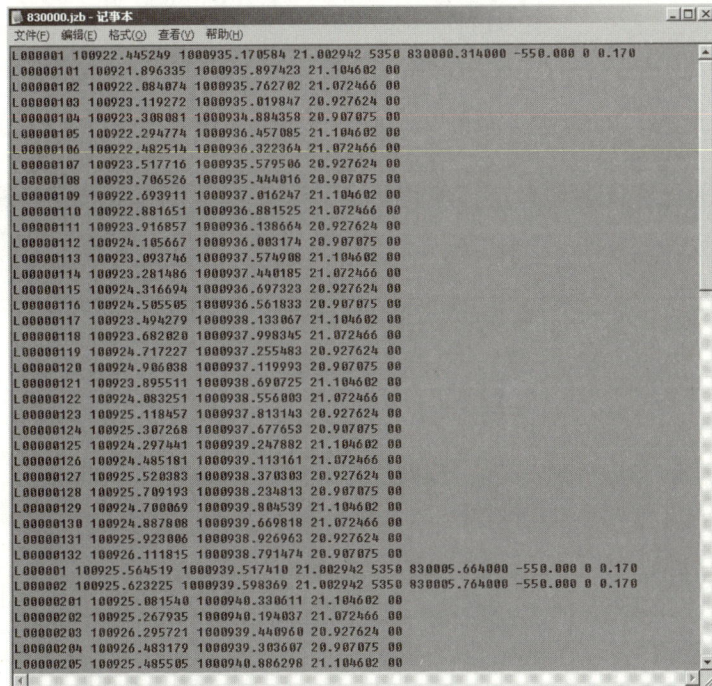

图 5-147　设计板文件格式

（4）CheckLineType 子目录：该目录里存放有两个子目录，Points 子目录和 Report 子目录。

在 Points 子目录里面存放的是采集点的坐标文件，文件格式如图 5-148 所示。

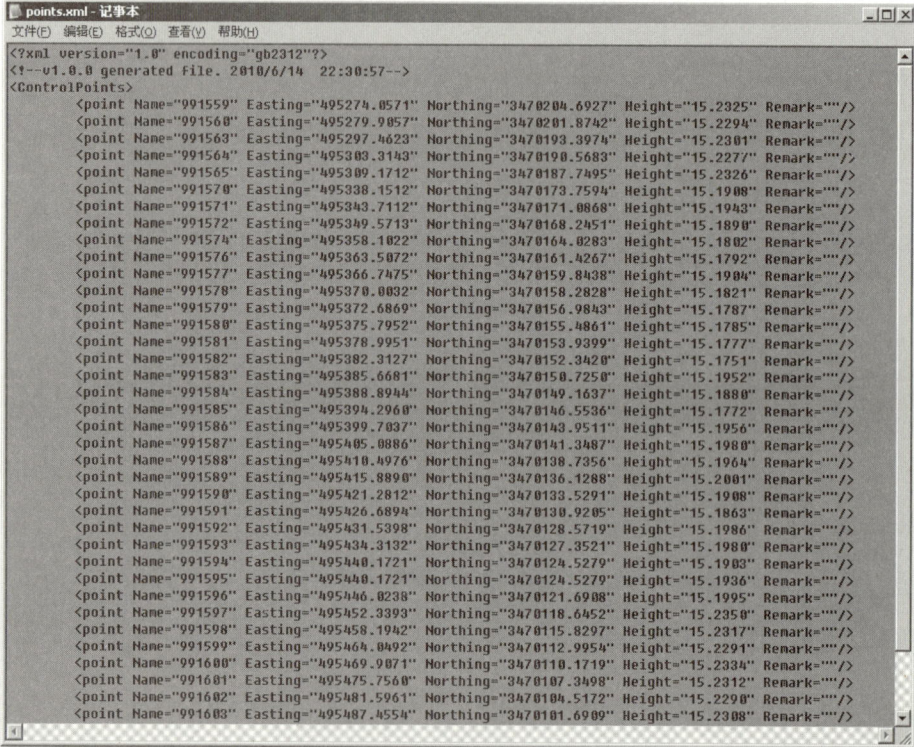

图 5-148　采集点的坐标文件格式

在 Report 子目录里面存放的是平顺性检测的成果文件，有两种类型的成果文件：
① Ⅲ型轨道板几何位置检查记录，如图 5-149 所示。

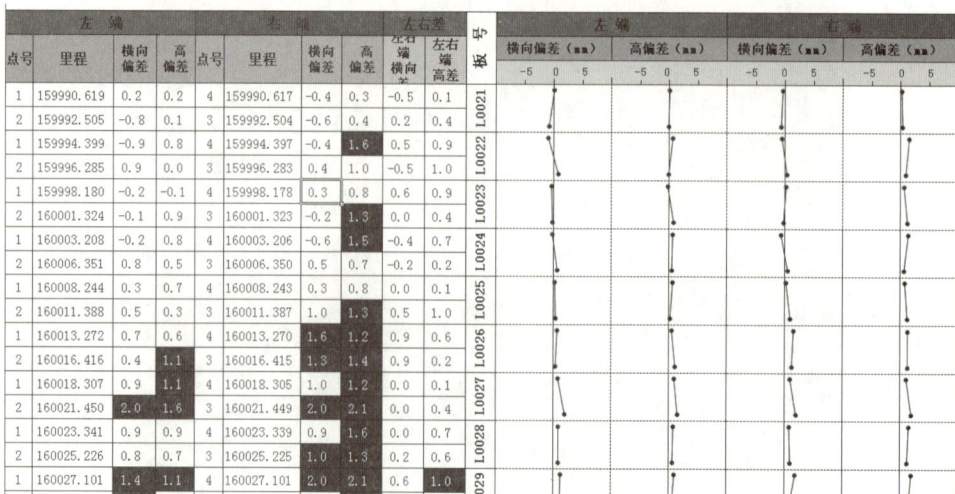

图 5-149　Ⅲ型轨道板几何位置检查记录

在该图中可以查看当前段板的整体偏差情况及超限的状况等信息。

② Ⅲ型轨道板平顺性检测表：程序用内差的方法把板上的各轨座的偏差求出，然后生成平顺性检测及动态调整表，如图 5-150 所示。

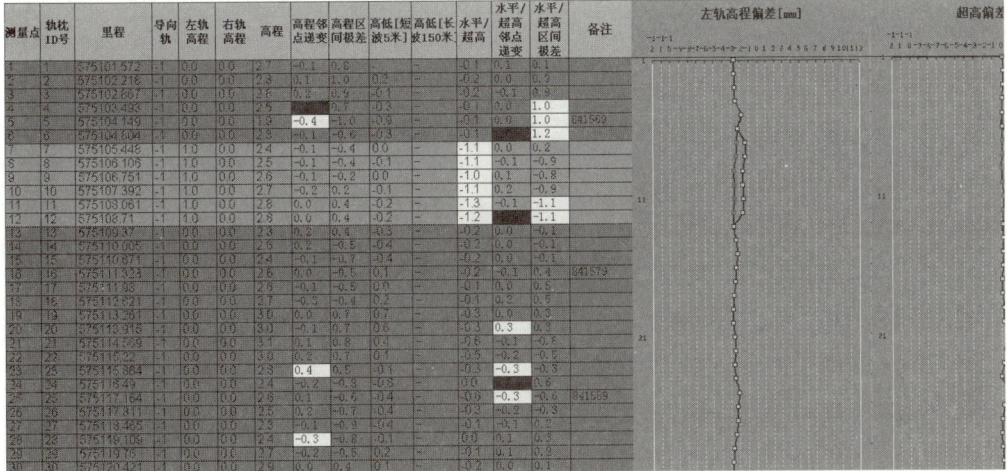

图 5-150　Ⅲ型轨道板平顺性检测表

高程的平顺性信息：可以对高程进行动态调整，调整量（扣件量）实时计算并显示，如图 5-151 所示。

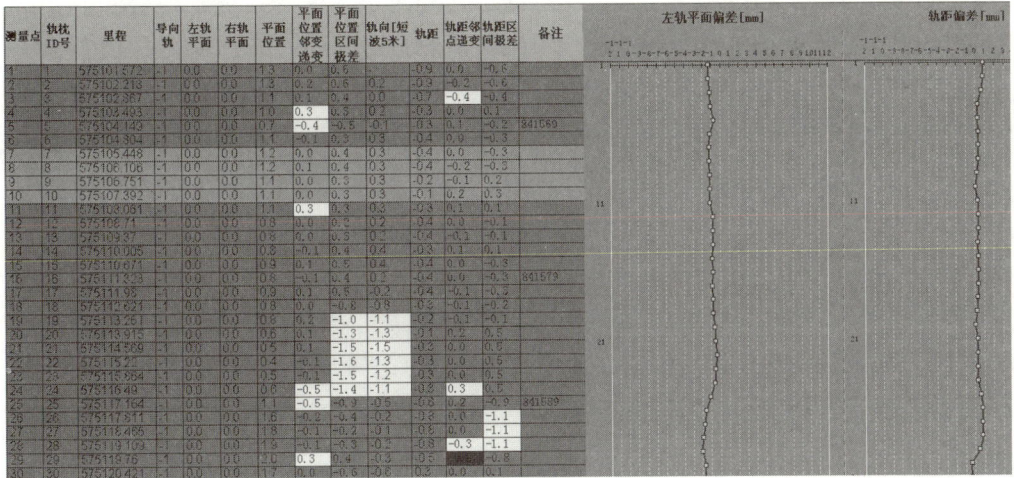

图 5-151　高程的平顺性信息

平面位置的平顺性信息：可以对平面位置进行动态调整，调整量（扣件量）实时计算并显示。

（5）Reports 子目录：里面存放的是精调后板的成果文件。

板的成果文件：里面存放调板时的定向、各参数设置等信息和精调后板的偏差信息及坐标等。其文件格式如图 5-152 所示。

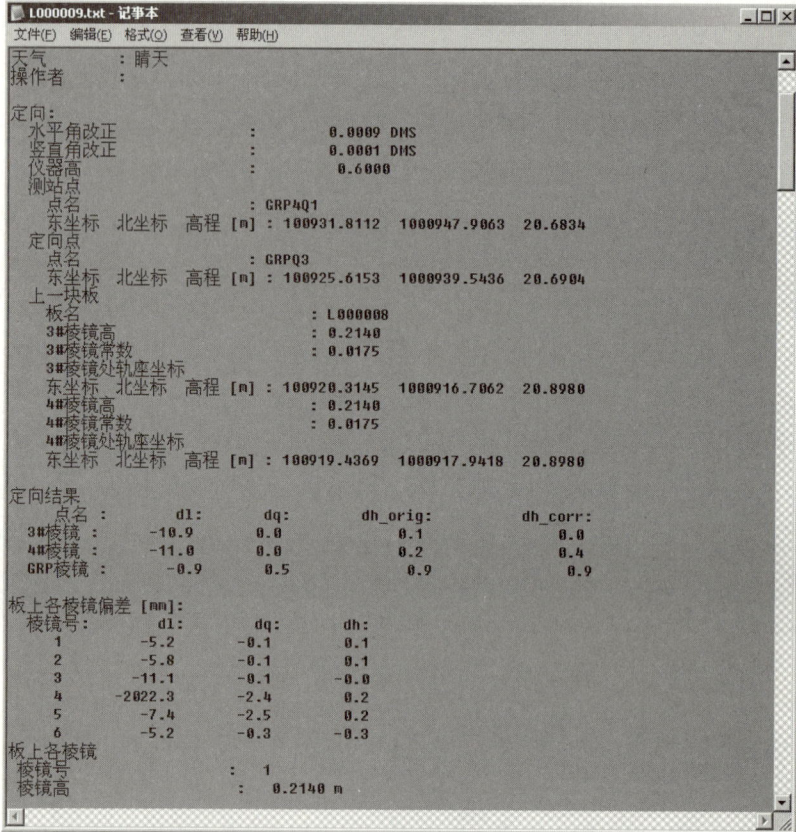

图 5-152　板的成果文件格式

六、思考题

（1）轨道板精确测量定位软件包括哪三部分？

（2）轨道板精确测量定位软件的使用步骤总共有哪些？

任务五 轨道精调及工务段轨道检调系统实训

一、实训目的

（1）掌握轨道精调系统的结构并能进行组装和拆卸。
（2）会进行全站仪的设站操作。
（3）能够进行双块式轨道精调。
（4）能够进行长钢轨数据检测和轨检数据分析。
（5）会使用软件进行扣件模拟调整。

二、实训要求

1. 实训时间

8 课时

2. 实训形式

以组为单位进行认识系统结构、双块式轨道精调、长钢轨数据检测和轨检数据分析、扣件模拟调整 4 个实训项目的作业练习。

3. 实训注意事项

（1）实训时安全第一，不允许在实训场地大声喧哗、争斗、打闹，保持安静，轻声讨论。
（2）实训场地内禁止饮食，禁止吐痰，禁止嚼口香糖。
（3）不准恶意破坏实训设备，若有损坏及时向实训指导教师报备。
（4）实训结束后，整理复原仪器设备、桌椅，清理四周环境，待检查符合要求后，方可离开。
（5）实训室的设备严禁带出。

4. 工器具材料准备

本实训所需工器具材料见表 5-7。

表 5-7　本实训所需工器具材料

设备名称	数量	型号及配件
轨道几何状态测量仪	1 台	MEASLLEY-I[含车架、走行机构、推行机构、位移和倾角传感器、数据处理器（DPU）、吸盘天线、电池及连接线]
全站仪端的配套设备	1 套	无线数传电台、电池及连接线
高精度自动全站仪	1 台	徕卡 TPS1201/TS15/TS（M）30/TS16/TS（M）50
全坚固笔记本电脑	1 台	松下 FZ-G1
数据后处理软件	1 套	包含轨检数据分析软件、轨检数据计算软件及软件加密锁1 只

三、实训作业步骤

共有 4 个子任务,分别为认识系统结构并能够进行组装和拆卸归位、双块式轨道精调、长钢轨数据检测和轨检数据分析、扣件模拟调整,如图 5-153 所示。

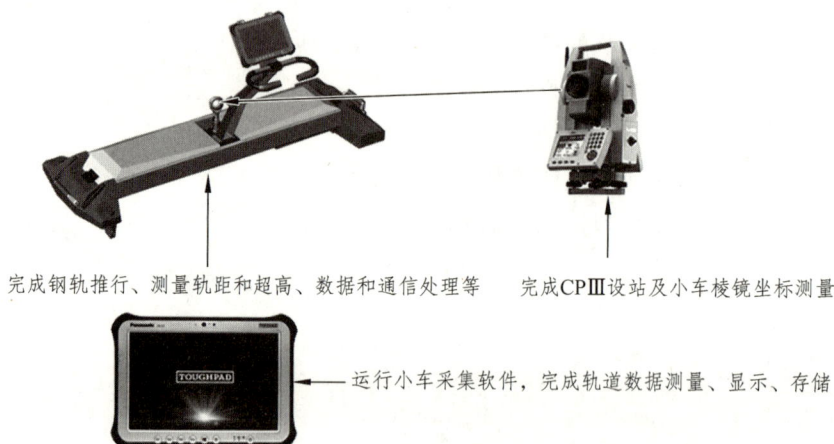

完成钢轨推行、测量轨距和超高、数据和通信处理等　　完成CPⅢ设站及小车棱镜坐标测量

运行小车采集软件,完成轨道数据测量、显示、存储

图 5-153　本实训所包含的内容

1. 认识系统结构并能够进行组装和拆卸归位

首先熟悉小车的配置清单,见表 5-8。

表 5-8　MEASLLEY 轨检小车配置清单

品名	型号	数量	备注
轨检仪	SGJ-I-JL-1	1	
推杆	XC161	1	含托盘
目标棱镜	SMR-381 角隅棱镜	1	绝对常数=0 mm,徕卡常数=34.4 mm,含棱镜杆、防尘罩
数据采集单元	DPU	1	
平板电脑	FZ-G1	1	美军标 MIL-810G 标准,含充电器
电台	RADIO DATALINK	1	可靠通信距离大于 200 m
电池	XC101	2	POWER BANK,容量:147 W·h
电池充电器	16.8V/5A	2	16.8V/5A
吸盘天线	433M	1	连接 DPU
Y 型电缆 Ⅰ	XC211	1	电池-全站仪(5 针接口)-电台
Y 型电缆 Ⅱ	XC213	1	适用于 TS(M)30/50,备选
DPU 供电电缆	XC212	1	电池-DPU
终端供电电缆	XC516	1	电池-平板电脑
包装箱	MEASLLEY	1	

小车的结构及系统组装如图 5-154 ~ 图 5-156 所示。

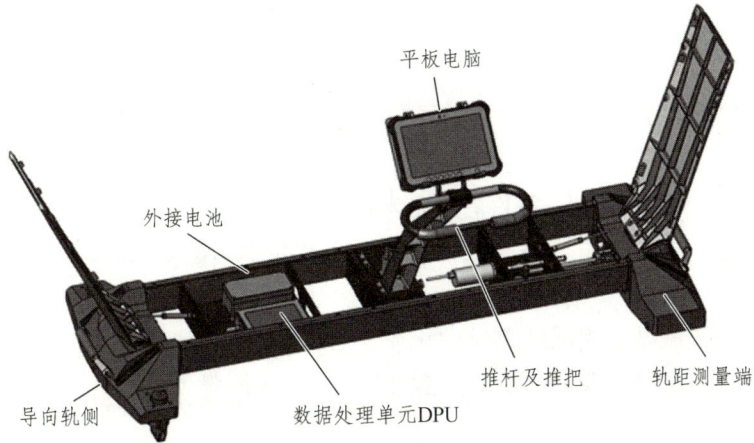

图 5-154　系统组装——全站仪连接

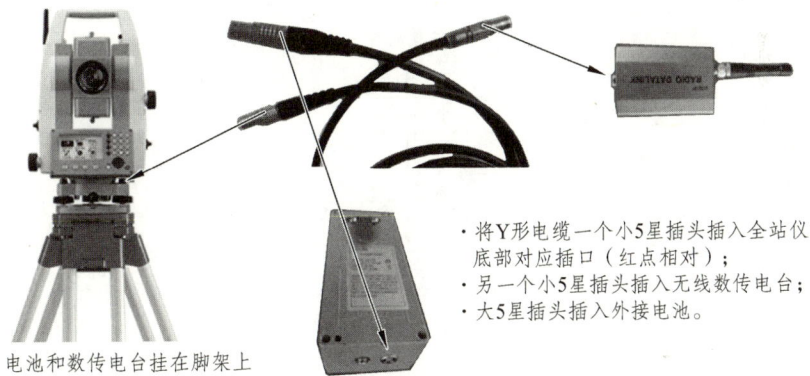

电池和数传电台挂在脚架上

· 将Y形电缆一个小5星插头插入全站仪底部对应插口（红点相对）；
· 另一个小5星插头插入无线数传电台；
· 大5星插头插入外接电池。

图 5-155　系统组装——轨检小车连接

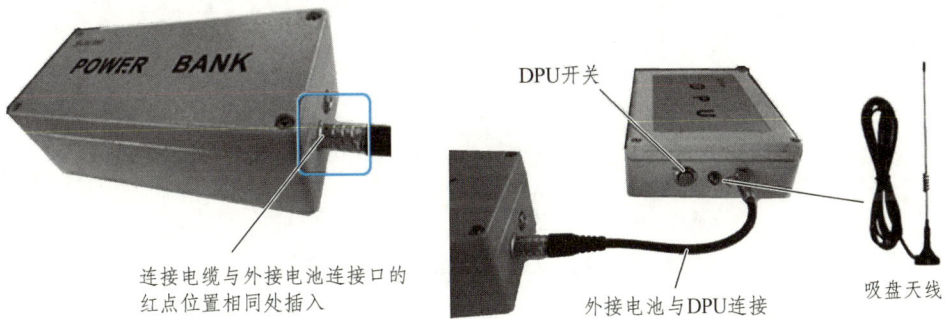

连接电缆与外接电池连接口的红点位置相同处插入

外接电池与DPU连接

吸盘天线

用连接电缆将电池与DPU供电端口相连，并将吸盘天线连接到DPU，打开DPU开关

图 5-156　系统组装——DPU 连接

2. 小车作业流程

（1）将线路设计参数（平面曲线、纵断面、里程断链等）输入小车平板电脑的采集软件中。

（2）小车组装上道，将数传电台接入全站仪，并完成全站仪 CPⅢ 设站工作。

（3）进入采集软件的【设备标定】/【传感器标定】窗口，完成测量前的传感器检校工作。

（4）将全站仪瞄准小车棱镜后，进入采集软件的【轨道检测】/【常规测量】窗口。

（5）设置当前测站的测量方向、导向轨以及保存数据文件名、当前轨枕编号等信息。

（6）点击"测量"按钮，等待测量完成后，将小车推行至下一个测量轨枕位置处。

（7）再次点击"测量"按钮进行测量，重复步骤（6）直至本测站全部轨枕测量完毕。

（8）全站仪搬站，完成新测站的设站工作。

（9）完成换站搭接测量，重复步骤（5）~（7）测量新站。

3. 双块式轨道精调

双块式轨排精调作业流程如图 5-157 所示。

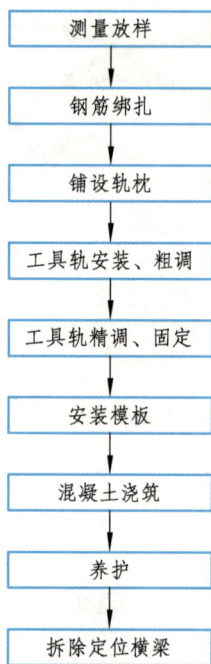

```
┌─────────────┐
│  测量放样    │
└─────────────┘
       ↓
┌─────────────┐
│  钢筋绑扎    │
└─────────────┘
       ↓
┌─────────────┐
│  铺设轨枕    │
└─────────────┘
       ↓
┌─────────────┐
│ 工具轨安装、粗调 │
└─────────────┘
       ↓
┌─────────────┐
│ 工具轨精调、固定 │
└─────────────┘
       ↓
┌─────────────┐
│  安装模板    │
└─────────────┘
       ↓
┌─────────────┐
│  混凝土浇筑   │
└─────────────┘
       ↓
┌─────────────┐
│   养护       │
└─────────────┘
       ↓
┌─────────────┐
│ 拆除定位横梁  │
└─────────────┘
```

图 5-157　双块式轨排精调作业流程

（1）全站仪设站。

（2）轨检小车组装、上道，传感器检校。

（3）打开【轨道检测】/【常规测量】。

（4）点"测量选项"，设置线路、导向轨、测量方向。

（5）点"测量"，测量完成显示左右轨及中线偏差。

（6）根据中线平面调整量调整轨排的横向位置（两边螺杆按相同值和方向调整）。

（7）根据左右轨高程调整量调整轨排两边螺杆的高低。

（8）再次测量，查看调整结果。重复步骤（5）~（8）直到中线横向和左右轨高程满足要求。

（9）在调整量过大时，还应将小车回撤 1～2 根轨枕进行测量，并在这几根轨枕之间反复调整测量。

（10）轨枕调整到位后，点"保存测量数据"，将精调最后一次结果保存。

（11）固定螺杆及轨排位置。

（12）在一个测站的最后一个轨枕位置，保持小车固定不动，全站仪向前搬站，完成设站。

（13）按照换站搭接操作，进行换站。

（14）重复步骤（5）～（13）完成轨排精调测量。

4. 长钢轨数据检测

长钢轨检测——轨道静态测量作业流程为：

（1）全站仪设站。

（2）轨检小车组装、上道，传感器检校。

（3）打开【轨道检测】/【常规测量】。

（4）点"测量选项"，设置线路、导向轨、测量方向。

（5）点"测量"，测量完成，自动保存测量数据。

（6）将轨检小车向前推行到下一根轨枕，重复步骤（5）完成一个测站的测量（建议测站长度≤65m）。

（7）全站仪搬站，完成设站。

（8）轨检小车回撤 5～10 轨枕，作为测站检搭接区，重复步骤（5）～（6）完成新的测站测量。

5. 轨检数据分析及扣件模拟调整

（1）操作步骤。

① 将一个或多个轨检数据成果文件（*.CSV），联合导入轨检数据分析软件。

② 可以进行轨道平顺性数据指标分析，并导出数据分析成果报表。

③ 可以根据轨道平顺性数据模拟调整钢轨扣件，使得被调整线路满足线路设计施工的要求。

（2）轨道平顺性数据分析。

① 点"轨检数据分析"，进入数据分析窗口。

② 点"轨检数据"下拉列表，选择导入后的数据区段（以起点和终点的轨枕编号标记）。

③ 点"分析数据"，等待分析完成。

④ 分析完成，点"输出结果"，可以选择导出平顺性分析结果或数据曲线。

⑤ 如果该段数据进行了模拟扣件调整，且保存了调整量文件，点"调整对比"可以显示调整前后曲线。

⑥ 选择一个数据类型，点"单独查看曲线"图形按钮，可以单独显示数据曲线。该功能可以用于模拟调整后，查看轨距、水平、横向、高程线形，进行整体线形调整。

（3）钢轨扣件模拟调整。

① 明确基准轨。

平面位置和轨向以外轨为基准，高程和高低以内轨为基准。

② 先轨向，后轨距；先高低，后水平。

先调整平面基准轨的轨向，再根据轨距调整对面轨；先调整高程基准轨的高低，再根据水平调整对面轨。

③ 发现 10~20 m 范围内的周期不平顺区域，采用"削峰填谷"的方式，调整轨道线形。

④ 最终保证轨向、高低、轨距、水平、扭曲等指标满足要求。

四、实训考核标准

1. 小车系统结构的组装与拆卸作业程序实训考核标准

实训考核标准针对小车系统结构的组装与拆卸作业程序按照作业程序进行评定，见表 5-9。

表 5-9　小车系统结构的组装与拆卸作业程序工作评分表

序号	执行内容	评分标准	评分方式	配分	得分
1	小车系统结构的组装与拆卸	（1）检查：仪器正常、防护和各类备品与记录簿本是否齐全	每步骤25分	5分	
		（2）系统组装。 ① 全站仪组装与拆解。 将 Y 型电缆一个小 5 星插头插入全站仪底部对应插口（红点相对）； 另一个小 5 星插头插入无线数传电台； 大 5 星插头插入外接电池； 电池和数传电台挂在脚架上。 ② 轨检小车组装与拆解。 用连接电缆将电池与 DPU 供电端口相连，并将吸盘天线连接到 DPU，打开 DPU 开关； 连接电缆与外接电池连接口的红点位置相同处插入。 ③ CPⅢ棱镜安装与拆解		75分	
2	作业后整理	（1）检查：检查仪器，做好仪器的日常保养工作	人工评分	3分	
		（2）整理：找出问题、总结经验		4分	
		（3）总结汇报：开好完工会，作当日工作小结及次日工作预报；及时向车间、工务段调度汇报安全及伤损情况		3分	
3	组内打分	根据小组内成员本次实训的表现情况打分（参考标准：迟到早退、玩手机、嬉戏打闹、不认真记录数据、测量数据不认真等）		10分	
总分（满分 100 分）					

2. 小车作业流程实训考核标准

实训考核标准针对小车作业流程按照作业程序进行评定，见表 5-10。

表 5-10　小车作业流程工作评分表

序号	执行内容	评分标准	评分方式	配分	得分
1	小车作业流程	检查：仪器正常、防护和各类备品与记录簿本是否齐全	每步骤 9 分	2 分	
		（1）将线路设计参数（平面曲线、纵断面、里程断链等）输入小车平板电脑的采集软件中。 （2）小车组装上道，将数传电台接入全站仪，并完成全站仪 CPⅢ设站工作。 （3）进入采集软件的【设备标定】/【传感器标定】窗口，完成测量前的传感器检校工作。 （4）将全站仪瞄准小车棱镜后，进入采集软件的【轨道检测】/【常规测量】窗口。 （5）设置当前测站的测量方向、导向轨以及保存数据文件名、当前轨枕编号等信息。 （6）点击"测量"按钮，等待测量完成后，将小车推行至下一个测量轨枕位置处。 （7）再次点击"测量"按钮进行测量，重复步骤（6）直至本测站全部轨枕测量完毕。 （8）全站仪搬站，完成新测站的设站工作。 （9）完成换站搭接测量，重复步骤（5）~（7）测量新站。		81 分	
2	作业后整理	（1）检查：检查仪器，做好仪器的日常保养工作	人工评分	2 分	
		（2）整理：找出问题、总结经验		3 分	
		（3）总结汇报：开好完工会，作当日工作小结及次日工作预报；及时向车间、工务段调度汇报安全及伤损情况		2 分	
3	组内打分	根据小组内成员本次实训的表现情况打分（参考标准：迟到早退、玩手机、嬉戏打闹、不认真记录数据、测量数据不认真等）		10 分	
总分（满分 100 分）					

3. 双块式轨道精调实训考核标准

实训考核标准针对双块式轨道精调实训按照作业程序进行评定，见表 5-11。

表 5-11 双块式轨道精调实训工作评分表

序号	执行内容	评分标准	评分方式	配分	得分
1	双块式轨道精调	检查：仪器正常、防护和各类备品与记录簿本是否齐全		2 分	
		（1）全站仪设站。 （2）轨检小车组装、上道，传感器检校。 （3）打开【轨道检测】/【常规测量】。 （4）点"测量选项"，设置线路、导向轨、测量方向。 （5）点"测量"，测量完成显示左右轨及中线偏差。 （6）根据中线平面调整量调整轨排的横向位置（两边螺杆按相同值和方向调整）。 （7）根据左右轨高程调整量调整轨排两边螺杆的高低。 （8）再次测量，查看调整结果。重复步骤（5）～（8）直到中线横向和左右轨高程满足要求。 （9）在调整量过大时，还应将小车回撤 1～2 根轨枕进行测量，并在这几根轨枕之间反复调整测量。 （10）轨枕调整到位后，点"保存测量数据"，将精调最后一次结果保存。 （11）固定螺杆及轨排位置。 （12）在一个测站的最后一个轨枕位置，保持小车固定不动，全站仪向前搬站，完成设站。 （13）按照换站搭接操作，进行换站。 （14）重复步骤（5）～（13）完成轨排精调测量	每步骤 6 分	84 分	
2	作业后整理	（1）检查：检查仪器，做好仪器的日常保养工作	人工评分	1 分	
		（2）整理：找出问题、总结经验		1 分	
		（3）总结汇报：开好完工会，作当日工作小结及次日工作预报；及时向车间、工务段调度汇报安全及伤损情况		2 分	
3	组内打分	根据小组内成员本次实训的表现情况打分（参考标准：迟到早退、玩手机、嬉戏打闹、不认真记录数据、测量数据不认真等）		10 分	
总分（满分 100 分）					

4. 长钢轨检测——轨道静态测量作业实训考核标准

实训考核标准针对长钢轨检测——轨道静态测量作业按照作业程序进行评定，见表 5-12。

表 5-12　长钢轨检测——轨道静态测量作业工作评分表

序号	执行内容	评分标准	评分方式	配分	得分
1	长钢轨检测——轨道静态测量作业流程	检查：仪器正常、防护和各类备品与记录簿本是否齐全		3分	
		（1）全站仪设站。 （2）轨检小车组装、上道，传感器检校。 （3）打开【轨道检测】/【常规测量】。 （4）点"测量选项"，设置线路、导向轨、测量方向。 （5）点"测量"，测量完成，自动保存测量数据。 （6）将轨检小车向前推行到下一根轨枕，重复步骤（5）完成一个测站的测量（建议测站长度≤65 m）。 （7）全站仪搬站，完成设站。 （8）轨检小车回撤5～10根轨枕，作为测站检搭接区，重复步骤（5）～（6）完成新的测站测量	每步骤10分	80分	
2	作业后整理	（1）检查：检查仪器，做好仪器的日常保养工作	人工评分	2分	
		（2）整理：找出问题、总结经验		3分	
		（3）总结汇报：开好完工会，作当日工作小结及次日工作预报；及时向车间、工务段调度汇报安全及伤损情况		2分	
3	组内打分	根据小组内成员本次实训的表现情况打分（参考标准：迟到早退、玩手机、嬉戏打闹、不认真记录数据、测量数据不认真等）		10分	
总分（满分100分）					

5. 轨检数据分析及扣件模拟调整实训考核标准

实训考核标准针对轨检数据分析及扣件模拟调整实训按照作业程序进行评定，见表 5-13。

五、专业知识

（一）小车作业流程

1. 输入线路设计参数——平面曲线参数

（1）平面曲线参数输入依据。

① MEASLLEY 平曲线参数（图 5-158）采用交点输入法，输入顺序为：曲线起点→交点1→……→交点 N→曲线终点。

② 曲线起点和曲线终点必须是直线段上的点。

③ 平曲线要素点应该按照里程增大的顺序输入，起点里程必须准确。

④ 圆曲线超高在交点参数中输入，单位为毫米（mm）。

表 5-13　轨检数据分析及扣件模拟调整实训工作评分表

序号	执行内容	评分标准	评分方式	配分	得分
1	轨检数据分析及扣件模拟调整	检查：仪器正常、防护和各类备品与记录簿本是否齐全		3 分	
		（1）操作步骤： ① 将一个或多个轨检数据成果文件（*.CSV），联合导入轨检数据分析软件。 ② 可以进行轨道平顺性数据指标分析，并导出数据分析成果报表。 ③ 可以根据轨道平顺性数据模拟调整钢轨扣件，使得被调整线路满足线路设计施工的要求。	每步骤6 分	18 分	
		（2）轨道平顺性数据分析： ① 点"轨检数据分析"，进入数据分析窗口。 ② 点"轨检数据"下拉列表，选择导入后的数据区段（以起点和终点的轨枕编号标记）。 ③ 点"分析数据"，等待分析完成。 ④ 分析完成，点"输出结果"，可以选择导出平顺性分析结果或数据曲线。 ⑤ 如果该段数据进行了模拟扣件调整，且保存了调整量文件，点"调整对比"可以显示调整前后曲线。 ⑥ 选择一个数据类型，点"单独查看曲线"图形按钮，可以单独显示数据曲线。		36 分	
		（3）钢轨扣件模拟调整： ① 明确基准轨。 平面位置和轨向以外轨为基准，高程和高低以内轨为基准。 ② 先轨向，后轨距；先高低，后水平。 先调整平面基准轨的轨向，再根据轨距调整对面轨；先调整高程基准轨的高低，再根据水平调整对面轨。 ③ 发现 10～20 m 范围内的周期不平顺区域，采用"削峰填谷"的方式，调整轨道线形。 ④ 最终保证轨向、高低、轨距、水平、扭曲等指标满足要求		24 分	
2	作业后整理	（1）检查：检查仪器，做好仪器的日常保养工作	人工评分	3 分	
		（2）整理：找出问题、总结经验		3 分	
		（3）总结汇报：开好完工会，作当日工作小结及次日工作预报；及时向车间、工务段调度汇报安全及伤损情况		3 分	
3	组内打分	根据小组内成员本次实训的表现情况打分（参考标准：迟到早退、玩手机、嬉戏打闹、不认真记录数据、测量数据不认真等）		10 分	
总分（满分 100 分）					

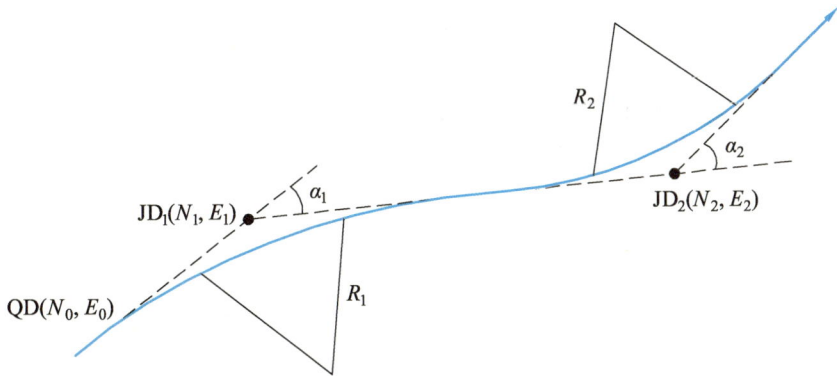

图 5-158　平面曲线参数

起（终）点参数：起（终）点里程+起（终）点坐标。

交点参数：交点里程+交点坐标+圆曲线半径+转向角+圆曲线超高+缓和曲线长。

（2）平面曲线参数输入方法（图 5-159）。

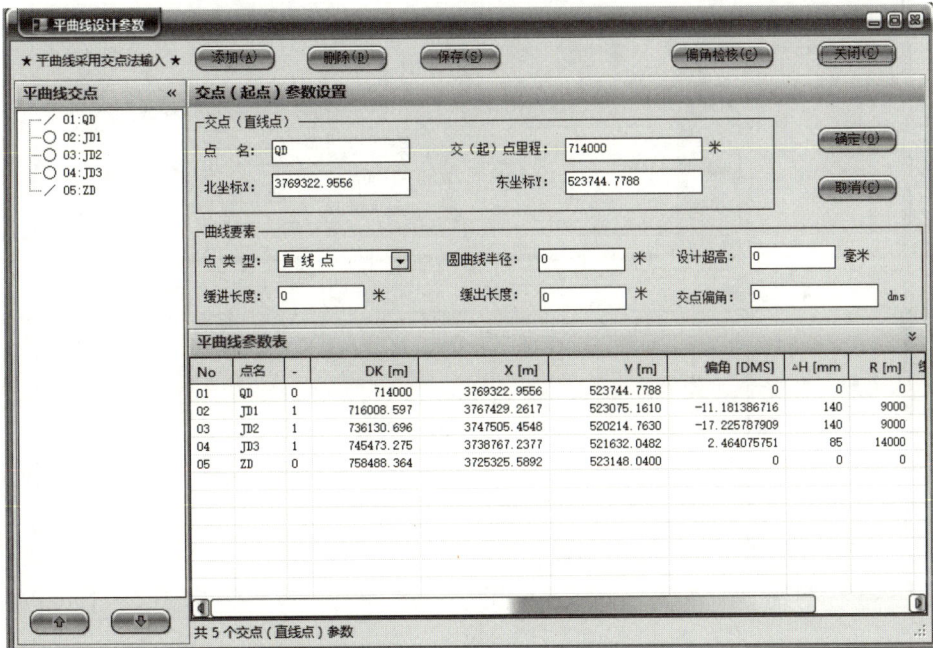

图 5-159　平面曲线参数输入

① 点"添加"增加曲线要素点。

② 在此输入平曲线要素的参数。

③ 输入完成后点"确定"。

④ 按照里程增加的顺序输入各平曲线要素。

⑤ 点"保存"将平曲线参数保存到文件 PlaneCurve.CSV 中。

2. 输入线路设计参数——纵断面参数

（1）纵断面参数输入依据。

① MEASLLEY 纵断面（竖曲线）参数（图 5-160）采用变坡点参数输入，输

入顺序为：起点→变坡点 1→……→变坡点 N→终点。

② 起点必须是直线段上的点。

③ 竖曲线要素点应该按照里程增大的顺序输入。

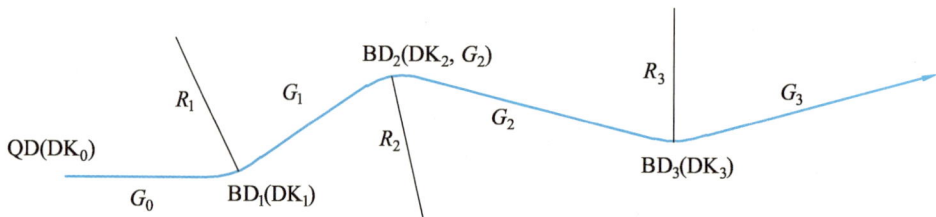

图 5-160　纵断面参数

起（终）点参数：起（终）点里程+后坡度。

变坡点参数：变坡点里程+后坡度+竖曲线半径+后坡结束里程。

（2）纵断面参数输入方法（图 5-161）。

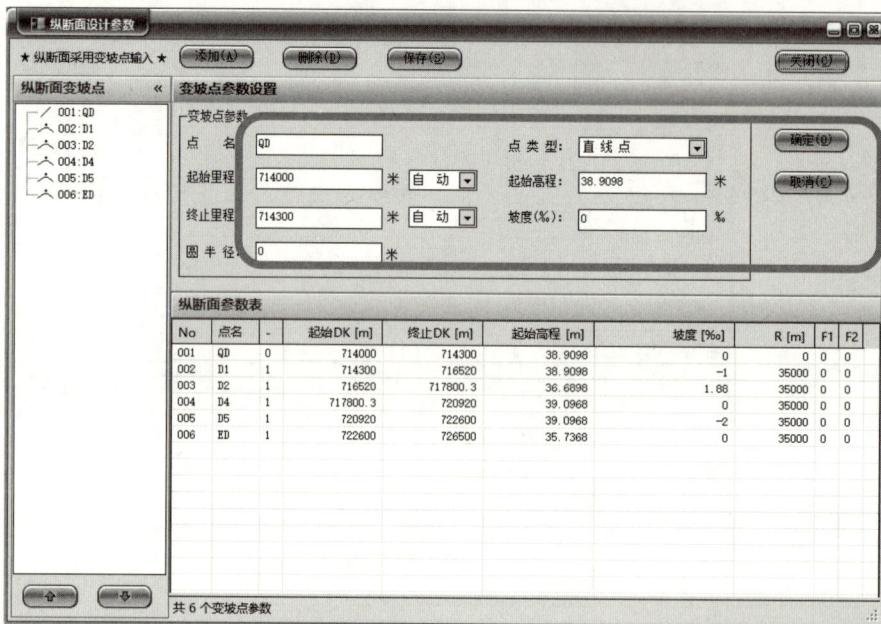

图 5-161　纵断面参数输入

① 点"添加"增加曲线要素点。

② 在此输入竖曲线要素的参数。

③ 输入完成后点"确定"。

④ 按照里程增加的顺序输入各纵断面要素。

⑤ 点"保存"将竖曲线参数保存到文件 LengthCurve.CSV 中。

3. 里程断链表的输入方法（图 5-162）

（1）点"添加"增加里程断链点。

（2）在此输入断链点的参数。

（3）输入完成后点"确定"。

（4）按照里程增加的顺序输入各断链点。

（5）点"保存"将断链表参数保存到文件 KiloUnlink.CSV 中。

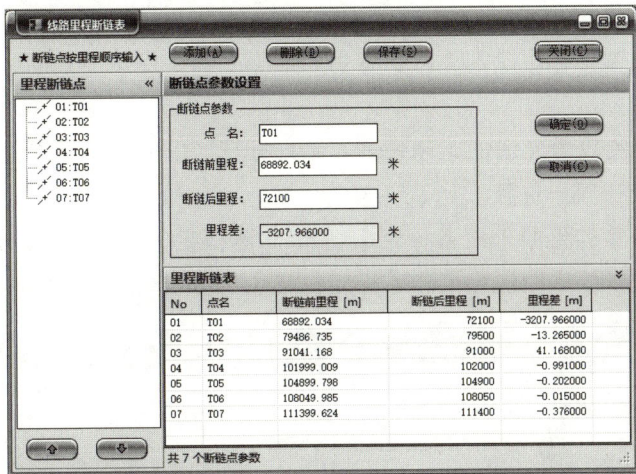

图 5-162　里程断链表的输入

4. MEASLLEY 的通信连接测试

小车组装上道后，将数传电台接入全站仪，并完成全站仪 CPⅢ设站工作。

（1）用 Y 型电缆将全站仪、外挂电池、数传电台连接好。

（2）将小车的外接电池和数据处理器（DPU）连接好，并打开 DPU 开关。

（3）打开平板电脑的采集软件，进入【设备标定】/【通信测试】。

（4）依次选择全站仪、倾角传感器、位移传感器、数据处理器等设备，任意选择一项测试命令，点击"发送"，查看测试结果。

其操作顺序为：选择测试设备→选择测试命令→点"发送"开始测试→查看测试结果，如图 5-163 所示。

图 5-163　MEASLLEY 的通信连接测试

5. 传感器零位标定——轨距传感器标定

进入采集软件的【设备标定】/【传感器标定】窗口，完成测量前的传感器检校工作。

轨距传感器零位标定原则上应在专用轨距标定器上完成。也可以采用Ⅰ级以上的道尺完成标定：

（1）选择内侧较为光滑的钢轨位置，做好标记，用道尺精确测量该位置的轨距值，将小车放置在同一位置。

（2）打开采集软件的【设备标定】/【传感器标定】，切换至位移标签页。

（3）输入测量的轨距值，点击【标定位移】，完成标定工作，如图 5-164 所示。

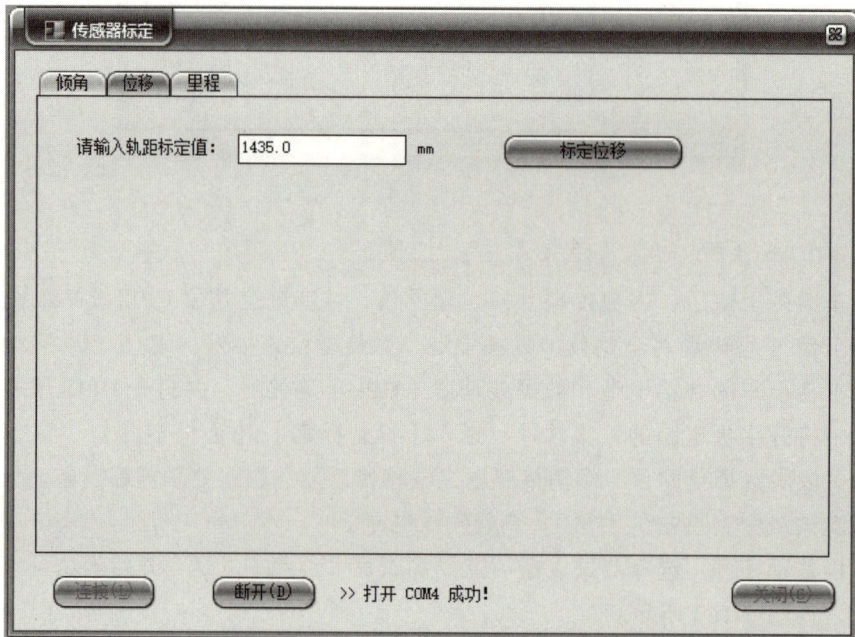

图 5-164　传感器标定

① 点 "连接"，连接 DPU。

② 输入标定的轨距值。

③ 点 "标定位移" 完成标定。

④ 点 "断开" 连接。

6. 传感器零位标定——倾角传感器标定

（1）选择顶面较为光滑的钢轨位置，做好标记，将小车放置在该处。

（2）打开采集软件的【设备标定】/【传感器标定】，切换至倾角标签页。

（3）点【开始检校】，至数据稳定后，点击【正置读数】。

（4）将小车掉头，再放置于同一位置，至数据稳定后，点击【倒置读数】。

（5）点【标定倾角】，完成标定，如图 5-165 所示。

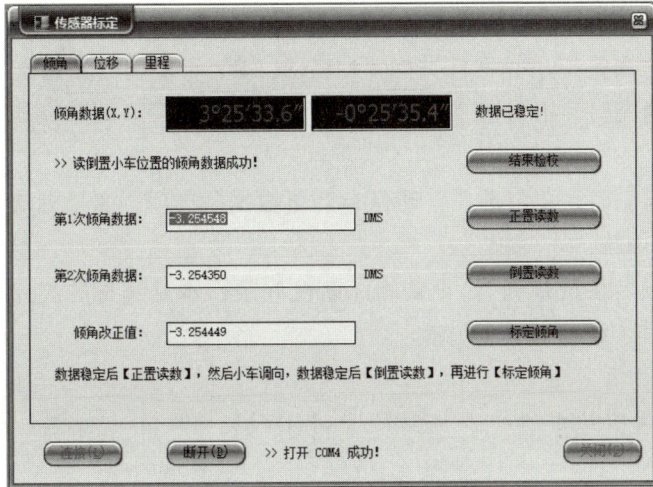

图 5-165　倾角传感器标定

① 点"连接"，连接 DPU。

② 点"开始检校"。

③ 点"正置读数"。

④ 小车掉头后，点"倒置读数"。

⑤ 点"标定倾角"。

⑥ 点"结束检校"。

⑦ 点"断开"连接。

7. 轨道静态测量——轨道静态测量操作流程

完成全站仪 CPⅢ设站，瞄准小车棱镜，然后进入采集软件的【轨道检测】/【常规测量】窗口，设置当前测站的测量方向、导向轨以及保存数据文件名、当前轨枕编号等信息，如图 5-166 所示。

图 5-166　常规轨道检测参数设置

8. 轨道静态测量——设置轨道检测选项（图 5-167）

图 5-167　设置轨道检测选项

注意：

（1）测量方向是指小车推行方向（MEASLLEY 不能拖行测量）。

（2）轨道精调时，不勾选"自动保存测量数据"选项，调整完毕人工保存调整成果。

（3）轨道检测时，要勾选"自动保存测量数据"选项，测量完毕自动保存测量数据。

点"设置点名生成规则"，设置相邻轨枕间距；本站测量的起点要设置当前板编号和轨枕编号，如图 5-168 所示。

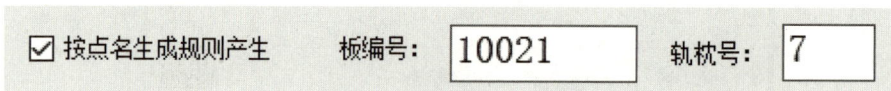

図 5-168　设置当前板编号和轨枕编号

选中"按点名生产规则产生"项，可以根据测量轨枕间距自动生成测点名，如图 5-169 所示。

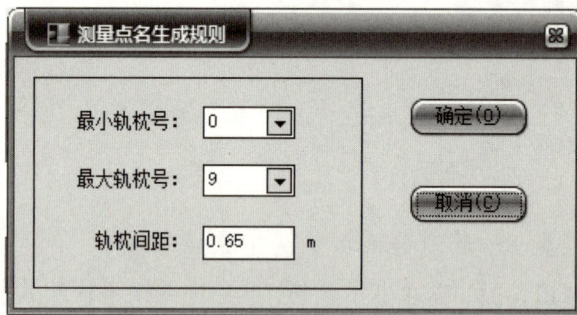

図 5-169　测量点名生成规则设置

9. 轨道静态测量——测量轨道偏差

点击"测量"按钮（图 5-170），等待测量完成后，将小车推行至下一个测量轨枕位置处，如图 5-171 所示。

注意：

（1）平面位置的调整方向以推行小车前进方向区分左右。

（2）轨道精调时，一般不调轨距，平面位置采用中横向调整数据。

図 5-170　"测量"按钮

图 5-171　轨道静态测量结果显示

10. 轨道静态测量——轨道静态测量现场示意图（图 5-172）

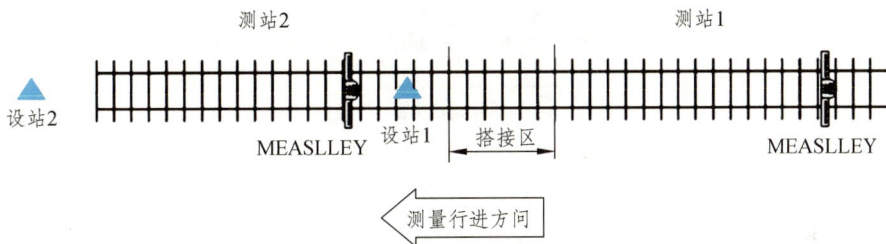

图 5-172　轨道静态测量现场示意图

注意：

（1）全站仪架设在本站远端，小车由远及近地完成测量，行进方式为推行。

（2）相邻两测站之间有 5~10 根轨枕重复测量区作为换站搭接。

11. 轨道静态测量——换站搭接

测站的最后一个点测量完毕，静止小车不要移动；全站仪搬站完成 CPⅢ设站，瞄准小车棱镜。

如果是轨道检测，则无须进行接下来的换站搭接操作，直接将小车回撤 5~10 根轨枕位置，直接进行新站测量。数据分析时，软件会自动将重复测量区域作为换站搭接区进行处理。

如果是轨道精调，则需进行接下来的换站搭接操作，进行搭接点的换站搭接测量。搭接点是上一测站的最后一个点。

具体操作方法是：

（1）点"换站搭接测量"。

（2）点"是"继续，按照操作提示完成换站测量。

（3）换站偏差超过 2 mm 将给出警告提示，或重新设站，或继续，如图 5-173 所示。

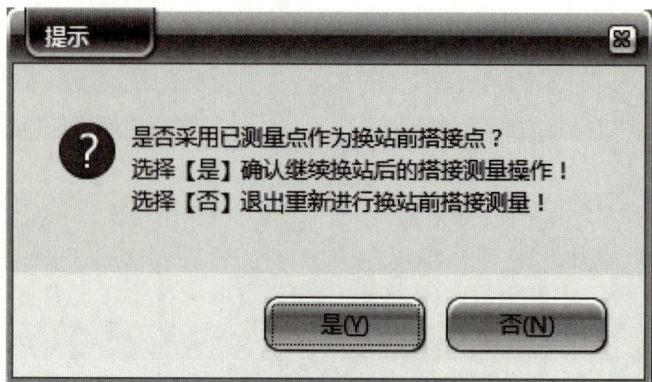

图 5-173　换站偏差超限提示

（4）选中"进行换站搭接改正"，将小车推行至新的精调轨枕位置，开始测量，如图 5-174 所示。新站的测量偏差将按照与搭接点距离自动加入换站偏差改正。

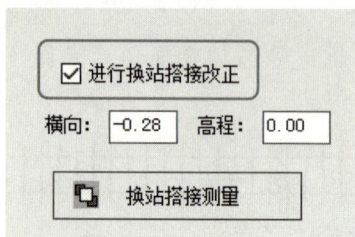

图 5-174　进行换站搭接改正

12. 轨道静态测量——轨道测量数据成果文件

轨道静态测量数据成果文件保存在工程项目目录下以设定的前缀加测量的年、月、日等信息为文件名的 CSV 文件（逗号分隔的文本文件）中，如图 5-175 所示。

名称	修改日期	类型	大小
Adjustment.cfg	2012/7/13 10:38	CFG 文件	1 KB
Custom.ini	2016/11/13 23:01	配置设置	2 KB
D20170720.CSV	2017/7/20 13:45	Microsoft Excel ...	1,132 KB
D20170721.CSV	2017/7/21 14:27	Microsoft Excel ...	2 KB
FastMeaOption.ini	2017/7/20 14:09	配置设置	1 KB
KiloUnlink.CSV	2012/4/28 14:18	Microsoft Excel ...	1 KB
LengthCurve.CSV	2012/11/12 19:30	Microsoft Excel ...	2 KB
NormalMeaOption.ini	2017/7/21 13:43	配置设置	1 KB
PlaneCurve.CSV	2012/5/3 10:40	Microsoft Excel ...	2 KB

图 5-175　轨道测量数据成果文件

一般用户关注的测量成果数据项如图 5-176 所示。

A	B	C	D	J	AB	AI	AJ	AK	AL	AM	AN	AO	AR
#公里(m)	米(m)	轨距(mm)	超高(mm)	水平(mm)	设计超高	中线横向偏:中线高程偏		左轨高程调整:右轨高程调整		左轨横向调整:右轨横向调整		时间	点名
82	122.9999	-0.13	90.36	0.36	90	-0.18	-0.29	0.47	0.12	0.24	0.11	2017/7/20 13:25	183396
82	123.7907	-0.21	90.38	0.38	90	0.88	0.85	-0.66	-1.05	-0.78	-0.99	2017/7/20 13:25	183397
82	124.4702	-0.5	90.33	0.33	90	1.09	0.99	-0.82	-1.15	-0.84	-1.34	2017/7/20 13:25	183398
82	125.0055	0.46	90.38	0.38	90	1.57	1.04	-0.85	-1.23	-1.81	-1.34	2017/7/20 13:25	183399
82	125.7265	0.02	89.7	-0.3	90	1.33	0.68	-0.83	-0.53	-1.34	-1.32	2017/7/20 13:25	183400
82	126.3259	0.18	89.86	-0.14	90	1.09	0.32	-0.39	-0.25	-1.18	-1	2017/7/20 13:25	183401
82	127.0253	-0.27	90.2	0.2	90	-0.33	-0.49	0.59	0.39	0.47	0.2	2017/7/20 13:25	183402
82	127.6341	-0.11	90.33	0.33	90	-0.25	-0.42	0.59	0.26	0.31	0.19	2017/7/20 13:25	183403
82	128.3551	-0.04	89.96	-0.04	90	-0.22	-0.6	0.59	0.62	0.24	0.5	2017/7/20 13:25	183404

图 5-176　测量成果数据项

提示：该数据文件格式是按照《铁路轨道检查仪》（TB/T 3147—2012）规定保存的原始测量数据及计算成果；如果用户需要调整成果这类报表，请在数据分析软件中合并搭接处理后导出。

（二）双块式轨道精调

MEASLLEY 在 I 型双块式轨道施工中主要用于道床板施工过程中的轨排精调，其轨排几何形位允许偏差见表 5-14，测量方向与平面调整量方向的关系如图 5-177 所示。

表 5-14　双块式轨排几何形位允许偏差

序号	项目	容许偏差	备注
1	轨距	±1 mm	相对于 1 435 mm，框架式轨排不调
		1/1 500	变化率
2	水平	2 mm	
3	扭曲	2 mm	基长 3 mm
4	轨面高程	±2 mm	一般情况
		+2，0 mm	紧靠站台
5	轨道中线	2 mm	

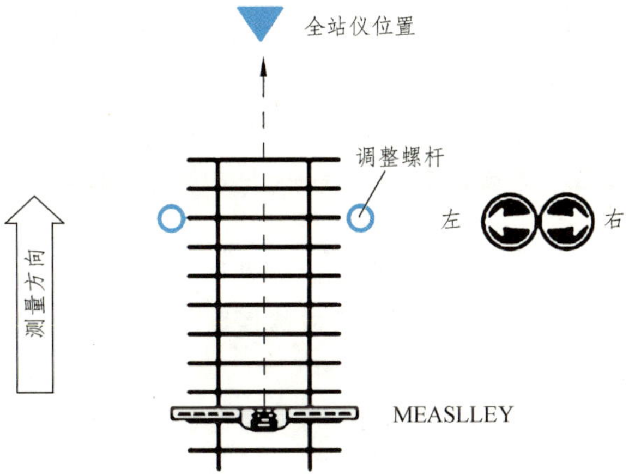

图 5-177　测量方向与平面调整量方向的关系（平面调整方向是沿测量方向的左右）

（三）长钢轨检测

高速铁路轨道静态几何形位允许偏差见表 5-15。

（四）联合导入轨检成果数据

采用联合导入轨检成果数据方式的原因主要有：

（1）轨检小车保存的是每一测站的轨道检测数据及计算的轨道偏差等，每一测站会采用重复测量上一测站相邻的 5～10 根轨枕数据作为换站偏差的搭接处理。

（2）采用联合导入的方式，可以将多个测量数据文件按照里程顺序合并成较长的数据区段进行分析和调整。

表 5-15　高速铁路轨道静态几何形位允许偏差

序号	项目	容许偏差	备注
1	轨距	±1 mm	相对于 1 435 mm
		1/1 500	变化率
2	水平	2 mm	
3	扭曲	2 mm	基长 3 mm
4	轨向/高低	2 mm	30 m 弦长
		10 mm	300 m 弦长
5	轨面高程	+4，−6 mm	一般情况
		+4，0 mm	紧靠站台
6	轨道中线	±10 mm	

（3）在导入过程中，根据相邻测站中重复测量的轨枕数据，对测量的轨道偏差自动进行换站搭接处理，同时也可以剔除和拟合异常测量数据。

轨道的平顺性分析指标主要有：

（1）轨道平顺性数据指标包括轨距、水平、轨距变化率、扭曲（三角坑，6.25 m 基长）、左右轨的 10 m 弦轨向和高低、短波轨向和高低（30 m 弦长）、长波轨向和高低（300 m 弦长）、正矢以及 *TQI* 指标等。

（2）数据分析软件通过曲线及数据报表的形式给出轨道平顺性分析结果。

轨道平顺性分析的具体方法为：

（1）点"轨检数据分析"，进入数据分析窗口。

（2）点"轨检数据"下拉列表，选择导入后的数据区段（以起点和终点的轨枕编号标记）。

（3）点"分析数据"，等待分析完成，如图 5-178 所示。

（4）分析完成，点"输出结果"，可以选择导出平顺性分析结果或数据曲线，如图 5-179 所示。

（5）如果该段数据进行了模拟扣件调整，且保存了调整量文件，点"调整对比"可以显示调整前后曲线，如图 5-180 所示。

（6）选择一个数据类型，点"单独查看曲线"图形按钮，可以单独显示数据曲线，如图 5-181 所示。该功能可以用于模拟调整后，查看轨距、水平、横向、高程线形，进行整体线形调整。

（五）钢轨扣件模拟调整

1. 导向轨

（1）导向轨定义原则：面向大里程方向定义左右。

（2）线路左转，导向轨定义取值为+1；线路右转，导向轨定义取值为−1。

（3）直线段，导向轨的取值参考下一段曲线的转向，如线路左转，则导向轨取值为+1，如图 5-182 所示。

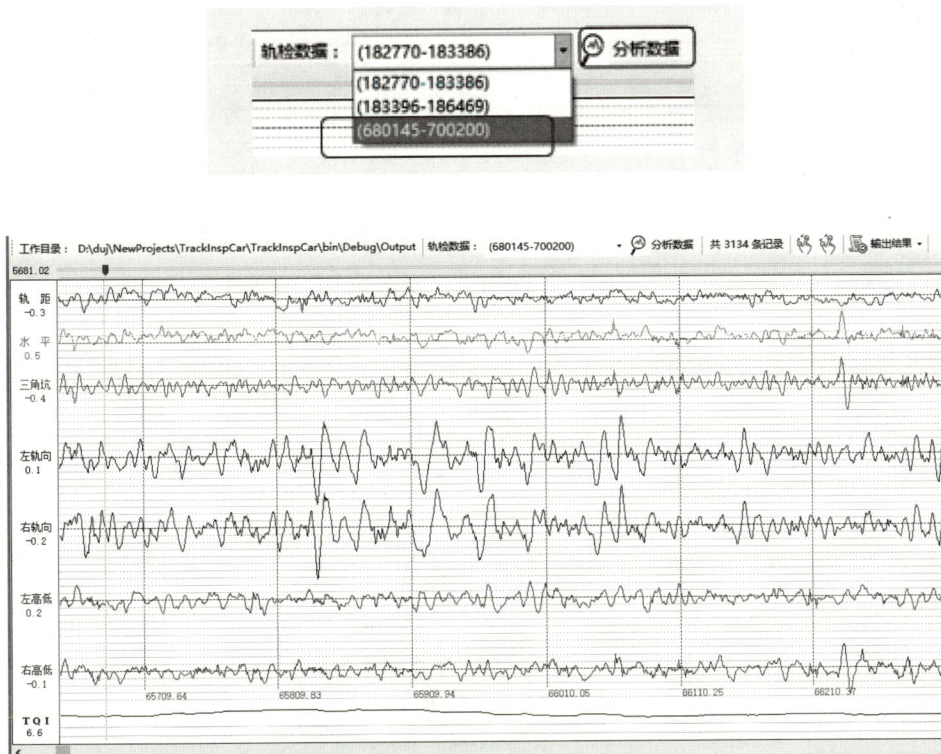

图 5-178　分析数据选项及其结果

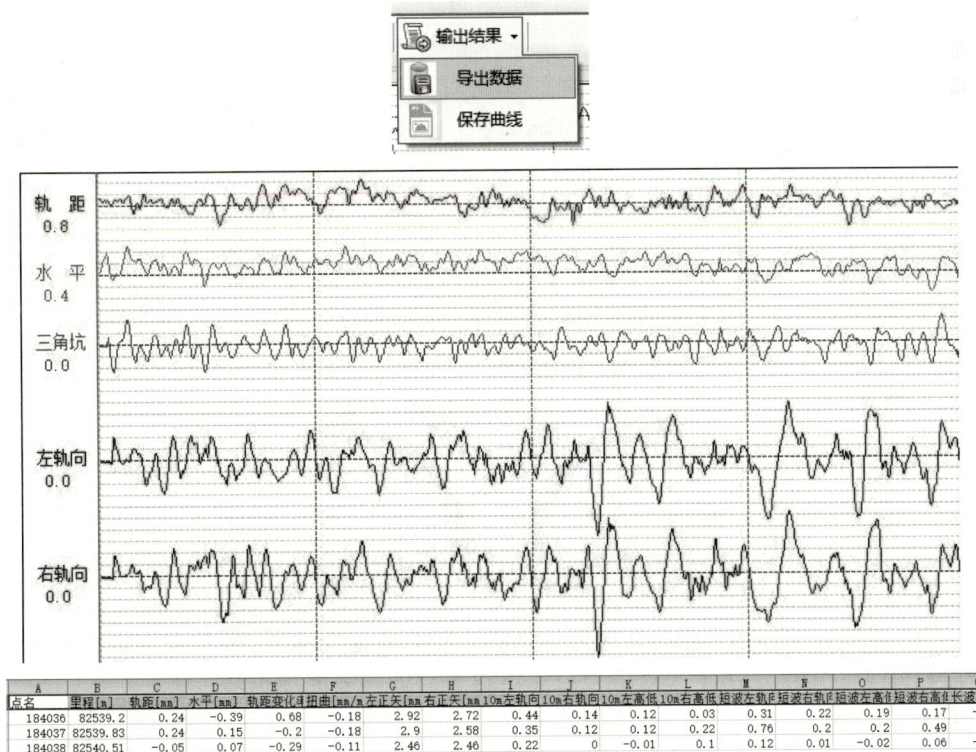

图 5-179　导出平顺性分析结果

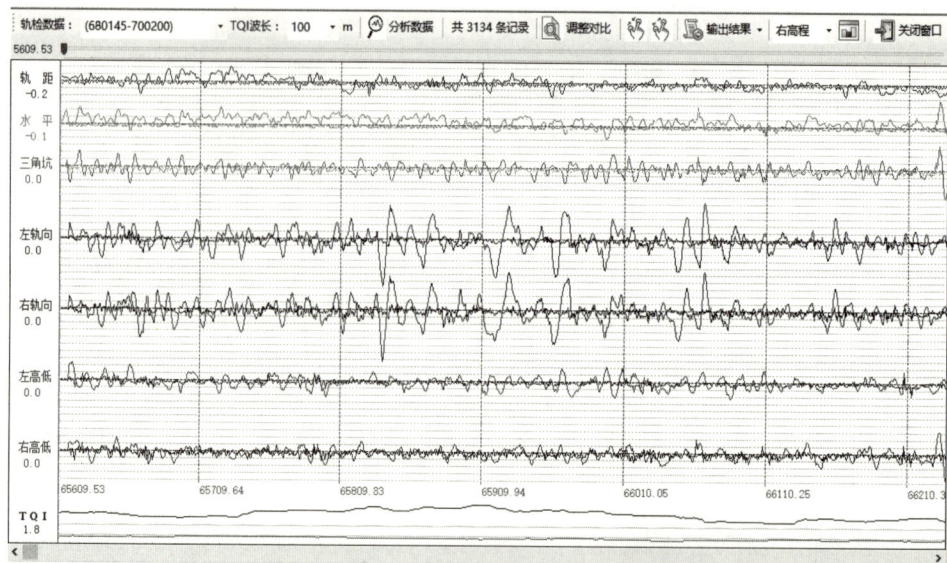

图 5-180　曲线调整对比

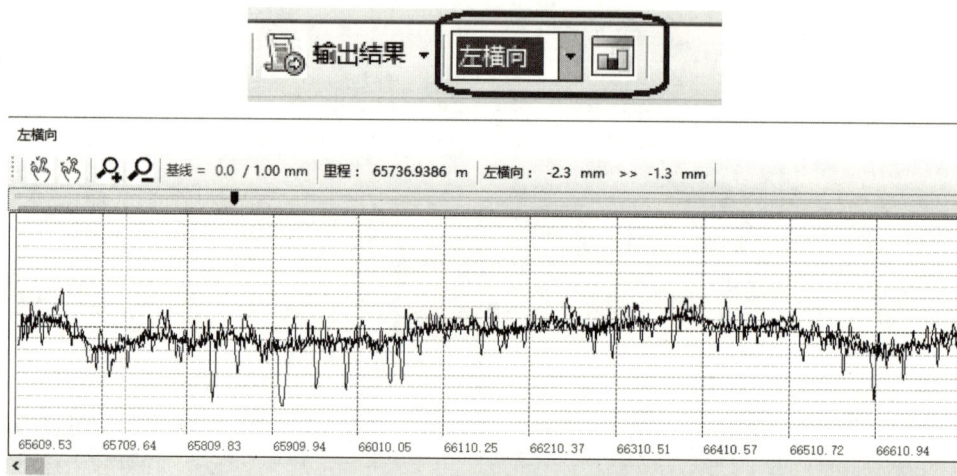

图 5-181　单独显示数据曲线

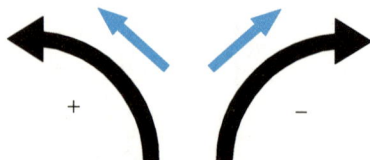

图 5-182　导向轨符号与转向的关系

（4）导向轨的作用：导向轨作为轨道参考轨，在曲线段中，高程参考轨为低轨，平面参考轨为高轨；在直线段中，与大里程方向曲线参考轨保持一致。

2. 小车方向

小车方向定义如图 5-183 所示。

正　　　　　　　　　　　　负

里程增大　　　　　　　　　　里程增大

备注 ☑ 开始新的测量序列

轨检小车方向

◉ 正方向　　　　　　　○ 负方向

轨检小车前进方向

◉ 里程增大方向　　　　○ 里程减小方向

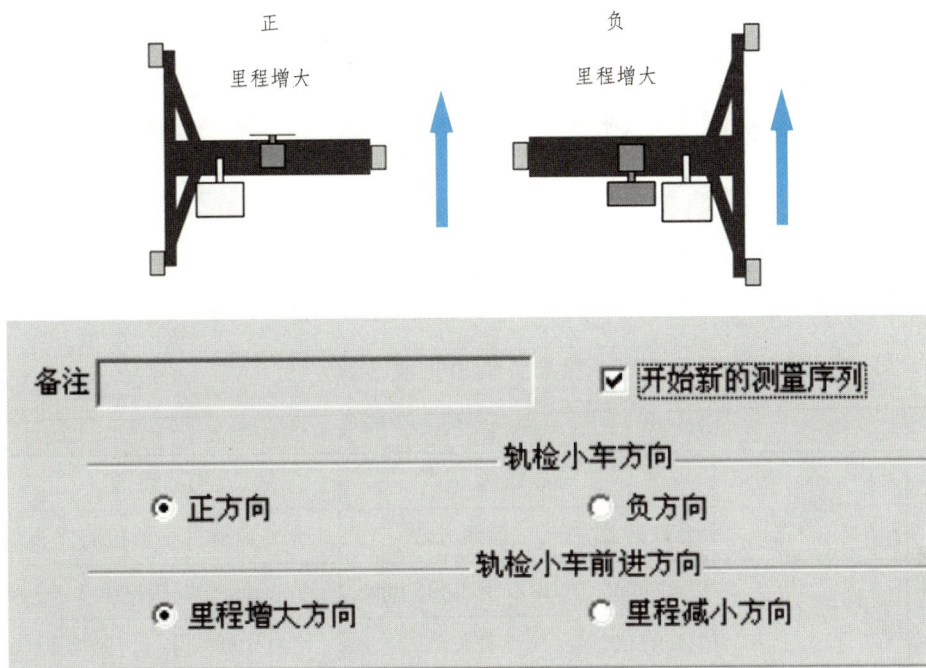

图 5-183　小车方向定义

面对大里程分左右，轨检小车双轮部分在左手边就是"正方向"，相反则为"负方向"。

轨检小车前进方向：推小车前进的方向是往大里程还是小里程。

3. 平顺性的计算原理

（1）短波平顺性。

假定钢轨支承点的间距，或者说轨枕间距为 0.625 m，采用 30 m 弦线，按间距 5 m 设置一对检测点，则支承点间距的 8 倍正好是两检测点的间距 5 m，如图 5-184 所示。

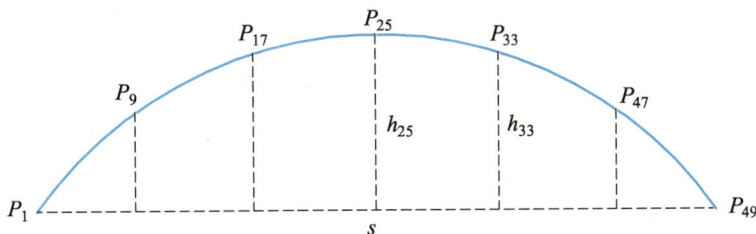

图 5-184　短波平顺性

$$\Delta h = \left| (h_{25设计} - h_{33设计}) - (h_{25实测} - h_{33实测}) \right| \leqslant 2 \text{ mm}$$

（2）长波平顺性。

假定钢轨支承点的间距，或者说轨枕间距为 0.625 m，采用 300 m 弦线，按间距 150 m 设置一对检测点，则支承点间距的 240 倍正好是两检测点的间距 150 m，如图 5-185 所示。

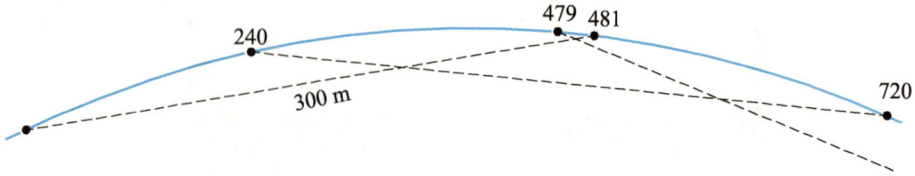

图 5-185　长波不平顺

$$\Delta h = \left| (h_{25\text{设计}} - h_{265\text{设计}}) - (h_{25\text{实测}} - h_{265\text{实测}}) \right| \leqslant 10 \text{ mm}$$

（3）高速铁路轨道静态平顺度允许偏差见表 5-16。

表 5-16　高速铁路轨道静态平顺度允许偏差

序号	项目	无砟轨道		有砟轨道	
		允许偏差	检测方法	允许偏差	检测方法
1	轨距	±1 mm	相对于 1 435 mm	±1 mm	相对于 1 435 mm
		1/1 500	变化率	1/1 500	变化率
2	轨向	2 mm	弦长 10 m	2 mm	弦长 10 m
		2 mm/8 a	基线长 48 a	2 mm/5 m	基线长 30 m
		10 mm/24 a	基线长 480 a	10 mm/150 m	基线长 300 m
3	高低	2 mm	弦长 10 m	2 mm	弦长 10 m
		2 mm/8 a	基线长 48 a	2 mm/5 m	基线长 30 m
		10 mm/24 a	基线长 480 a	10 mm/150 m	基线长 300 m
4	水平	2 mm	—	2 mm	—
5	扭曲（基长 3 m）	2 mm	—	2 mm	—
6	与设计高程偏差	10 mm	—	10 mm	—
7	与设计中线偏差	10 mm	—	10 mm	—

（4）调整示例。

① 先轨向：基准轨（左）在 10~20 m 范围内出现不平顺性超限。

② 此时只调整左轨，不管右轨和轨距，采用填谷将左轨线形调整到位，调整范围是平顺性数据出现红色的轨枕位置，如图 5-186 所示。

③ 调整后的基准轨（左）轨向满足规范要求（<2 mm）。

④ 将基准轨平面线形全部调整到位，如图 5-187 所示。

⑤ 根据轨距及轨距变化率调整对面轨（右），使得轨距满足要求，如图 5-188 所示。

点名	施工里程	轨距	轨变	左轨向	右轨向	左横调	右横调
680335	65733.0394	1.5	-0.5	0.1	0.4	0	0
680336	65733.6947	1.6	0.0	-0.5	-0.1	0	0
680337	65734.3230	1.6	0.1	-0.4	-0.3	0	0
680338	65735.0068	1.2	-0.4	-0.3	-1.0	0	0
680339	65735.6040	0.6	-1.0	-0.3	-1.7	0	0
680340	65736.2796	0.4	-0.8	-0.5	-2.1	0	0
680341	65736.9386	0.8	0.2	-1.6	-2.5	0	0
680342	65737.5629	0.9	0.5	-2.4	-2.9	0	0
680343	65738.2336	1.2	0.4	-2.9	-3.0	0	0
680344	65738.9024	1.0	0.1	-2.4	-2.8	0	0
680345	65739.5366	1.0	-0.2	-2.0	-2.4	0	0
680346	65740.1818	0.9	-0.1	-1.3	-1.6	0	0
680347	65740.8120	0.5	-0.4	-0.7	-0.8	0	0
680348	65741.4895	0.5	-0.4	0.2	0.3	0	0
680349	65742.1309	0.9	0.3	1.0	1.2	0	0
680350	65742.8057	1.3	0.8	1.4	1.9	0	0
680351	65743.4550	1.2	0.4	1.6	1.8	0	0
680352	65744.0798	1.0	-0.2	1.3	1.4	0	0
680353	65744.7405	1.1	-0.1	0.8	1.0	0	0
680354	65745.4069	1.1	0.1	0.0	0.2	0	0
680355	65746.0584	1.1	0.0	-0.3	0.2	0	0
680356	65746.7387	0.7	-0.5	-0.4	-0.3	0	0

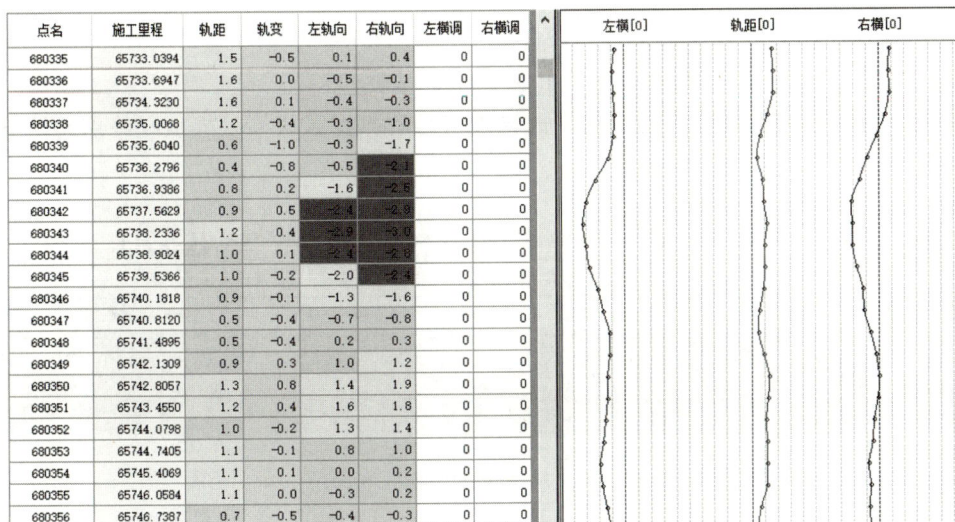

图 5-186 平顺性调整范围

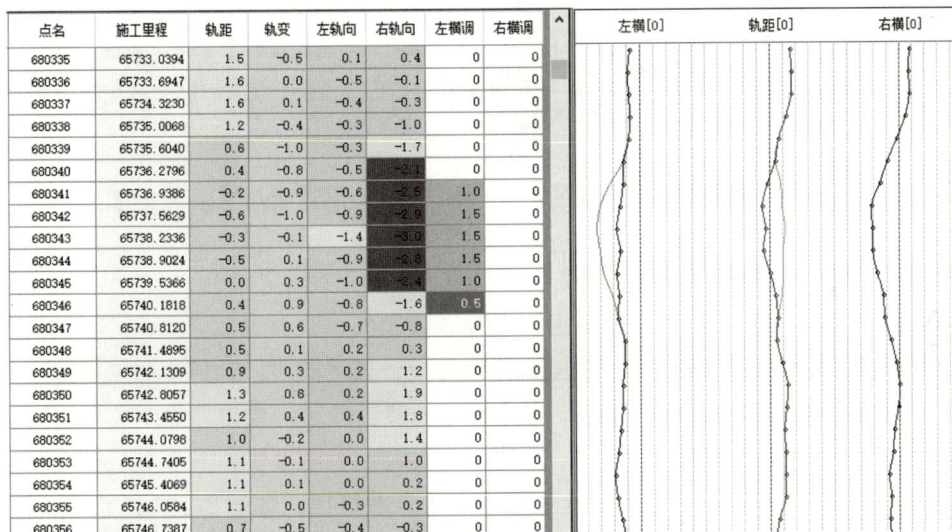

点名	施工里程	轨距	轨变	左轨向	右轨向	左横调	右横调
680335	65733.0394	1.5	-0.5	0.1	0.4	0	0
680336	65733.6947	1.6	0.0	-0.5	-0.1	0	0
680337	65734.3230	1.6	0.1	-0.4	-0.3	0	0
680338	65735.0068	1.2	-0.4	-0.3	-1.0	0	0
680339	65735.6040	0.6	-1.0	-0.3	-1.7	0	0
680340	65736.2796	0.4	-0.8	-0.5	-2.1	0	0
680341	65736.9386	-0.2	-0.9	-0.6	-2.5	1.0	0
680342	65737.5629	-0.6	-1.0	-0.9	-2.9	1.5	0
680343	65738.2336	-0.3	-0.1	-1.4	-3.0	1.5	0
680344	65738.9024	-0.5	0.1	-0.9	-2.8	1.5	0
680345	65739.5366	0.0	0.3	-1.0	-2.4	1.0	0
680346	65740.1818	0.4	0.9	-0.8	-1.6	0.5	0
680347	65740.8120	0.5	0.6	-0.7	-0.8	0	0
680348	65741.4895	0.5	0.1	0.2	0.3	0	0
680349	65742.1309	0.9	0.3	0.2	1.2	0	0
680350	65742.8057	1.3	0.8	0.2	1.9	0	0
680351	65743.4550	1.2	0.4	0.4	1.8	0	0
680352	65744.0798	1.0	-0.2	0.0	1.4	0	0
680353	65744.7405	1.1	-0.1	0.0	1.0	0	0
680354	65745.4069	1.1	0.1	0.0	0.2	0	0
680355	65746.0584	1.1	0.0	-0.3	0.2	0	0
680356	65746.7387	0.7	-0.5	-0.4	-0.3	0	0

图 5-187 调整标准轨

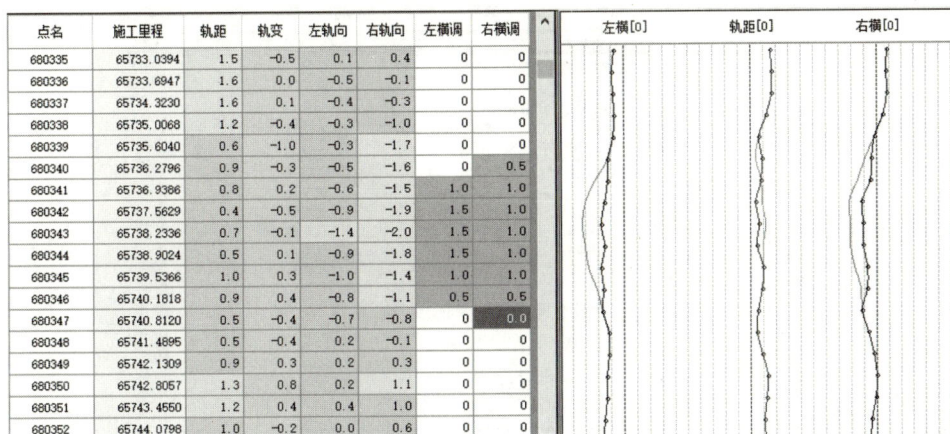

点名	施工里程	轨距	轨变	左轨向	右轨向	左横调	右横调
680335	65733.0394	1.5	-0.5	0.1	0.4	0	0
680336	65733.6947	1.6	0.0	-0.5	-0.1	0	0
680337	65734.3230	1.6	0.1	-0.4	-0.3	0	0
680338	65735.0068	1.2	-0.4	-0.3	-1.0	0	0
680339	65735.6040	0.6	-1.0	-0.3	-1.7	0	0
680340	65736.2796	0.9	-0.3	-0.5	-1.6	0	0.5
680341	65736.9386	0.8	0.2	-0.6	-1.5	1.0	1.0
680342	65737.5629	0.4	-0.5	-0.9	-1.9	1.5	1.0
680343	65738.2336	0.7	-0.1	-1.4	-2.0	1.5	1.0
680344	65738.9024	0.5	0.1	-0.9	-1.8	1.5	1.0
680345	65739.5366	1.0	0.3	-1.0	-1.4	1.0	1.0
680346	65740.1818	0.9	0.4	-0.8	-1.1	0.5	0.5
680347	65740.8120	0.5	-0.4	-0.7	-0.8	0	0.0
680348	65741.4895	0.5	-0.4	0.2	0.3	0	0
680349	65742.1309	0.9	0.3	0.2	0.3	0	0
680350	65742.8057	1.3	0.8	0.2	1.1	0	0
680351	65743.4550	1.2	0.4	0.4	1.0	0	0
680352	65744.0798	1.0	-0.2	0.0	0.6	0	0

图 5-188 调整对面轨

4. 扣件模拟调整操作方法

（1）点"轨道扣件调整"，进入扣件模拟调整窗口。

（2）点"轨检数据"下拉列表，选择导入后的数据区段（以起点和终点的轨枕编号标记），如图 5-189 所示。

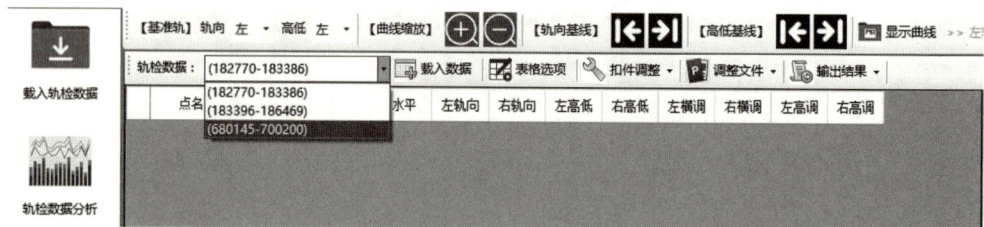

图 5-189　选择导入后的数据区段

（3）点"载入数据"，等待数据处理完成后，显示如图 5-190 所示表格和曲线。

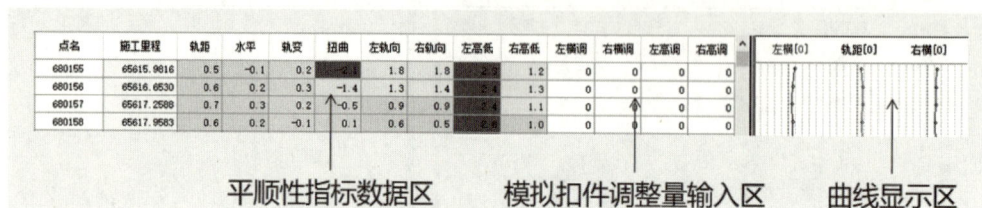

图 5-190　数据处理结果

数据表格：用于显示平顺性数据以及输入模拟扣件调整量。

平顺曲线：显示的是左右轨平面和高程与设计值的偏差。

平顺性数据超过施工规范要求，显示红色；超过自定义要求，显示黄色；其他颜色为符合要求的数据。

（4）点"表格选项"，可以设置表格中的显示数据项，如图 5-191 所示。

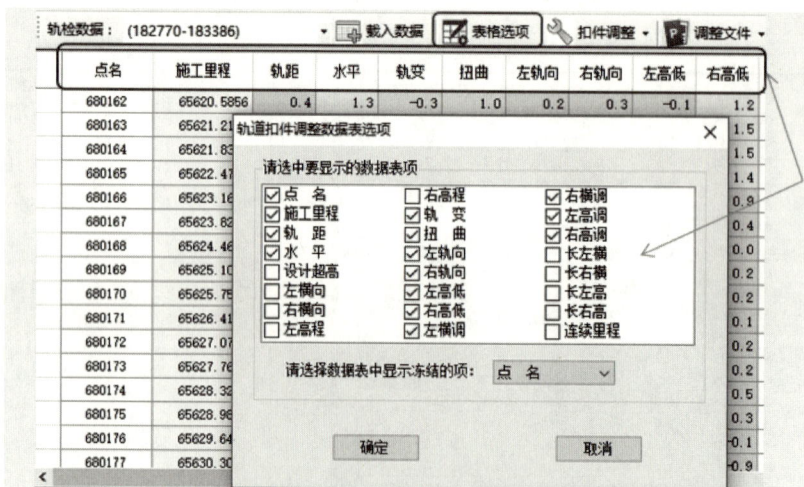

图 5-191　数据显示设置

勾选要显示的数据项目，表格显示项目与之对应。

（5）点击如图 5-192 所示按钮，设置曲线显示方式。

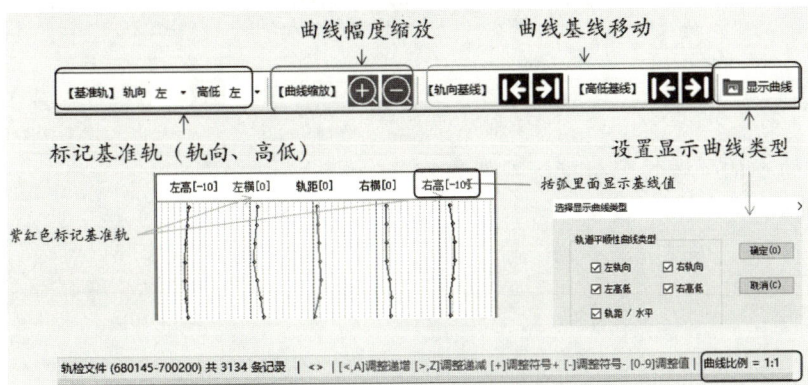

图 5-192　设置曲线显示方式

（6）平面、高程模拟扣件调整，采用在调整区用鼠标批量选取+键盘的方式输入模拟扣件调整量，如图 5-193 所示。

图 5-193　设置扣件调整量

（7）调整完毕，可以保存调整量，以便今后可以再次载入，输出调整量报表，如图 5-194 所示。

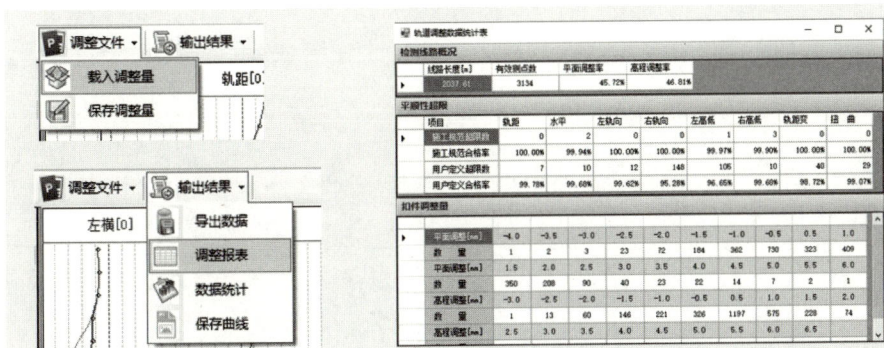

图 5-194　输出调整量报表

六、思考题

（1）采用联合导入轨检成果数据方式的原因是什么？

（2）轨道的平顺性分析指标主要有哪些？

模块六　探伤实训

任务一　钢轨探伤实训

一、实训目的

（1）掌握钢轨探伤作业流程。
（2）能够根据测量的结果进行数据梳理。

二、实训要求

1. 实训时间

2 课时

2. 实训形式

在线路上进行探伤作业时，一个探伤作业班组配备 2 台数字式探伤仪上道作业，每个班组应不少于 8 人（含焊缝探伤），其中 2 人执仪，2 人手工检查兼作执仪助手，3 人防护（前、中、后），1 人做负责人兼顾其他工作。单台探伤仪上道作业不少于 5 人（含焊缝探伤），瞭望条件较差地段必须增设防护联络员，人员不足时禁止上道作业。

3. 实训注意事项

（1）实训时安全第一，不允许在实训场地大声喧哗、争斗、打闹，保持安静，轻声讨论。
（2）实训场地内禁止饮食，禁止吐痰，禁止嚼口香糖。
（3）不准恶意破坏实训设备，若有损坏及时向实训指导教师报备。
（4）实训结束后，整理复原仪器设备、桌椅，清理四周环境，待检查符合要求后，方可离开。
（5）实训室的设备严禁带出。

4. 工器具材料准备

实训所需工器具材料见表 6-1。

表 6-1　探伤所需备品

名称	单位	数量	用途	附注
数字式通用探伤仪	台	1	校核伤损	选配
U 盘	个	2	数据存储	
无线对讲机	台	4	防护联络	
活口扳手	个	1	拆装夹板螺栓	长 375 mm
手工检查锤	个	2	手工检查敲击	
皮卷尺	个	1	测量伤损位置	30 m（原为钢卷尺，因容易导致线路红光带，故修改为皮卷尺）
钢直尺	把	1	缺陷定位	300 mm
白铅油	罐	1	标注伤损符号	容量视需要而定
小油刷	把	1	标注损伤符号	
防冻液			防冻用耦合剂	冬季用
探头	套	1	校定及备用	
照明器具		2	夜间及隧道内检查用	尽量配置冷光照明
防护信号设备	套	3	作业时防护	按《铁路工务安全规则》办理
电缆线	套	1	备用	
其他			视检查需要而备	如钢丝刷、棉纱、纱布、工作日志、检查记录、重伤钢轨通知单、耦合剂、保护膜、小镜等

三、实训作业步骤

1. 任务描述

（1）以组为单位进行钢轨探伤标准化作业练习。

（2）确认钢轨伤损，及时填写"伤轨记录表"。

2. 探伤作业程序（表 6-2）

表 6-2　探伤作业程序

程序	内容	执行者
作业前准备	（1）班前会前检查上道仪器状态、防护用品、各类备品数量，带上《工探-1》《工探-2》《工探-3》《工探-4》，安排当日作业计划	作业负责人
	（2）召开班前会，检查人员是否穿戴好劳动保护用品，下达当天任务、人员分工和作业要求，布置安全事项，并将有关安排和要求填入《工探-4》	作业负责人、安全值日员
	（3）各岗位人员检查岗位工具（仪器或防护用品）及备品，确认工具状态与性能	持仪探伤工、防护员
	（4）随机携带《工探-1》《工探-2》《工探-3》《工探-4》	记录者

续表

程序	内容	执行者
基本作业	（1）按规定设置防护，确认防护正确有效后发布上道作业命令	中间防护员、作业负责人
	（2）开启电源，确认仪器正常；正确输入探伤线别（车站）、行别（股道）|里程、股别、轨型等信息并校准日期时间；前日探伤数据清零；连接并确认 GPS 状态。在 A 超状态下，调用基准探伤参数，进行灵敏度修正	持仪探伤工、作业负责人
	（3）按规定速度及要领进行探伤；精神集中、目视仪器、耳听报警，推车平稳，随时注意掌握仪器；注意做好各种标记（如焊缝和道岔）；整公里标处必须进行里程校正；更换持仪时须输入相应工号；双仪作业时，两仪距离不大于 25 m	持仪探伤工
	（4）发现可疑波形和报警，必须认真分析，校对确认	作业负责人和持仪探伤工
	（5）确认钢轨伤损，及时填写"伤轨记录表"（《工探-2》或《工探-5》），并在轨腰相应处画出伤损符号，重伤钢轨要填写"重伤钢轨通知单"（《工探-1》）	记录者
	（6）无水时提前加好耦合水；来车及时下道避车，下道避车符合相关规定	持仪探伤工和助手
	（7）遇轨面有沙垢锈蚀时，应清理干净再探，确保探头与轨面接触良好	作业负责人、持仪探伤工
作业后整理	（1）作业完毕后，下载当日作业数据；关闭电源，放尽耦合水，擦净仪器置于干燥通风处，并及时充电	持仪探伤工和助手
	（2）开好完工会，作当日工作小结及次日工作预报。及时向车间、工务段调度汇报安全、任务及伤损情况并向相关部门递交当日探伤数据	作业负责人

四、实训考核标准

实训考核标准针对钢轨探伤实训按照作业流程进行评定，见表 6-3。

表 6-3　钢轨探伤实训工作评分表

序号	执行内容	评分标准	评分方式	配分	得分
1	作业前准备	仪器正常、防护和各类备品与探伤记录簿本齐全	人工评分	3 分	
		（1）劳动保护用品齐全。 （2）说明任务地段地形及钢轨状态，明确责任，告诫安全。 （3）安全值日重点提出安全事项		9 分	

续表

序号	执行内容	评分标准	评分方式	配分	得分
1	作业前准备	（1）仪器紧固件齐全有效，翻板起落架灵活，连接线接点良好，探头符合要求，电压正常，输水路无阻，仪器性能良好，灵敏度达到要求，备品齐全。 （2）防护用品齐全有效		6分	
		了解本次任务区段上次探伤情况、伤损状态，及时提醒持仪人员并做好记录准备		3分	
2	基本作业内容操作	（中间防护员发布上道命令，作业带班人确认命令），遵章守纪，按章办事	人工评分	3分	
		（1）通电后仪器显示正常。 （2）基本参数输入准确。 （3）探头位置准确，探头耦合良好。 （4）调用参数，修正后仪器灵敏度达标。 （5）B型图显示准确正常。 （6）GPS正常（没有安装的，可以不进行）。 （7）作业负责人必须复核确认		21分	
		（1）倾听报警，注意反射波形。 （2）探伤速度符合规定要求。 （3）各类标记正确和位置准确。 （4）里程校正及时准确。 （5）持仪人连续作业里程不得超过2km。 （6）持仪助手必须紧随仪器，细听报警，随时注意探头、线路状态并提醒持仪人，对关键部位进行手工检查，同时注意瞭望。 （7）遵守作业纪律，严禁闲谈		21分	
		用校对探头采用不同方法核对确认，并作与上次探伤结果进行比较		3分	
		在仪器内钢轨伤损处标记相应伤损符号，同时在钢轨伤损处用白铅油作标记；"重伤钢轨通知单"应及时送交线路工区签字确认		3分	
		确保耦合良好；确保安全避车，避车后再次上道作业应在下道位置后退2m以外进行探伤		3分	
		确因钢轨轨面不良，仪器无法探测时，应进行手工检查，并在《工探-4》和《工探-3》中记录		3分	

序号	执行内容	评分标准	评分方式	配分	得分
3	作业后整理	每台仪器分别用 2 个不同 U 盘下载 1 次，确保数据有效；维护好探伤仪，保证下次探伤使用；仪器数据保留至第二日作业前	人工评分	6 分	
		作业过程小结分析准确，数据传递及时有效		6 分	
4	组内打分	根据小组内成员本次实训的表现情况打分（参考标准：迟到早退、玩手机、嬉戏打闹、不认真记录数据、测量数据不认真等）		10 分	
总分（满分 100 分）					

五、专业知识

（一）70°探头的探伤

1. 一次波与二次波概述

70°探头采用超声横波在钢轨轨头内进行反射式探伤，用以发现轨头内核伤和钢轨焊接接头头部的夹杂、气孔和裂纹等。为扩大对轨头扫查的范围，70°探头的位置应与前进方向成 20°左右的偏角，使射入钢轨的横波经轨头上颚再反射至轨头内，利用一次波和二次波同时进行探测。

（1）一次波。

一次波是指从探头直接发射的超声波在钢轨中尚未被轨颚反射之前，即由缺陷反射回来的回波，如图 6-1 所示。一次波能探测的范围不到轨头总面积的 30%。

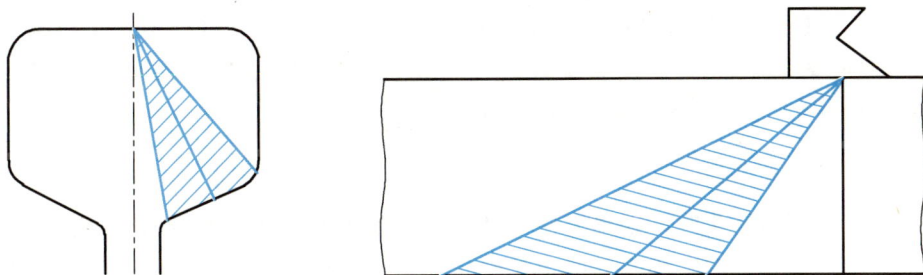

（a）一次波束在轨头断面范围示意　　　　（b）一次波束在轨头的侧视图

图 6-1　一次波束示意

（2）二次波。

二次波是指超声波经轨颚反射后继续前进，在尚未被轨顶反射之前，而由伤损或断面反射回来的波，如图 6-2 和图 6-3 所示。二次波能探测的范围约占轨头总面积的 60%。由图 6-2 可知，二次波束扫查的范围包括了一次波束的扫查范围。

图 6-2　二次波在轨头断面范围示意

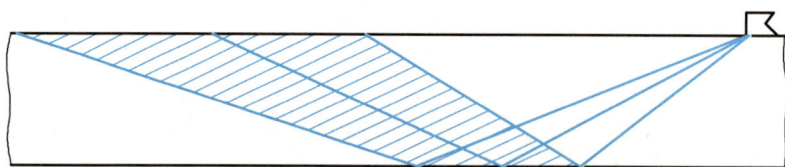

图 6-3　二次波束在轨头的侧视图

2. 波形显示

以 GT-2 型钢轨探伤仪为例，当 70°探头距轨端（60 kg/m 钢轨）185 mm 左右时，示波屏上将显示由轨端顶角反射的二次波，约显示在 7.9 刻度上。

已知 60 kg/m 钢轨探测范围为 250 mm，$\beta \approx 69°$，则

$$F=（L/\sin\beta）\div 2.5=（185/\sin\beta）\div 2.5=7.9（刻度）$$

$$h=（L/\sin\beta \times \cos\beta）\div 2 \approx 36 \text{ mmm}（相当于轨头的厚度）$$

随着探头再向轨端移动，示波屏的二次回波也逐渐前移。当探头距轨端 85～95 mm 时，在示波屏刻度 4.0 左右将显示一、二次交替波，这时超声波在轨端下颚扫查。探头继续前移，二次波逐渐消失，一次波波幅上升，并随着探头的向前移动，轨端断面的一、二次反射波逐渐向 0 刻度靠近。

3. 回波信号判断

70°探头探测轨头时，如果无伤损存在，一般均无回波信号显示（钢轨断面波除外）。当遇有伤损时，根据回波显示和示波屏上声程、水平、垂直刻度读数，可确定伤损所在的位置并初步判定其大小。在实际探伤中，由于轨头的复杂情况或仪器灵敏度调节问题，回波中也会产生假信号，干扰正常判伤。因此，对 70°探头的回波信号应该有一个正确鉴别和判断的过程。

（1）伤损波的显示。

70°探头检测轨头伤损的一般显示规律为：

① 伤损波显示在一、二次交替范围，表明轨头下颚有伤，但在焊缝部位，应注意区分焊筋轮廓波，如图 6-4 所示。

② 伤损波显示在二次波范围，表明轨头内（外）侧上角或近表面有伤，应注

意区分表层剥离掉块和鱼鳞伤损，如图 6-5 所示。

③ 既有一次波，又有二次波显示，表明轨头内有较大核伤，如图 6-6 所示。

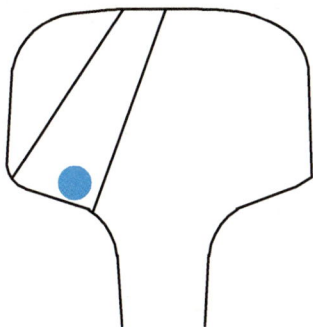

图 6-4　轨头下颚伤损

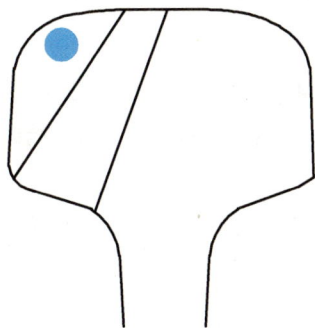

图 6-5　轨头内或外上角伤损

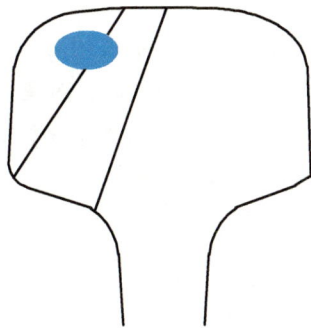

图 6-6　轨头内大核伤

（2）正确区分假象回波。

① 颚部锈蚀波：70°探头遇到轨头颚部锈蚀时，会出现间断而短促的报警声，在示波屏上一、二次波交替处，显示没有移动的跳跃波。此时可适当降低增益，使跳跃波得到抑制。

② 螺孔反射波：当探测遇到轨面宽度不一、曲线磨耗严重、马鞍形接头或探头的偏角和位置不当时，在示波屏二次波范围内将显示螺孔反射波。可以通过调节探头横向位置，使螺孔反射波消失。

③ 夹板卡损波：探头距离夹板端部 80～90 mm 时，仪器报警，在示波屏一、二次波交替处显示回波，波幅稳定，可能是夹板卡损波。夹板卡损引起的回波，可通过调节探头横向位置和扫查方向进行判断。

④ 剥落掉块波：轨头侧面飞边或曲线内侧剥落掉块，也会引起超声波的反射。对这种异常反应要仔细校对，防止凹凸不平水平裂纹下暗藏的核伤，剥落严重也会引起轨头核伤。

⑤ 焊筋轮廓波：焊缝接头的轨头下颚都有焊筋轮廓存在，尤其铝热焊接头，70°探头探测时有回波显示，一般显示在一、二次波交替范围。但应该仔细区分在同一位置上轨头核伤的异常伤波显示。

⑥ 侧面锯齿波：由于液压调缝器卡钳的作用，轨头侧面有条束状印痕，在示波屏刻度 4.0 左右显示连续、短促、重复的回波。

⑦ 表面擦伤波：钢轨表面擦伤也会引起回波显示。若擦伤较浅，则在靠近基线刻度附近显示不规则跳跃波和短回波；若擦伤有一定深度，则显示在二次波范围内。应该仔细探测校正，防止擦伤斜裂而引起钢轨折断。

4. 探伤注意事项

依据钢轨受力状态，应特别重视有缝接头、焊缝、曲线上股、大坡道、变坡点和道岔基本轨、鱼鳞伤损地段的检查。

（1）钢轨接头两端各 1 m 区是核伤的多发部位，当仪器进入这一区域时，37°探头扫射到螺孔或导线孔，螺孔反射回波引起的报警干扰了核伤回波报警，探伤人员除仔细观察螺孔裂纹回波显示外，应重视对 70°探头通道的核伤报警和回波显示的倾听、分辨，防止接头 1 m 区域核伤漏检。

（2）道岔基本轨应正反方向各检查一遍，防止因尖轨影响造成基本轨漏探，在辙叉心部位应注重一次波的观察分析。

（3）在鱼鳞伤损地段，对鱼鳞裂纹一次波应仔细分辨，准确判断裂纹深度。对达到重伤标准的应及时判重伤，同时应加强对二次波伤损的校对，防止鱼鳞裂纹剥离层下核伤漏检。

（4）在曲线部位，上股钢轨内侧磨耗时，探头与轨面耦合不良，需及时调整探头位置，加大水量，平稳扶机，慢速行走，特别注意扫查钢轨内侧的探头波形显示，必要时应进行反向探伤，防止内侧核伤漏检。

（5）在无缝线路焊缝部位，因焊接原因，铝热焊缝钢轨下颚伤损多出现在焊筋与母材结合部，与钢轨垂直面夹角为 15°～35°，可用沿钢轨纵向扫查（直打）的 70°或 37°探头检测。探伤人员可根据伤损波的水平和垂直读数，判定伤损大小和位置。

（二）37°探头的探伤

37°探头发射的超声波在轨头至轨底间作反射式探伤，主要探测钢轨螺孔裂纹，同时也能探测轨腰裂纹和特殊部位水平裂纹以及轨底横向裂纹。

1. 探测范围

为区分螺孔伤损的方位，将螺孔划成 4 个象限，如图 6-7 所示。按其探测方向，即前 37°探头能发现第 Ⅱ、Ⅳ 象限的斜裂及第 Ⅰ、Ⅳ 象限的水平裂纹，后 37°探头能发现第 Ⅰ、Ⅲ 象限斜裂纹及 Ⅱ、Ⅲ 象限的水平裂纹（上述探测范围不包括轨端反射的探测）。

2. 螺孔裂纹波形显示情况

以 60 kg/m 钢轨为例，不同象限有着不同的出波现象。对于前 37°探头有以下几种情况：

（1）当第 Ⅳ 象限有向下斜裂纹时，则在探头逐渐靠近螺孔时，裂纹回波约在刻度 5.5 以外出现，然后超声波脱离裂纹扫到螺孔上，在刻度 4.0 左右出现螺孔波。裂纹越偏下，裂纹回波位置距离基线前点越远，如图 6-8 所示。

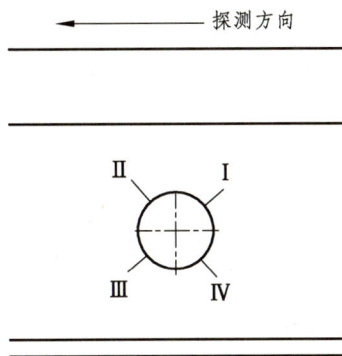

图 6-7　螺孔裂纹的 4 个象限

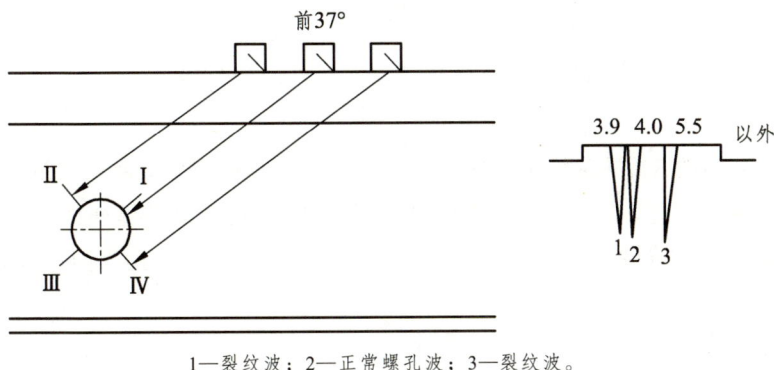

1—裂纹波；2—正常螺孔波；3—裂纹波。

图 6-8　前 37°探头对螺孔斜裂纹探测及波形显示

（2）当第Ⅱ象限有向上斜裂纹时，若探头逐渐靠近螺孔，则超声波束先扫到螺孔再扫到裂纹，裂纹回波约在刻度 3.9 处出现；裂纹长度为 5 mm 左右时，在反报警小方门内换波，且一般会出现螺孔回波与裂纹回波瞬间双波并存现象。裂纹回波移位越靠近显示屏前沿，裂纹越长，如图 6-8 所示。

（3）当第Ⅰ象限有斜上裂纹时，因为超声波束与裂纹面不垂直，仪器探测灵敏度低时一般无回波，灵敏度高时裂纹回波与螺孔回波混在一起，使螺孔回波出现比较复杂的大小变化。

（4）当第Ⅰ象限至第Ⅳ象限之间有水平裂纹时，则先出现水平裂纹回波，然后马上出现螺孔波，水平裂纹回波的位移较小，而且比较靠近螺孔波。

（5）当第Ⅲ象限有斜裂纹时，由于螺孔的阻断，将无回波显示（接头端面第一孔除外）。

（6）由于前 37°探头只能探测第Ⅱ、Ⅳ象限的斜裂纹，因此采用后 37°探头来检测第Ⅰ、Ⅲ象限的裂纹。后 37°探头的出波位置及显示均与前 37°探头一样，只是因探头超声波束是向后扫射，所以出波的方向和位置与前 37°探头相反。

3. 轨端第一孔第Ⅲ象限斜裂纹的探测方法

钢轨接头轨端因承受较大冲击力，第一孔第Ⅲ象限容易产生向下斜裂纹，该裂纹容易导致钢轨揭盖，威胁行车安全。

按正常探测时，因后 37°探头波束被钢轨接头断面所阻断，扫查不到轨端第一孔第Ⅲ象限向下斜裂纹。

但 37°探头波束向轨端扫查时，通过轨端面反射的倒打波，可以检测到第Ⅲ象限的向下斜裂纹，如图 6-9 所示。

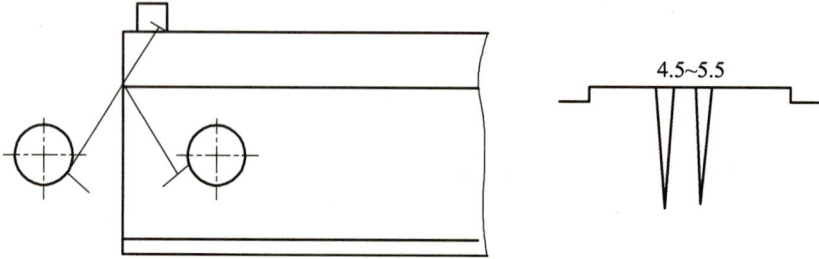

图 6-9　螺孔倒打裂纹波及波形显示

如果第一孔至端面间有向下的斜裂纹，则在出现倒打螺孔波之前，将有倒打裂纹波出现。

当扫向轨端的 37°探头波束过第一孔后，离轨端越远出波，裂纹回波在刻度 5.5 以外，而且声程越远，则表明向下裂纹越长。有时因轨端顶面掉块或不平的影响，正常倒打螺孔波无法显示，而只显示倒打裂纹波，因而对第一孔的倒打波必须仔细分辨。

4. 探伤注意事项

（1）使用 37°探头探测钢轨，一定要使探头置于轨头中心线上，保证超声波束通过轨腰的整个宽度。在检查钢轨接头时，应特别注意从轨头端面到第一孔位置的波形显示，因第一孔中心距轨端近，再加上轨端状态的影响，从轨头端面到第一孔的正常螺孔波往往难以显示，因此在该部位出波应仔细分辨，同时应特别注意轨端掉块、低塌、高低错牙、绝缘片对倒打伤波的影响，防止漏检。

（2）37°探头主要用来检查螺孔裂纹，但同时也附带检查轨头至轨底间的斜裂纹、轨底横向裂纹等。

（3）针对不同轨型，适当调整探测灵敏度，增益高则报警增多，增益过低则容易造成微小裂纹的漏检。

（三）0°探头的探伤

1. 探伤原理

0°探头（即直探头）采用穿透兼有反射的方法进行探伤，主要用来检查螺孔裂纹、轨头至轨底间（轨腰范围内）的水平裂纹、斜裂纹和纵向裂纹等。0°探头进行穿透探伤时，由发射晶片发射的纵波从轨头经轨腰到轨底，被轨底界面反射后，由另一个晶片接收，往返声程为两倍轨高。为使底波不报警，采用报警小方门锁住底波。如果钢轨内有纵向裂纹和斜裂纹，则超声波的发射和接收被阻断，显现失底波报警。

0°探头还可用作反射式探伤，当声波遇到缺陷时，示波屏上还将显示出伤损回波，如水平裂纹等。

2. 探测钢轨时波形情况

（1）对螺孔探测时波形显示。

当探头正常探测时，探头射向轨底的声波不受阻挡，示波屏上将有底波显示。

当 0°探头刚进入螺孔边缘时，射向轨底的声波一部分受阻断，但有部分声束已射向螺孔使声波反射回来，示波屏显示螺孔波和底波同时存在。

当 0°探头声束全部进入螺孔上方时，声波全部被螺孔阻断，示波屏显示只有螺孔回波而无底波存在。

（2）对螺孔水平裂纹的探测情况。

螺孔水平裂纹大部分都产生在螺孔中间部位，所以伤损波显示均在螺孔波以后。若螺孔上方有裂纹，则裂纹回波将出现在螺孔回波以前。

对于较长的水平裂纹，除在波形上可以判断外，也可从报警声长短来区分。如裂纹较长则底波消失，报警持续的时间要比正常螺孔报警时间长。对于螺孔的一些倾斜角度不大的斜裂纹，0°探头也可以发现，它的显示情况与水平裂纹相似，只是裂纹回波在刻度上显示为有位移的波形。

（3）对水平裂纹的探测情况。

0°探头在探测钢轨轨头至轨底投影区的范围时，若有水平裂纹，则射向轨底的超声波将被阻断，其小闸门内底波消失，仪器即报警，同时在显示屏刻度起点与底波之间将有缺陷回波显示。根据其回波的位置，可测出裂纹距轨顶面深度，结合探头的移动距离，即可测出裂纹的长度。

① 若轨头内有水平裂纹，则底波消失，靠近示波屏起点处，有较近的密集型等距离回波显示。

② 若轨头下颚部位有水平裂纹，则底波消失，裂纹回波一般显示在刻度的起点与底波间的 1/3 处。

③ 若轨腰有水平裂纹，则底波消失，伤波显示在刻度起点与底波中间位置。

④ 若轨底部（即沿轨腰中心投影区范围内）有水平裂纹，则底波消失，伤波在底波闸门处左侧。

⑤ 如果水平裂纹带有斜度，但斜度不大，则随着 0°探头的移动，示波屏上的波形也会有一定的位移。

（4）对钢轨纵向裂纹的探测。

纵向裂纹大多数产生在大、小轨腰处，也有少数产生在钢轨的端部，其长度从几厘米到十几米不等，轨头、轨腰、轨底部位均存在，甚至贯穿整根钢轨，一般肉眼观察不到，需要认真仔细地判断和鉴别。

① 当纵向裂纹的横向宽度较小时，一般情况下示波屏中的底波消失，仪器报警。当纵向裂纹的形状不规则，伤损的宽度和深度各不同时，有时也会显示位置不固定的回波，开大增益时，也会显示出断断续续的轨底回波。

② 当纵向裂纹的横向宽度较大时，将会对声波形成一个强烈的反射面，示波屏将显示位置比较固定的裂纹顶面回波。若裂纹在钢轨头部，即使增益提高，示波

屏一般也只显示伤损波而无底波出现，这时可结合目视观察轨面是否有黑线、轨面扩大或压陷等情况，据此可作出正确的判断。

③ 若轨腰有纵向裂纹（俗称鼓包），则探测时报警位移较短，示波屏有时有伤损波显示，此时可用手触摸轨腰并用小锤敲击来予以确认。

④ 若轨底有纵向裂纹，有的甚至严重开裂外露，这时示波屏无底波显示，或者在底波附近有伤损波显示，此时可用放大镜观察轨底进行确认。有些轨底纵向裂纹未露出轨底，此时可利用70°斜探头，放在轨底坡面上向轨底与轨腰圆弧连接处探测，可以发现有明显的伤波存在。

3. 探伤注意事项

（1）为减少经过接头时正常螺孔报警的干扰，目前的探伤仪器一般都设有螺孔反报警装置，即将螺孔回波与底波用两个小方门同时罩住，使两个小方门内有底波或螺孔波时均不报警。因此使用 0°探头检查螺孔时，使用螺孔反报警装置，可能漏掉与螺孔同一高度的水平小裂纹。

（2）0°探头灵敏度应适当，不宜过高，否则容易漏检轨底纵向裂纹。由于纵向裂纹的横向反射面小，因此要尽量关小仪器的增益旋钮，以此来提高检测纵向裂纹探测的灵敏度。仪器在碰到纵向裂纹时即可产生失波报警或出现"打点"现象来发现缺陷。

（3）钢轨轨头表面有擦伤或者剥落掉块时，因 0°探头声波波束被阻断而产生失波报警，因此无法探测到轨面以下的内部缺陷，应予以注意。

（4）0°探头探测斜裂纹时，底波将被裂纹阻挡而消失，但因斜裂纹无反射面而无伤损回波，需采用前后37°探头进行综合判断。

六、思考题

（1）为什么斜打70°探头在轨面上呈20°（或14°）偏角？简述一、二次波的概念及其探测范围。

（2）你认为加强二次波探伤有何作用？如何加强二次波？

（3）采用70°探头探伤时会产生哪些假信号？如何鉴别和处理？

任务二　焊缝探伤实训

一、实训目的

（1）掌握焊缝探伤的扫查方法。

（2）能够根据测量的结果进行数据梳理。

二、实训要求

1. 实训时间

2 课时

2. 实训形式

在线路上进行探伤作业时，一个探伤作业班组配备 2 台数字式探伤仪上道作业，每个班组应不少于 8 人（含焊缝探伤），其中 2 人执仪，2 人手工检查兼作执仪助手，3 人防护（前、中、后），1 人做负责人兼顾其他工作。单台探伤仪上道作业不少于 5 人（含焊缝探伤），瞭望条件较差地段必须增设防护联络员，人员不足时禁止上道作业。

3. 实训注意事项

（1）实训时安全第一，不允许在实训场地大声喧哗、争斗、打闹，保持安静，轻声讨论。

（2）实训场地内禁止饮食，禁止吐痰，禁止嚼口香糖。

（3）不准恶意破坏实训设备，若有损坏及时向实训指导教师报备。

（4）实训结束后，整理复原仪器设备、桌椅，清理四周环境，待检查符合要求后，方可离开。

（5）实训室的设备严禁带出。

4. 工器具材料准备

（1）仪器：探伤仪性能符合《A 型脉冲反射式超声波探伤仪通用技术条件》（JB/T 10061—1999），并带有直流电源，能进行移动作业。每个需进行焊缝探伤的工区配置不少于 2 台。

① 模拟仪器面板上各旋钮开关的工作状态："增益"置最大，"发射强度"置强，"抑制"置"动态范围 6dB"，"深度范围"置于 250 mm 挡。

② 数字仪器初始状态：工作方式，单（双）；发射能量，强；阻尼，400 Ω；检波方式，+－；频带，宽；抑制，10% ~ 20%。

（2）探头：探头测试标准和技术条件符合《超声探伤用探头性能测试方法》（JB/T 10062—1999）、《钢轨超声波探伤探头技术条件》（TB/T 2634—1995）。主要配置探头 5P13x13 K2.5-D 斜探头、2.5P13x13 K1 斜探头、2.5P20-D 直探头；双探头探伤使用有定位刻度的串列式探伤扫查架,配置 2.5P8x12K0.75 ~ K1 探头 2 个（用于 K 型扫查）。

（3）试块：CSK-1A 标准试块；60 kg/m 钢轨对比试块；GHT-1 和 GHT-5（或等同的 GHT-2、GHT-3、GHT-4）焊缝专用对比试块，如图 6-10 所示。

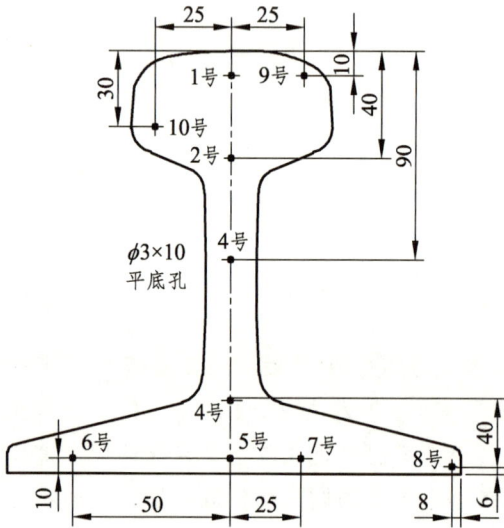

（a）GHT-1a 双探头试块

技术要求

1. 试块用60 kg/m钢轨制作。平底孔深 ≥40 mm；平底孔底部至试块另一端 长度≥450 mm。
2. 不同试块上同一位置平底孔的反射 波高相差不超过±2 dB。

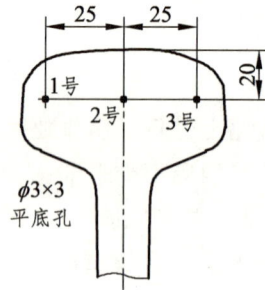

（b）GHT-1b 双探头试块

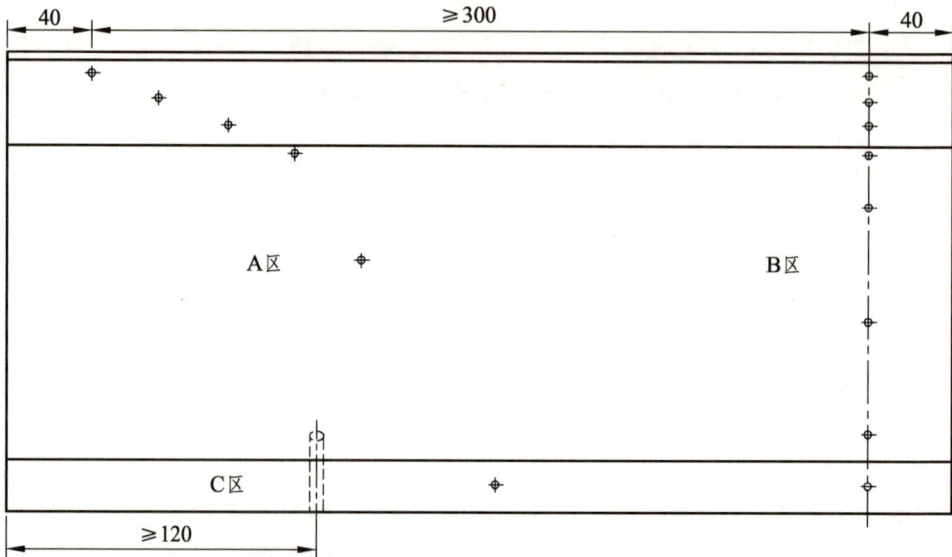

（c）GHT-5 试块分区示意

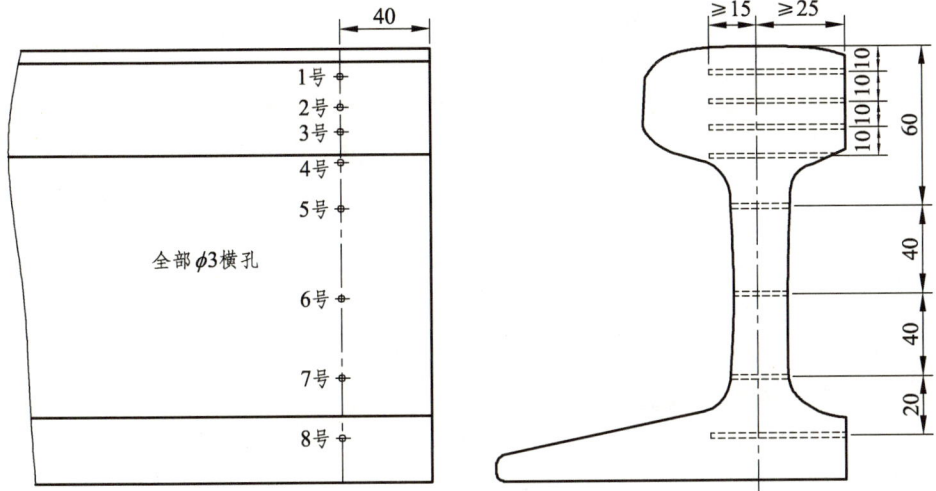

（d）GHT-5 试块轨头和轨腰探头区（B 区）

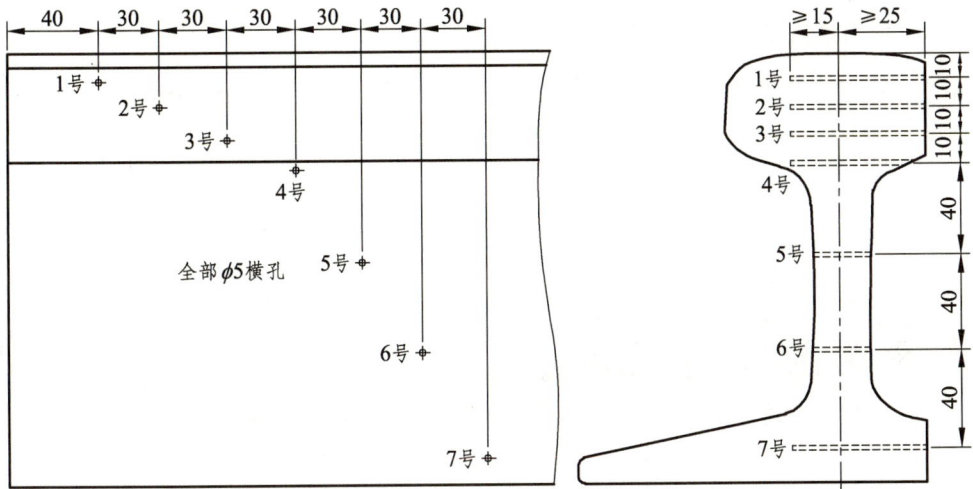

（e）GHT-5 试块 0°探头区（A 区）

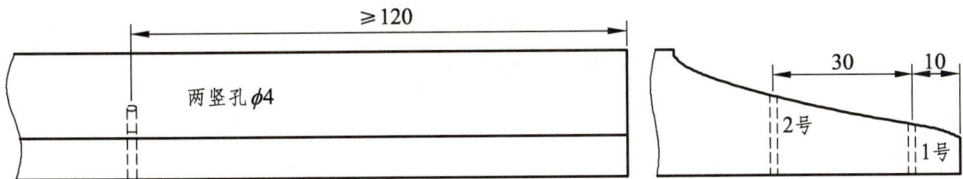

（f）GHT-5 试块轨底探头区（C 区）

图 6-10　焊缝探伤试块（单位：mm）

三、实训作业步骤

1. 任务描述

（1）以组为单位进行焊缝探伤标准化作业练习。

（2）进行非缺陷回波的识别并记录。

2. 探伤作业程序（表 6-4）

表 6-4 焊缝探伤作业程序

程序	内容
作业前准备	（1）检查
	（2）探伤测距校准： ① 单探头测距校准。 ② 双探头测距校准
	（3）探伤灵敏度校准： ① 单探头灵敏度校准。 ② 双探头灵敏度校准。 ③ 探伤仪器测距和灵敏度校准由当日探伤作业持仪人执行，经作业负责人复查确认达到要求后，将测距和灵敏度校准数据填写至焊缝检查记录表中
	（4）检查
	（5）工作布置： ① 工作安排。 ② 安全
基本作业	（1）探伤前准备： ① 探测面打磨、除锈。 ② 外观检查
	（2）轨头探伤： ① K2.5 或 K2 单探头扫查。 ② 判伤标准：轨头有大于等于 $\phi3$ 长横孔当量缺陷时判为重伤，小于的 $\phi3$ 则判为轻伤
	（3）轨腰投影区探伤： ① K0.8 或 K1 单探头扫查。 ② K0.8 或 K1 串列式双探头扫查。 ③ 判伤标准：单探头轨腰有大于等于 $\phi3$ 长横孔当量缺陷时判为重伤，小于 $\phi3$ 则判为轻伤；双探头有大于等于 $\phi3$ 平底孔当量缺陷时判为重伤，否则判为轻伤
	（4）轨底探伤： ① K2.5 或 K2 的平探头扫查轨脚，用圆弧形探头扫查轨底三角区。 ② K0.8 或 K1 双探头 K 型探伤扫查。 ③ 判伤标准：单探头轨底有大于等于 $\phi4$ 竖孔当量，轨底角（距轨底角 20 mm 范围）有大于 $\phi4$ mm-6 dB 竖孔当量时判为重伤；否则判为轻伤。双探头轨底角（距轨底角 20 mm 范围）有大于等于 $\phi3$ mm-6 dB 平底孔当量缺陷，其他部位有大于等于 $\phi3$ 平底孔当量缺陷时判为重伤；否则判为轻伤
	（5）直探头扫查

续表

程序	内容
基本作业	（6）探伤记录： 详细记录每个焊接缝探伤的有关情况，包括探伤条件、仪器设备、测试数据、探伤结果、处理意见等并填写探伤报告。探伤检查时发现伤损，必须在钢轨上做好标记，填写好焊缝探伤记录表，重伤焊缝填写好重伤通知单，向线路工区和段调度汇报
作业后整理	（1）检查：检查仪器，做好仪器的日常保养工作
	（2）整理：焊缝探伤资料的整理统计分析，找出问题、总结经验
	（3）总结汇报：开好完工会，作当日工作小结及次日工作预报；及时向车间、工务段调度汇报安全及伤损情况。

四、实训考核标准

实训考核标准针对焊缝探伤实训按照作业流程进行评定，见表6-5。

表6-5　焊缝探伤实训工作评分表

序号	执行内容	评分标准	评分方式	配分	得分
1	作业前准备	（1）检查：仪器正常、防护和各类备品与探伤记录簿本是否齐全	人工评分	2分	
		（2）探伤测距校准： ①能够对单探头测距进行校准检查（2分）。 ②能够对双探头测距进行校准检查（2分）		4分	
		（3）探伤灵敏度校准： ①能够针对钢轨不同部位（轨头、轨腰、轨底）单探头探伤灵敏度进行校准（4分）。 ②能够针对钢轨不同部位（轨头、轨腰、轨底）双探头探伤灵敏度进行校准（4分）。 ③将测距和灵敏度校准数据填写至焊缝检查记录表中（1分）		9分	
		（4）检查：检查工具备品、台账簿本、防护用品是否齐全有效（1分）		1分	
		（5）工作布置： ①根据当日检查线路状况、防护条件，合理安排人员，下达作业任务，布置重点关键地段监控措施。按规定要求设置防护，提出安全预想及薄弱地段预报（2分）。 ②安全值日员检查必备的防护用品，补充安全注意事项，瞭望条件不良的地段应增设专人防护，防护信号确认后，方能上道作业（1分）		3分	

续表

序号	执行内容	评分标准	评分方式	配分	得分
2	基本作业内容操作	（1）探伤前准备： ① 探测面打磨、除锈。焊缝两侧 200 mm 范围必须清除干净（1分）。 ② 外观检查。探伤前须用目视、镜子对焊缝及热影响区范围进行外观检查，看焊筋是否推凸平顺，表面是否存在裂纹，焊筋和母材部位是否有击伤、夹痕等其他缺陷，有条件的还要对焊缝的平直度进行测量（1分）	人工评分	2分	
		（2）轨头探伤： ① K2.5 或 K2 单探头扫查（9分）。 在探伤灵敏度上提高 4~6 dB 作为扫查灵敏度，分别从焊缝两侧进行扫查。除平行于钢轨纵向扫查外，还要偏斜某个角度进行扫查，同时适当左右提动探头，以利于发现伤损。 具体做法为：用大拇指和食指握紧探头，用中指在钢轨侧面卡位；用一次波和二次波在焊缝轨面两侧作锯齿形扫查整个轨头部位；一次波探头移动区域为距焊缝中心 0~150 mm，作无偏角扫查； 二次波探头移动区域为距焊缝中心 100~250 mm，探头在轨面中心线上，以 15°偏角扫查。根据波形显示规律、波动距离，结合定位测量，正确区分焊筋波和伤波。 ② 判伤标准（6分）。 轨头有大于等于ϕ3 长横孔当量缺陷时判为重伤，小于ϕ3 则判为轻伤		15分	
		（3）轨腰投影区探伤： ① K0.8 或 K1 单探头扫查（6分）。 在轨面中心线上作无偏角纵向扫查，扫查灵敏度在探伤灵敏度上提高 4~6 dB，注意区分轨底焊筋波。 ② K0.8 或 K1 串列式双探头扫查（6分）。 必须用双探头架作辅助探伤工具，扫查灵敏度在探伤灵敏度上提高 4~6 dB。两探头必须在同一直线上，探伤时要留意两个探头入射点的问题，间距小则探得深，间距最大时则探轨面。当两探头距离最大或最小时，有类似伤波的固定波出现，其他部位出波为伤波。		18分	

续表

序号	执行内容	评分标准	评分方式	配分	得分
2	基本作业内容操作	③ 判伤标准（6分）。 单探头轨腰有大于等于$\phi 3$长横孔当量缺陷时判为重伤，小于$\phi 3$则判为轻伤；双探头有大于等于$\phi 3$平底孔当量缺陷时判为重伤，否则判为轻伤	人工评分		
		（4）轨底探伤： ① K2.5 或 K2 的平探头扫查轨脚，用圆弧形探头扫查轨底三角区（6分）。 用圆弧形探头扫查轨底三角区，扫查灵敏度在探伤灵敏度上提高 4～6 dB，探头在焊缝轨底两侧四面作锯齿形扫查，用一次波和二次波进行探伤，同时要注意轨底坡度的变化。圆弧形探头要紧贴轨底圆弧面，用一次波进行轨底扫查时奇次波打下端，偶次波打上端。有较强反射波回波且游动明显时，则定出水平位置，再用钢尺量出其位置，看是否处在焊缝内。注意辨别轨底焊筋波和伤波，进行综合分析确定。 ② K0.8 或 K1 双探头 K 型探伤扫查（6分）。 探伤时扫查灵敏度在探伤灵敏度上提高 4～6 dB。两探头分别置于轨底两侧面，以距焊缝中心线 75 mm 为中心，探头作相反等速移动，探头各移动 75 mm。双探头必须在焊缝两侧作两次扫查，探伤时有波即为伤波。缺陷的位置 h 可根据探头入射点到焊缝中心的水平距离 L 确定，$h=L/\tan\beta$；缺陷高度（大小）h 根据探头移动距离 l 确定，$h=l/\tan\beta$。 ③ 判伤标准（6分）。 单探头轨底有大于等于$\phi 4$竖孔当量，轨底角（距轨底角 20 mm 范围）有大于$\phi 4$ mm-6 dB 竖孔当量时判为重伤；否则判为轻伤。双探头轨底角（距轨底角 20 mm 范围）有大于等于$\phi 3$ mm-6 dB 平底孔当量缺陷，其他部位有大于等于$\phi 3$平底孔当量缺陷时判为重伤；否则判为轻伤		18 分	
		（5）直探头扫查（6分）。 探头置轨面中心，沿中心线作纵向扫查，扫查范围为焊缝及两侧 200 mm。当铝热焊接头，焊缝部分底面回波幅度比正常母材底面回波幅度低$\Delta \leqslant 23$ dB 为正常，23 dB$<\Delta<28$ dB 为轻伤，$\Delta \geqslant 28$ dB 为重伤。其他焊接接头，焊缝部分底面回波幅度比正常母材底面回波幅度低$\Delta \leqslant 10$ dB 为正常，10 dB$<\Delta<14$ dB 为轻伤，$\Delta \geqslant 14$ dB 为重伤。		6 分	

序号	执行内容	评分标准	评分方式	配分	得分
2	基本作业内容操作	（6）探伤记录（6分）。 详细记录每个焊接缝探伤的有关情况，包括探伤条件、仪器设备、测试数据、探伤结果、处理意见等并填写探伤报告。探伤检查时发现伤损，必须在钢轨上做好标记，填写好焊缝探伤记录表，重伤焊缝填写好重伤通知单，向线路工区和段调度汇报	人工评分	6分	
3	作业后整理	（1）检查：检查仪器，做好仪器的日常保养工作		2分	
		（2）整理：焊缝探伤资料的整理统计分析，找出问题、总结经验		2分	
		（3）总结汇报：开好完工会，作当日工作小结及次日工作预报；及时向车间、工务段调度汇报安全及伤损情况		2分	
4	组内打分	根据小组内成员本次实训的表现情况打分 （参考标准：迟到早退、玩手机、嬉戏打闹、不认真记录数据、测量数据不认真等）		10分	
总分（满分100分）					

五、专业知识

（一）技术要点

（1）焊缝全断面探伤作业按《探伤管理规则》和《工务作业　第21部分：钢轨焊缝超声波探伤作业》（TB/T 2658.21—2007）标准执行。

① 全断面探测范围：焊缝横断面各个部位。焊缝扫查应遍及焊缝全宽度（钢轨纵向），包括焊缝和热影响区在内的整个钢轨焊接接头（自焊缝中心向两侧各延伸200 mm）。

② 探伤时间及探测面：新焊焊缝探伤在推瘤和打磨以后进行，焊缝处温度应冷却至40 ℃以下或自然轨温，探测面不应有焊渣、焊瘤或严重锈蚀等。放行列车时，焊缝温度应低于300 ℃。

③ 扫查方式和要求：应采用单探头和双探头两种方法从焊缝两侧分别进行扫查，并应采用仪器检查和人工检查相结合的方法；推广应用专用焊缝探伤仪或带有扫查装置的通用探伤仪进行探伤，所用探伤设备应同时具有对焊缝进行双探头扫查和单探头扫查功能。

④ 每个焊接接头探伤前均应进行外观检查（肉眼观察钢轨外观是否存在裂纹、气孔等，轨底和轨颚部位须进行镜照检查），并以锉刀或砂纸去除毛刺、尖角，达到探伤要求。

（2）厂焊或基地焊的新焊钢轨焊缝，应严格执行"先探伤、后上道"的规定。在线路上现场焊接的接头，焊接后 24 h 内应安排进行探伤，暂时无法安排的应先加固。对探伤不合格及不符合《钢轨焊接》（TB/T 1632）系列标准质量要求的焊缝接头必须重焊。在办理线路验交时，必须有完整的焊接探伤记录。

（3）在焊缝两侧各 400 mm 范围内，不得进行钻孔或安装其他装置，因重伤进行钻孔加固处理的接头应根据轻重缓急尽快安排下道。

（二）质量标准

1. 新焊焊缝

采用 0° 探头探查铝热焊焊缝伤损时，底波比正常焊缝底波低 16 dB 及以上，或焊缝存在以下缺陷时，焊缝判废，应重新焊接：

（1）双探头探伤。

轨底角部位（20 mm）：$\geq \phi$ 3 mm ~ 6 dB 平底孔当量（即 $\geq \phi 2.1$ mm 平底孔当量）。

其他部位：$\geq \phi 3$ mm 平底孔当量。

（2）横波单探头探伤。

轨头和轨腰：$\geq \phi 3$ mm 长横孔当量。

轨底：$\geq \phi 4$ mm 竖孔当量。

轨底角（20 mm）：$\geq \phi 4$ mm ~ 6 dB 竖孔当量（即 $\geq \phi 2.8$ mm 平底孔当量）。

（3）铝热焊 0° 探头探伤：$\geq \phi 5$ mm 长横孔当量。

（4）焊缝中存在平面状缺陷。

（5）缺陷当量比（1）（2）（3）规定的缺陷当量小，但差值在 3 dB 内，且延伸长度大于 6 mm。

2. 线上焊缝

（1）焊缝疲劳缺陷的当量达到或超过探伤灵敏度规定的当量时判为重伤，未达到时判为轻伤。

（2）焊缝焊接缺陷达到以上新焊焊缝报废程度时判为重伤，未达到时判为轻伤。

3. 外观质量

焊缝外观质量，最终产品平顺度符合表 6-6 要求，轨底残瘤不超过 0.5 mm，钢轨母材不存在裸眼可见超标伤损，如硬弯、扭曲、压痕、划伤等。

表 6-6　焊缝轨面平顺度标准

线路设计速度 / （km/h）	轨顶面（焊缝前后 0.5 m）	行车工作面（焊缝前后 0.5 m）	焊缝中心各 100 mm 表面不平度	母材打磨最大深度
$v \leq 120$	0 ~ 0.3 mm	−0.4 ~ +0.4 mm	0.2 mm	0.5 mm
$120 < v \leq 200$	0 ~ 0.3 mm	−0.3 ~ +0.3 mm	0.2 mm	0.5 mm

（三）探伤方法

1. 全断面探伤

全断面探伤将焊接接头横断面划分为 4 个区域，如图 6-11 所示。1 区为轨腰及轨头、轨底延伸部；2 区为轨底；3 区为轨底角；4 区为轨头。

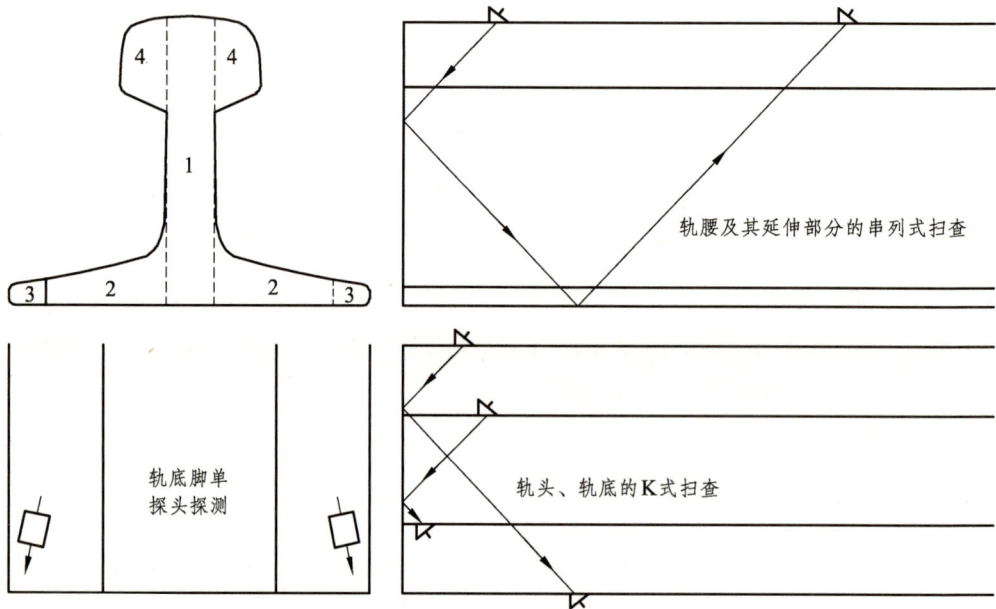

图 6-11　焊接接头横断面分区

2. 探伤扫查方法

（1）单探头法。

① 轨头部位：用 $K \geqslant 2$ 斜探头在轨头踏面进行扫查（4、1 区）。

② 轨腰部位：用 K0.8 或 K1 斜探头在轨头踏面对轨头、轨腰直至轨底进行扫查（1 区）。

③ 轨脚部位：用 $K \geqslant 2$ 斜探头在轨脚坡面对轨底部位进行扫查（2、3 区）。

④ 穿透扫查：用 0° 探头在轨面作扫查（1 区）。

（2）双探头法。

① 用 K0.8 或 K1 斜探头在轨头踏面对轨腰部位进行串列式扫查（1 区）。

② 用 K0.8 或 K1 斜探头在轨底两侧面对轨底部位进行 K 式扫查。

3. 探伤测距调节

（1）单探头法。

① 轨头部位：用 $K \geqslant 2$ 斜探头在轨头踏面扫查，测距调节深度为 60 mm。

② 轨腰部位：用 K0.8 或 K1 斜探头在轨头踏面扫查，测距调节深度为 200 mm。

③ 穿透扫查：用 0° 探头在轨面扫查，测距调节深度为 200 mm。

（2）双探头法。

用 K0.8 或 K1 斜探头在轨头踏面对轨腰部位进行串列式扫查，用 K0.8 或 K1

斜探头在轨底两侧面对轨底部位进行 K 式扫查，将参照波调节到仪器屏幕便于观察位置，即 6~8 格。

4. 探伤灵敏度调节

（1）轨头部位 K≥2 斜探头：GHT-5 试块 B 区距轨面 60 mm、φ3 mm 横孔（5 号）反射波高 80%，并根据探测面进行适当表面耦合补偿（2~6dB）作为基准探伤灵敏度，如图 6-12 所示。

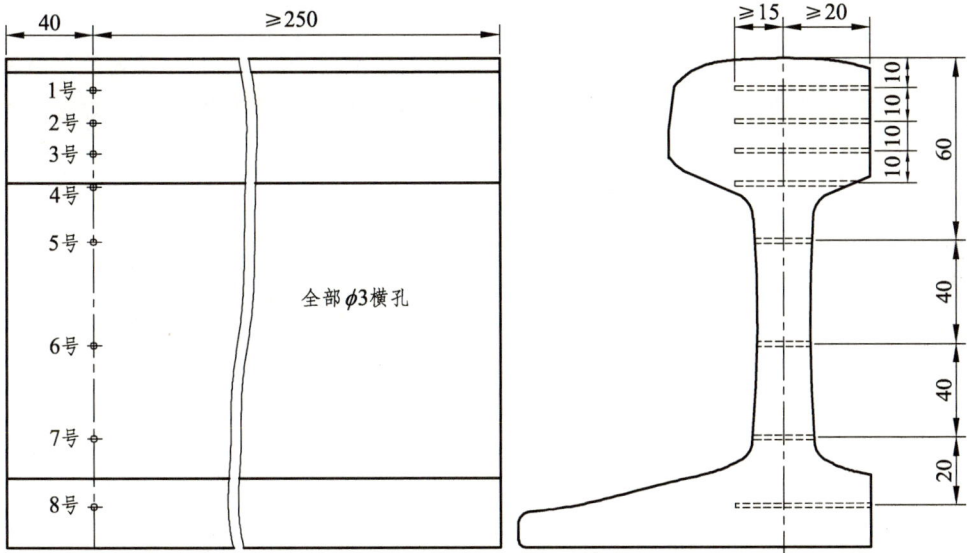

图 6-12　轨头部位 *K*≥2 斜探头基准灵敏度调节（单位：mm）

（2）轨腰部位 K≥1 斜探头：GHT-5 试块 B 区距轨面 160 mm、φ3 mm 横孔（8 号）反射波高 80%，并根据探测面进行适当表面耦合补偿（2~6dB）作为基准探伤灵敏度，如图 6-13 所示。

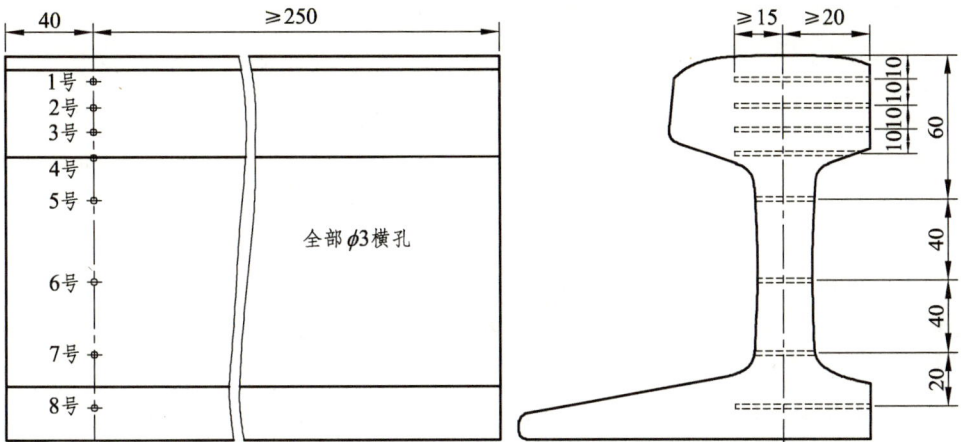

图 6-13　轨腰部位 *K*≥1 斜探头基准灵敏度调节（单位：mm）

（3）轨脚部位 K≥2 斜探头：GHT-5 试块 C 区轨脚 φ4 mm 竖孔（2 号）上棱角二次反射波高 80%，并根据探测面进行适当表面耦合补偿（2~6 dB）作为基准探伤灵敏度，如图 6-14 所示。

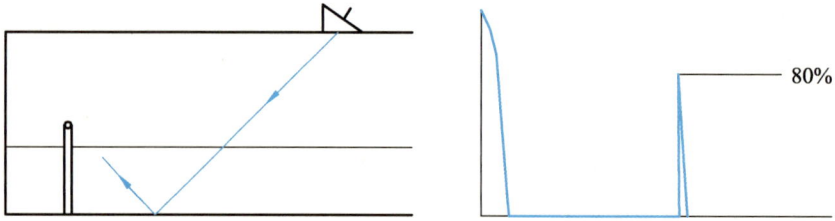

图 6-14　轨脚部位 $K \geq 2$ 斜探头基准灵敏度调节

（4）0°探头穿透检查：GHT-5 试块 A 区距轨面 160 mm、$\phi 5$ mm 横孔反射波高 80%，并根据探测面进行适当表面耦合补偿（2～6 dB）作为基准探伤灵敏度，如图 6-15 所示。

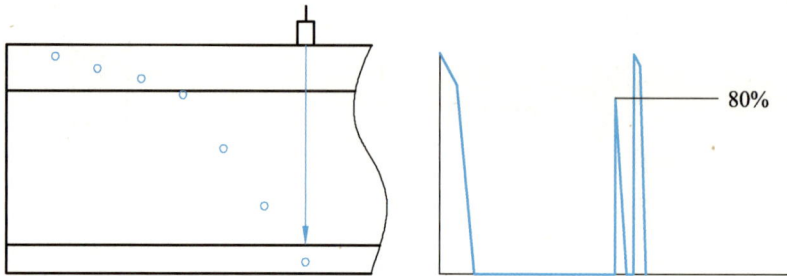

图 6-15　0°探头基准灵敏度调节

（5）双探头轨头 K 式扫查：GHT-1b 试块距轨面 20 mm、$\phi 3$ mm 横孔反射波高 80%，并根据探测面进行适当表面耦合补偿（2～6 dB）作为基准探伤灵敏度，如图 6-16 所示。

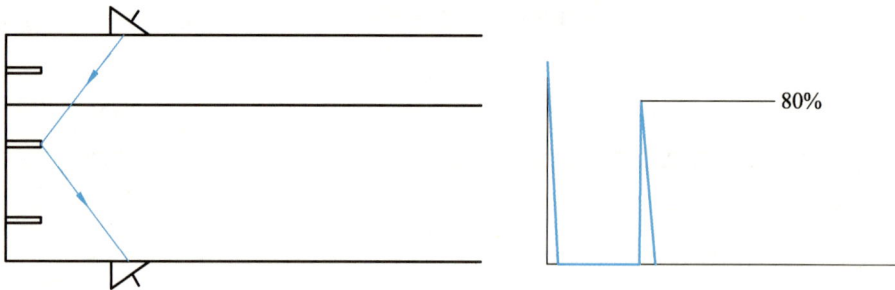

图 6-16　0°探头基准灵敏度调节

（6）双探头轨腰 K 式扫查：GHT-1a 试块距轨面 90 mm、$\phi 3$ mm 横孔（3 号）反射波高 80%，并根据探测面进行适当表面耦合补偿（2～6 dB）作为基准探伤灵敏度，如图 6-17 所示。

（7）双探头轨腰串列式扫查：GHT-1a 试块距轨面 136 mm、$\phi 3$ mm 横孔（4 号）反射波高 80%，并根据探测面进行适当表面耦合补偿（2～6 dB）作为基准探伤灵敏度，如图 6-18 所示。

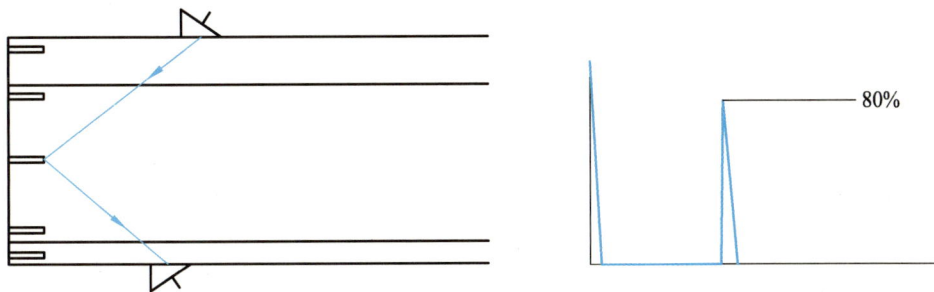

图 6-17　双探头轨腰 K 式扫查基准灵敏度调节

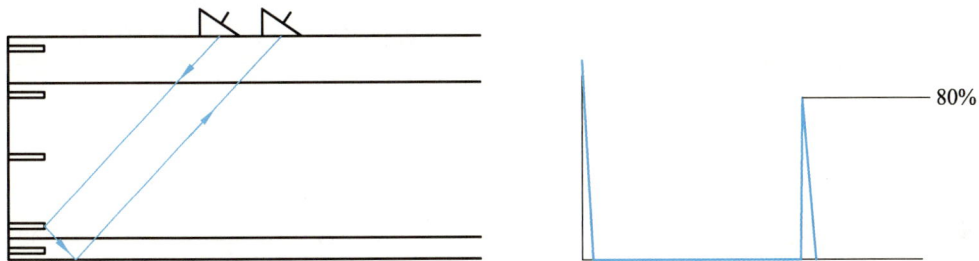

图 6-18　双探头轨腰串列式扫查基准灵敏度调节

（8）双探头轨底 K 式扫查：GHT-1a 试块距轨面 166 mm、$\phi 3$ mm 横孔（5 号）反射波高 80%，并根据探测面进行适当表面耦合补偿（2～6 dB）作为基准探伤灵敏度，如图 6-19 所示。

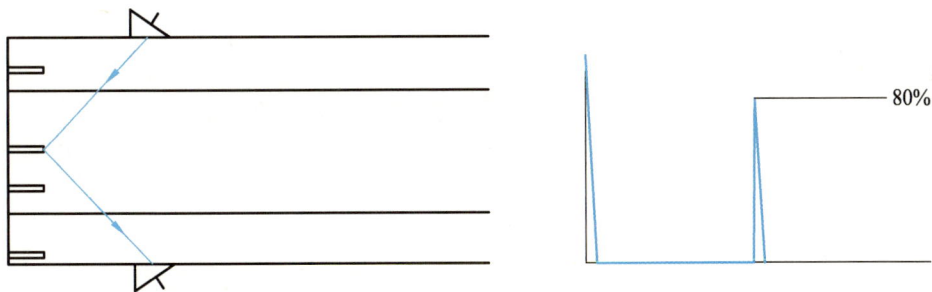

图 6-19　双探头轨底 K 式扫查基准灵敏度调节

5. 缺陷的定位及判伤标准

（1）定位：根据仪器显示的伤损水平距离和深度，用钢尺在钢轨上直接量出缺陷的位置。

（2）串列式探伤缺陷定位。

① 水平定位：标尺零位即缺陷的水平位置。

② 深度定位：标尺指针所指数值即缺陷的深度。

6. 缺陷大小评定方法

（1）当量计算法。

（2）3 dB 延伸度法。

（3）距离波幅曲线法。

（四）非缺陷回波的识别

1. 焊筋轮廓波

探头在探测轨头时，焊筋下颚前轮廓有较强的回波，探头后移时有时会显示后轮廓波。铝热焊焊接接头探测轨脚时，一般探头抵着焊筋边缘会出现轨脚焊筋上轮廓波，探头向后移动 10 mm 左右，该回波最强。

2. 识别方法

为防止误判,应加强波形分析和了解波形显示规律及特征。同时必须用钢尺量、手指摸、镜子照的办法，确定回波信号真伪，以防轨头下颚和轨底热影响区缺陷的漏检。

六、思考题

（1）焊缝全断面探伤的探测范围是什么？

（2）焊缝轨面平顺度的标准是什么？

（3）焊缝探伤的扫查方法是什么？ 各探头灵敏度应如何调试？

任务三　手工检查实训

一、实训目的

（1）掌握手工检查钢轨的基本方法。
（2）能够使用基本的检查工具对钢轨进行检查并判断钢轨伤损情况。

二、实训要求

1. 实训时间

2课时

2. 实训形式

以组为单位进行钢轨手工检查的作业练习。

3. 实训注意事项

（1）实训时安全第一，不允许在实训场地大声喧哗、争斗、打闹，保持安静，轻声讨论。

（2）实训场地内禁止饮食，禁止吐痰，禁止嚼口香糖。

（3）不准恶意破坏实训设备，若有损坏及时向实训指导教师报备。

（4）实训结束后，整理复原仪器设备、桌椅，清理四周环境，待检查符合要求后，方可离开。

（5）实训室的设备严禁带出。

4. 工器具材料准备

实训所需仪器包括检查锤、小镜子、探伤钩、扳手、白铅油等。

三、实训作业步骤

（一）任务描述

以组为单位进行钢轨手工检查作业练习。

（二）钢轨手工检查作业程序

手工检查钢轨，一般按"一看、二敲、三照、四卸"的程序进行。

1. 看（目视检查）

全面观察钢轨表面状态，注意发现伤损钢轨所具有的特征，根据这些特征，综合判断钢轨有无伤损。

（1）观察钢轨顶面光带，背向阳光，跨着钢轨或站在钢轨两侧向前看 10～30 m 范围内钢轨轨面（根据个人视力可远可近），看白面（白光）与黑面相交的地方是否成直线，白面中是否有黑线或扩大，轨头是否肥大，轨面有无塌陷，等等。

（2）观察轨头颚部是否有下垂、铁渣剥落和透锈，轨底是否向上翘起。如有轨头扩大或下垂表明有纵向裂纹存在，有铁渣剥落、锈痕或轨底上翘，应仔细看有无裂纹。

（3）利用自然条件检查钢轨伤损。在霜雪天气条件下，裂纹处沾着的霜雪往往较其他部分少，而且融化较慢，并有残留霜雪痕迹。雨后裂纹处留有明显的水痕和流锈现象，干后尚有红锈痕迹存在。

2．敲（小锤检查）

用小锤敲击查看发现的可疑处所或不良接头、道岔部位。小锤的质量应根据轨型而定。43 kg/m 以下钢轨用 0.5 kg 小锤，50 kg/m 钢轨用 0.7 kg 小锤，60 kg/m 及以上钢轨用 1.0 kg 小锤。

（1）敲击时蹲在钢轨外侧（在桥上蹲在内侧），手握锤柄，轻松自如，使锤头高出轨面 30～50 mm，让小锤自由落下，平敲轨面，做到眼看跳动、耳听声音、手感振动。如钢轨良好，小锤将连续跳动 3～5 次，声音清脆；如钢轨有伤，小锤落下后，跳动次数明显减少，跳动的高度也很小，甚至不起跳，发出的声音破浊不清，锤把振动无力。

（2）如小锤敲后不能准确判断伤损时，可将小石子或硬币放在轨面上，再用小锤敲击，看小石子或硬币是否随着小锤的敲击而跳动，如果跳动，证明钢轨有伤；或用二指分别触摸接头端部两轨底，感受小锤敲击的振动，一般好钢轨感觉良好，差钢轨感觉相反。

（3）用小锤敲击接头时应注意以下事项：

① 应将夹板范围内全部敲到，最好从轨缝一侧轨端向夹板端部敲，然后折回至另一端，按序敲回至轨缝，如图 6-20 所示。

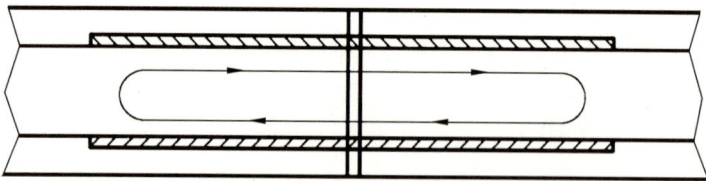

图 6-20　钢轨接头小锤敲击落点轨迹

② 遇夹板、铁垫板与钢轨不密贴，螺栓松动，轨头肥边（即飞边），枕木吊板，以及雨后敲击时，小锤跳动与发声都有变化，应注意鉴别。

③ 小锤敲击有疑问时，可用铁丝（或钢片）伸入钢轨接缝内，沿钢轨断面或钢轨腰部缓慢滑动，查看是否有挂钩的感觉。

3．照（镜子和电筒检查）

（1）照轨头侧面、下颚及轨腰，从镜子中观看裂纹、锈线或其他伤损特征。

（2）将小镜子伸入轨底，从轨缝处向上反光或从上面反射光线射入轨缝内（阴天、隧道内可用手电），查看轨端裂纹。

（3）卸下一个螺栓，用双面小镜或袖珍手电筒插入螺栓孔内，查看螺栓孔裂纹。

4. 卸（拆卸螺栓或夹板）

用看、敲、照等方法检查后，发现有疑问而不能确定时，应卸下螺栓或夹板进行检查。卸夹板时，应按照更换夹板作业要求设好防护。钢轨探伤中需要拆检接头时，应通知养路工区进行。

四、实训考核标准

实训考核标准针对手工检查实训按照作业方法进行评定，见表 6-7。

表 6-7　手工检查实训工作评分表

序号	执行内容	评分标准	评分方式	配分	得分
1	钢轨手工检查作业程序	检查：仪器正常、防护和各类备品与探伤记录簿本是否齐全		2 分	
		手工检查钢轨，一般按"一看、二敲、三照、四卸"的程序进行	每步骤5 分	20 分	
1	钢轨手工检查作业程序	1. 看（目视检查） 全面观察钢轨（　　　　）状态，注意发现伤损钢轨所具有的特征，根据这些特征，综合判断钢轨（　　　　）。 （1）观察钢轨顶面（　　　　），（　　　　）阳光，跨着钢轨或站在钢轨两侧向前看 10～30 mm 范围内钢轨轨面（根据个人视力可远可近），看白面（白光）与黑面相交的地方是否成（　　　　），白面中是否有（　　　　）或扩大，轨头是否（　　　　），轨面有无塌陷，等等。 （2）观察轨头颚部是否有（　　　　）、铁渣剥落和透锈，轨底是否向上翘起。如有轨头扩大或下垂表明有纵向裂纹存在，有铁渣剥落、锈痕或轨底上翘，应仔细看有无裂纹。 （3）利用自然条件检查钢轨伤损。在霜雪天气条件下，裂纹处沾着的霜雪往往较其他部分少，而且融化较慢，并有残留霜雪痕迹。雨后裂纹处留有明显的水痕和流锈现象，干后尚有红锈痕迹存在	每空3 分	24 分	
		2. 敲（小锤检查） 用小锤敲击查看发现的可疑处所或不良接头、道岔部位。小锤的（　　　　）应根据轨型而定。43 kg/m 以下钢轨用 0.5 kg 小锤，50 kg/m 钢轨用 0.7 kg 小锤，60 kg/m 及以上钢轨用（　　　　）小锤。	每空3 分	18 分	

续表

序号	执行内容	评分标准	评分方式	配分	得分
1	钢轨手工检查作业程序	（1）敲击时蹲在钢轨（　　）（在桥上蹲在内侧），手握锤柄，轻松自如，使锤头高出轨面 30～50 mm，让小锤自由落下，平敲轨面，做到眼看跳动、耳听声音、手感振动。如钢轨良好，小锤将连续跳动 3～5 次，声音（　　）；如钢轨有伤，小锤落下后，跳动次数明显（　　），跳动的高度也很小，甚至不起跳，发出的声音破浊不清，锤把（　　）。 （2）如小锤敲后不能准确判断伤损时，可将小石子或硬币放在轨面上，再用小锤敲击，看小石子或硬币是否随着小锤的敲击而跳动，如果跳动，证明钢轨有伤；或用二指分别触摸接头端部两轨底，感受小锤敲击的振动，一般好钢轨感觉良好，差钢轨感觉相反			
		3.照（镜子和电筒检查） （1）照轨头侧面、下颚及轨腰，从镜子中观看（　　）、（　　）或其他伤损特征。 （2）将小镜子伸入（　　），从轨缝处向上反光或从上面反射光线射入轨缝内（阴天、隧道内可用手电），查看（　　）。 （3）卸下一个螺栓，用双面小镜或袖珍手电筒插入螺栓孔内，察看螺栓孔（　　）	每空 3 分	15 分	
		4.卸（拆卸螺栓或夹板） 用看、敲、照等方法检查后，发现有疑问而不能确定时，应卸下（　　）或（　　）进行检查。卸夹板时，应按照更换夹板作业要求设好防护。钢轨探伤中需要拆检接头时，应通知养路工区进行	每空 3 分	6 分	
2	作业后整理	（1）检查：检查仪器，做好仪器的日常保养工作	人工评分	2 分	
		（2）整理：找出问题、总结经验		1 分	
		（3）总结汇报：开好完工会，作当日工作小结及次日工作预报；及时向车间、工务段调度汇报安全及伤损情况		2 分	
3	组内打分	根据小组内成员本次实训的表现情况打分（参考标准：迟到早退、玩手机、嬉戏打闹、不认真记录数据、测量数据不认真等）		10 分	
总分（满分 100 分）					

五、专业知识

手工检查钢轨和辙叉是无损检测的一种重要手段。仪器无法检查或探伤的薄弱处，正常探伤灵敏度条件下回波显示和报警不正常或正常回波不显示处，应考虑手工检查。尤其是在冬季，温度低、温差大，伤损发展快，运用手工检查手段不仅能缩短检测周期，还能堵漏防断，所以在发挥仪器探伤作用的同时，广泛辅之以手工探伤是工务部门过冬"防三折"的关键。

（一）手工检查重点地段

（1）各种养护不良或容易产生伤损的钢轨接头。检查这些钢轨接头可以避免因接头高低、压陷、掉块、擦伤等因素导致探头耦合不良、长大伤损漏检。

（2）隧道、道口、灰坑、水沟处和小半径曲线严重磨耗区段的钢轨和接头。隧道内多数因轨腰、轨底严重锈蚀导致探测不正常，应加强检查。在小半径曲线检查中，应注意曲线上股夹板两端轨头下颚的卡损，以及由卡损引起的横向裂纹。须擦除夹板端部内侧轨头的油污，仔细观察有无微细裂纹存在。对曲线下股，应注意轨头压宽、变形、擦伤、掉块部位的检查。

（3）老杂轨区段的钢轨。老杂轨区段，尤其是站专线、货场、煤场等，因钢轨使用年限长，维修养护条件差或泥砂、油污的覆盖、腐蚀等，使钢轨状态不良，必要时挖去积土、污泥，仔细检查。

（4）道岔范围内的钢轨接头和轨尖。

（二）手工检测的工具

（1）检查锤：用来敲打钢轨、辙叉作用面，通过手感及小锤在作用面上的跳动次数、敲打后回音的清晰程度来判断钢轨和辙叉是否有伤。

（2）小镜子：利用光线反射的原理来观察轨端、轨颚、轨底、螺孔等不易看见或较黑暗的部位，有时候可以采用反光放大镜。

（3）探伤钩：根据裂纹对钩尖的阻挠作用判断螺孔轨腹、轨端等看不到的部位有无裂纹存在。

（4）扳手：用来卸下螺栓或拆下夹板，以便观察接头部位轨腹、螺孔有无裂纹或其他伤损存在。

（5）白铅油：用作伤损标记。

（三）手工检测的基本方法

手工检测主要有5种方法，即：看、敲、照、卸、钩。

1. 看（图6-21）

看时姿势随意，可半蹲可站立，可骑着钢轨也可站在钢轨的一侧。在可看清的距离内（5~20m）聚精会神地向前观看，主要掌握以下六点：

图 6-21 手工检查钢轨"看"

（1）看轨面"白光"有无扩大。

轨头踏面被车轮磨亮的光面俗称"白光"，正常钢轨"白光"平、直、齐，形成一道白亮的痕迹。钢轨的内部有伤时，轨面"白光"向外扩大。白光扩大的长度与内部裂纹的长度大致相同，因此若发现"白光"扩大，须进一步分析有无其他特征，如"白光"扩大处有颚部下垂、颚下透锈等现象则可判为伤轨。

（2）看"白光"中有无暗光或黑线。

轨头内部有垂直纵向裂纹时，在扩大的"白光"中出现一道"暗光"，这是因为内部出现裂纹以后轨面受车轮压力不均，车轮碾压不到，原来亮光消失。暗光的形状一般是中间宽、窄一致，两头尖小，内部裂纹越宽、越靠近轨面，它的暗光越粗越明显。裂纹发展到轨面时，暗光变成黑线。

曲线上的钢轨由于受车轮偏压磨损，后经整修或改铺在直线上时会出现假暗光或假黑线；相互式接头曲线的大腰处，轨面"白光"向外扩大，但无暗光或黑线。有的油渍杂物经列车碾压，会出现假暗光或假黑线。在长大坡道常撒砂制动地段，不易看清"白光"时，可以从轨面砂粒压成粉末的情况加以判断：如轨面砂粒较厚或较粗处应与"白光"中出现的暗光、黑线的现象同等看待。

（3）看轨头是否肥大。

轨头部如发生裂纹，则该处轨头必然比良好的轨头肥大。轨头肥大几毫米，它的裂纹也宽几毫米。如发现有轨头肥大，而该处轨面又有扩大现象或颚下有锈时可判为伤轨。

（4）看轨头是否下垂。

轨头垂直纵向裂纹、水平纵向裂纹、下颚纵向水平裂纹等伤损发展到严重时，都会出现颚部下垂，可用小镜照下颚轨棱，使镜面与轨棱成45°角照射时，很容易发现轨颚下垂。也可趴在钢轨上用眼看轨头下颚轨棱是否平直，如有下垂也易看出。

（5）看轨头侧面有无锈线。

根据锈线的有无来判断钢轨是否有内伤是最为准确的。这是由于车轮压力集中，引起局部的金属变形，这样会在相应部位的表面出现连续的表面剥离现象，不久在剥落地方盖上一层淡褐色铁锈，并逐步形成一道锈线。到后来，锈线由褐色变为红色，最后变成暗红色。

如果轨面"白光"扩大，"白光"中又有暗光，这时应该详细检查该处两侧面，如有锈线就是伤轨。"白光"向外侧扩大，则锈线出现在内侧；"白光"向内侧扩大，则锈线出现在外侧。

锈线越在颚部以上，内部裂纹越靠近头部侧面，锈线越细。锈线在颚部稍下，锈线发粗而且两端向上翘，锈线长度与轨面的乌光黑线相符时裂纹靠近轨头中心。如果裂纹进入钢轨腹部，则颚下两侧都有锈线。如果裂纹在轨腹中心，可能两侧均无锈线，但有锈色斑点。裂纹在轨底则锈线出现在轨腰与轨底的连接圆弧处。轨头内部有横向裂纹（黑核）的钢轨锈线出现在颚部或轨头侧面，但裂纹极细，不细看不易发现。

暗光或黑线与内部伤损长度大致相仿，唯有锈线长于暗光黑线，短于内伤。

内伤出现的锈线，线条宽窄一致，两端尖ase向上翘，锈线两边发毛，颜色有变化。

因线路作业、装卸、钢轨存放不注意将钢轨划伤也会造成钢轨各部位的锈线，但这种锈线线条宽窄不一、两边不发毛、颜色无变化，是假锈线，不是内伤钢轨。

（6）看腹部有无鼓包和变形。

趴伏在钢轨上，用眼看钢轨腹部，若发现有不平直处，用手摸有鼓包出现时，可用小重锤敲击该处。如锤向外弹，证明腹部确有竖裂内伤。哪一面鼓出，伤损就靠近哪一面，两面鼓出则伤在中间。一面鼓出、一面凹进是腹部扭曲伤损，该伤损易引起钢轨横向折断，应特别注意。

2. 敲（图 6-22）

图 6-22　手工检查钢轨"敲"

用锤敲击鼓包处时，若铁皮剥落、鼓包消失则是重皮，是假鼓包，不是内伤。

敲是检查钢轨接头的主要方法。用小锤敲击，观察所发现的可疑处所或不良接头、道岔部位。小锤的质量应根据轨型而定，43 kg/m 以下钢轨用 0.5 kg 小锤，50 kg/m 轨用 0.7 kg 小锤，60 kg/m 及以上用 1.0 kg 小锤，锤柄长度以不超过 250 mm 为宜。敲打钢轨作用面，通过肉眼看小锤跳动情况、听小锤声音、体会锤柄的感觉来判断接头范围内的钢轨伤损情况。

（1）敲的要领是：面向钢轨蹲稳，小锤端平持稳，锤头高出轨 50～80 mm，落锤处应在钢轨踏面上。手持锤把，拇指与食指握紧，其余三指扶持，松紧自如，手腕一松锤自由落下，平敲钢轨踏面，每次敲打起锤高度一致。

（2）敲的方法。

① 眼看、耳听、手触法。

采用该法敲击时要精神集中，注意眼看小锤跳动，耳听小锤声音，体会手中锤柄感觉来判断钢轨好坏。

小锤落下能连跳 4～6 次，第一次跳起 20～25 mm，发音清脆，无浊音，最后一下的回音也较长，握锤的手感觉振动有力，则是良好的钢轨。如小锤落下只能跳动 2～3 次，跳起高度不过 2～3 mm 甚至不跳动，手中锤把也很稳，没有向外晃动的倾向，就好像被钢轨吸住似的，同时发音破浊不清，回音不长或突然终止，手中锤柄振动无力，则是有伤钢轨，可根据小锤跳动情况、声音变化及手内感觉判断损伤长度范围。

敲打轨面检查伤轨时，注意夹板与轨颚不密贴、螺栓松动、轨底与枕木不密贴、钢轨肥边、枕木吊板、上下错口的暗影均对小锤跳动次数和声音有影响，应慎重判伤。

② 砂粒试验法。

如果在检查中遇到不易判断的伤损，可用干燥粗砂粒、玻璃碎片、金属硬币等放在踏面上，如果是好钢轨，用锤敲击时能跳动 4～6 次而砂粒、碎玻璃、硬币等黏着不动；如果是伤轨，则砂粒跳起、硬币翻转掉落。

③ 手指感觉法。

当发现可疑钢轨用小锤敲打难以判断时，可用一只手的中指和食指轻轻触摸钢轨踏面，另一只手持锤平敲手指附近踏面，如感觉到有像人脉搏跳动一样的振动且手指感觉发麻，则是有伤钢轨。

④ 粉笔试验法。

在可疑的轨面上用粉笔涂满，经过列车碾压后粉笔印全部压没了，说明不是伤轨；如留有痕迹，则表明是伤轨。

（3）用小锤敲击接头时应注意以下事项：

① 应将夹板范围内全部敲到，最好从轨缝一侧轨端向夹板端部敲，然后折回至另一端，再按序敲回至轨缝。

② 遇夹板、铁垫板与钢轨不密贴，螺栓松动，轨头肥边，枕木吊板以，及雨后敲击时，小锤跳动与发音都有变化，应注意鉴别。

③ 小锤敲击有疑问时，可用铁丝（或钢片）伸入钢轨接缝内，沿钢轨断面或钢轨腰部缓慢滑动，看是否有挂钩的感觉。

3. 照（镜子和电筒检查）

钢轨裂纹有些是发生在阴暗部分的，用目力不易直接发现，要用镜子照。照是检查钢轨不可缺少的一个步骤。

照轨头侧面、下颚及轨腰，从镜子中观看裂纹、锈线或其他伤损特征。

将小镜子伸入轨底，从轨缝处向上反光或从上面反射光线射入轨缝内（阴天、隧道内可用手电），查看轨端裂纹，如图 6-23 所示。

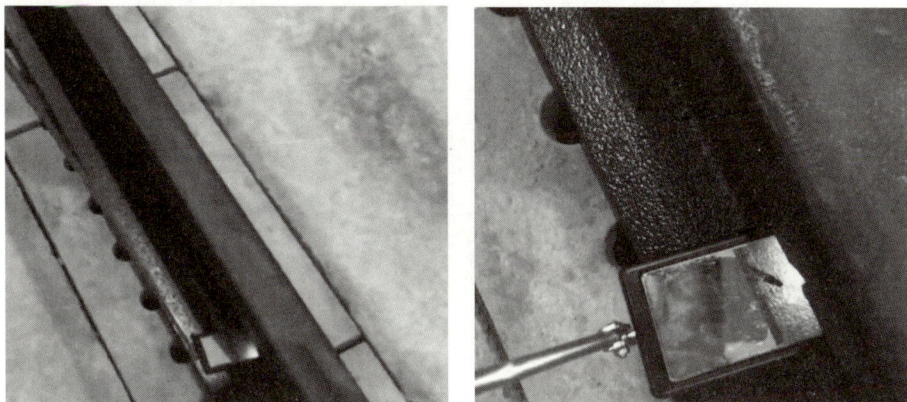

图 6-23　手工检查钢轨"照"

卸下一个螺栓，用双面小镜或袖珍手电筒插入螺栓孔内，查看螺栓孔裂纹。

4. 卸（拆卸螺栓或夹板）

用看、敲、照等方法检查后，发现可疑而不能确定时，应卸下螺栓或夹板进行检查，如图 6-24 所示。卸甲板时，应按更换夹板作业设好防护。钢轨探伤中需要拆检时，应通知养路工区进行。

图 6-24　手工检查钢轨"卸"

5. 钩

接头螺栓锈蚀严重，卸不下来，而又无法确定时，可用探伤钩在轨缝、轨腹或端面处缓缓滑动，以是否有挂钩感觉进行确认，如图 6-25 所示。

图 6-25 手工检查钢轨"钩"

钩的材料：钢钩；

钢的尺寸：直径 1~1.5 mm；

钩的长度：200~250 mm；

钩的形状：一端做成 2~4 mm 的直角锋利钩。

六、思考题

（1）手工检查钢轨的范围是什么？

（2）手工检查的基本方法有哪些？

任务四　数据回放实训

一、实训目的

（1）掌握数据回放的基本方法。

（2）能够对不同型号的探伤仪进行数据回放操作。

二、实训要求

1. 实训时间

2课时

2. 实训形式

以组为单位进行钢轨数据回放的作业练习。

3. 实训注意事项

（1）实训时安全第一，不允许在实训场地大声喧哗、争斗、打闹，保持安静，轻声讨论。

（2）实训场地内禁止饮食，禁止吐痰，禁止嚼口香糖。

（3）不准恶意破坏实训设备，若有损坏及时向实训指导教师报备。

（4）实训结束后，整理复原仪器设备、桌椅，清理四周环境，待检查符合要求后，方可离开。

（5）实训室的设备严禁带出。

4. 工器具材料准备

实训所需仪器：钢轨探伤仪。

三、实训作业步骤

（一）任务描述

以组为单位进行钢轨数据回放作业练习。

（二）GT-2B型数字钢轨探伤仪回放分析操作

1. 探伤作业要求

（1）探伤作业前要在检测记录表内正确输入线别、线名、里程加减、轮缘方向、起始点里程、里程、左右股等管理数据，按规定调好探伤灵敏度，按线路钢轨状态把仪器工作状态设置到最佳，如图6-26所示。

（2）作业前调节好供水系统，确保各探头耦合良好。

（3）作业前注意检查各通道探头是否装反，探头线是否接错。

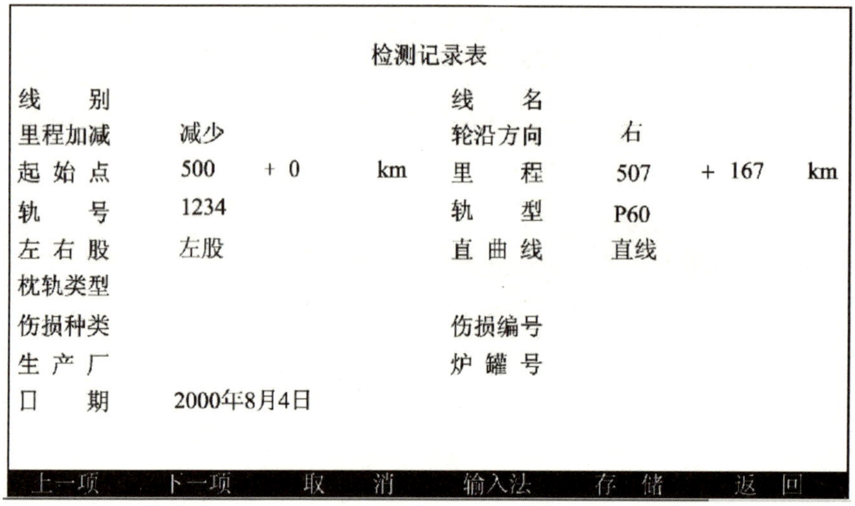

检测记录表

线　　别		线　　名	
里程加减	减少	轮沿方向	右
起 始 点	500　＋0　km	里　　程	507　＋167　km
轨　　号	1234	轨　　型	P60
左 右 股	左股	直曲线	直线
枕轨类型			
伤损种类		伤损编号	
生 产 厂		炉罐号	
日　　期	2000年8月4日		

上一项　　下一项　　取　消　　输入法　　存　储　　返　回

图 6-26　GT-2B 型钢轨探伤仪检测记录表

（4）认真分辨钢轨上固有的正常反射波，如焊缝焊筋轮廓回波，尖轨切变面、辙叉心与钢轨连接切变面、基本轨切变面等正常反射回波。

（5）作业过程中应隔一定距离进行里程校正，如里程设置错误或经过长短链地段，则应进入检查记录表在里程处进行重新修改。

（6）仪器上道调试好后，应由带班人员进行确认，操作人员除调整灵敏度、探头位置，进行里程校对外，不宜随意调整仪器内部设置。

（7）仪器的内存存储数据量有限，数据存储满后，界面会有条蓝色方框提示下载数据，这时全程记录会自动切换成关闭状态，再次探伤时，要将其全程记录项重新打开。

（8）探伤班组每天作业完成后要按照仪器提示下载步骤将数据拷入 U 盘内，确定数据下载成功后，在第二天上班前方可将数据清零。

（9）作业标记：作业中对新发现的重伤钢轨、已加固的重伤钢轨和轻伤钢轨打上相应的"△"伤损标记；对桥梁、隧道、探伤重点地段应打上"≈"关注标记（分别在进出时打一个"≈"）；对焊缝接头打上"×"放过标记；对道岔和股道探伤应在仪器进入时输入相应的道岔和股道编号。

2．回放分析设置

（1）过滤设置（图 6-27）：分析前设置好 B 显过滤值，各通道过滤数值不可设置过大，以免伤损被过滤掉。设置参考：37°为 1，70°为 3，0°为 5，0°失波为 10，"启用显示过滤"打"√"。

（2）拼孔设置（图 6-28）：37°探头和 0°探头拼孔，首先用 4 通道（前 37°探头）作基准，将 5、6 通道（后 37°+0°探头）图形拖至适当位置，使前、后 37°探头和 0°探头螺孔 B 显成半 A 字形；各 70°探头拼孔，首先 1 和 1A 通道不要动，作为基准，将 3 通道重合拼在 1 通道上，将 3A 通道重合拼在 1A 通道上，2 和 2A 通道有两条波，拼在 1 和 1A 通道上。

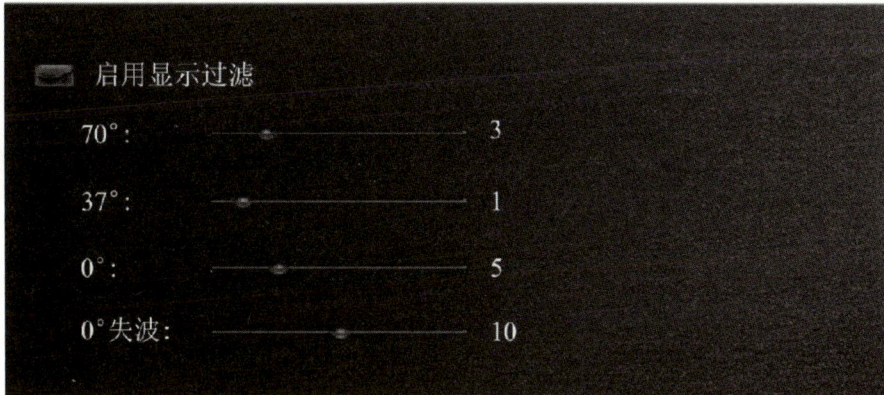

图 6-27　GT-2 型钢轨探伤仪过滤设置

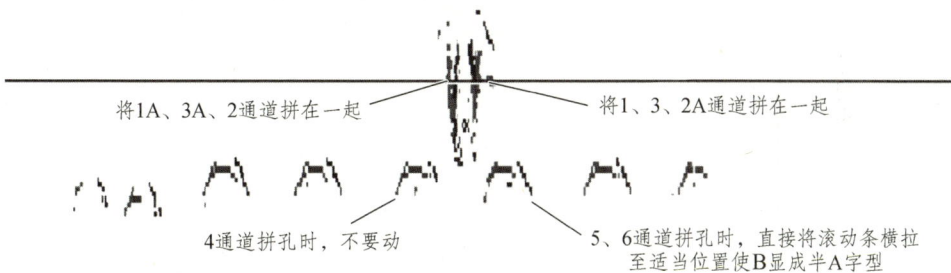

将1A、3A、2通道拼在一起　　　将1、3、2A通道拼在一起

4通道拼孔时，不要动　　　5、6通道拼孔时，直接将滚动条横拉
　　　　　　　　　　　　　　至适当位置使B显成半A字型

图 6-28　GT-2 型仪器探头拼孔设置

3. 回放分析软件操作方法

GT-2 型钢轨探伤仪回放软件各功能键（图 6-29）作用及操作方法如下所述。

图 6-29　GT-2 型钢轨探伤仪回放分析软件操作菜单

（1）回放方式选择：有普通和智能两种，按下切换。

（2）回放界面的显示：有完整和拼孔显示两种，按下切换。

（3）同步显示：对两个回放文件播放的控制，选择是否同步播放。

（4）过滤开关：选择是否过滤，过滤主要是对回放文件 B 显点数的控制，主要是过滤杂波，使回放界面更洁净。

（5）回放文件的切换：对两个回放文件进行切换分析。

（6）回放方向：有左步进和右步进两种，按箭头方向选择。

（7）自动回放选择：播放与停止，也可按空格键进行快捷操作。

（8）回放界面方向的选择：向左或向右回放。

（9）事件列表选项：用于查看每条数据探伤工操作仪器的情况。

（10）A 显界面的调取：用于调取 A 显辅助判伤。

（11）测距：测量伤损的位置，测定疑似伤损距参照物的距离，便于现场复核。

（12）里程定位：用于快速定位需查找的里程位置。

（13）回放速度：用于回放界面速度的控制。

（14）点大小：用于设置回放界面 B 显图形的大小。

（三）JGT-10 型数字钢轨探伤仪回放分析操作

1. 探伤作业要求

（1）探伤作业前要在探伤时间参数调整表（图 6-30）内正确输入工号、线别、线名、里程增减、里程、左右股等管理数据，按规定调整好探伤灵敏度，按线路钢轨状态把仪器工作状态设置到最佳。

```
┌─────────────────────────────────────┐
│            探伤时间参数调整            │
│                                      │
│         工号：0000                    │
│         线别：下行                    │
│         线名：DX02                    │
│         里程增减：里程减少             │
│         左右股：左股钢轨               │
│         里程：0000公里                │
│              000米                    │
│                                      │
│   2008年      10月      30日         │
│   10时        00分      00秒         │
└─────────────────────────────────────┘
```

图 6-30　JGT-10 型钢轨探伤仪探伤记录

（2）作业前调节好供水系统，同时注意仪器显示屏耦合不良信息提示，确保各探头耦合良好。

（3）作业前注意检查各通道探头是否装反，线头是否接错，以及系统内设置是否正确。

（4）作业过程中应隔一定距离进行里程校正，如里程设置错误或经过长短链地段，则应进入检查记录表在里程处进行重新修改。

（5）仪器上道调试好后，应由带班人员进行确认，操作人员除调整灵敏度、探头位置，进行里程校对外，不宜随意调整仪器内部设置。

（6）作业中最好使用 A、B 同显的方式进行探伤作业，注意仪器超速报警提示。

（7）认真分辨钢轨上固有的正常反射波，如焊缝焊筋轮廓回波，尖轨切变面、辙叉心与钢轨连接切变面、基本轨切变面等正常反射回波。

（8）探伤班组每天作业完成后要按照仪器提示下载步骤将数据拷入 U 盘内，下载时注意先关机再插入 U 盘，然后再开机下载数据。当确定数据下载成功后，在第二天上班前方可将数据清零。

（9）作业标记：作业中对新发现的重伤钢轨、已加固的重伤钢轨和轻伤钢轨打上相应的"△"伤损标记；对桥梁、隧道、探伤重点地段应打上"≈"关注标记（分别在进出时打一个"≈"）；对焊缝接头打上"×"放过标记；对道岔和股道探伤应在仪器进入时输入相应的道岔和股道编号。

2. 回放分析设置

（1）过滤设置（图 6-31）：分析前设置好 B 显过滤值，各通道过滤数值不可设置过大，以免伤损被过滤掉。设置参考：37°为 1，70°为 3，0°为 5，"忽略 0°失波"和"0°忽略迟到波"选项打"√"。

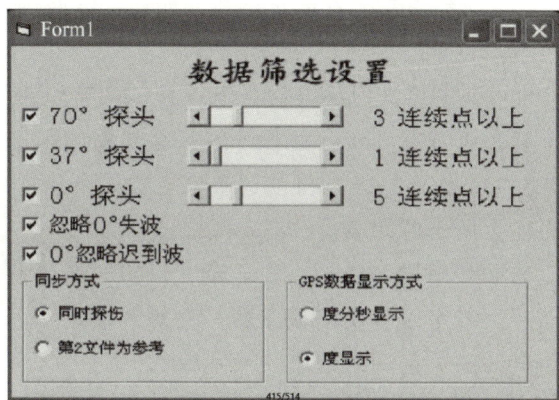

图 6-31　JGT-10 型钢轨探伤仪过滤设置

（2）拼孔设置（图 6-32）：以 0°探头和后 37°探头作参照基准，37°探头拼孔先找到正常螺孔 0°探头螺孔波及失波处，量出两点间距离，然后移动前 37°探头将螺孔拼成正"八"字；70°探头拼孔先在接头处找 0°探头轨底失波处，用测距起点线和终点线分别对准 0°探头失波起、终点，再将前向、后向、直打各 70°探头出波移到测距起、终点线间即可。

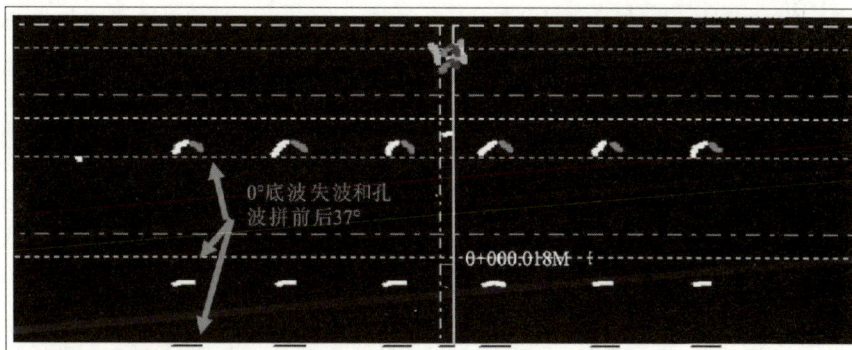

图 6-32　JGT-10 型钢轨探伤仪探头拼孔设置

3. 回放分析软件操作方法

JGT-10 型钢轨探伤仪各功能键（图 6-33）作用及操作方法如下所述。

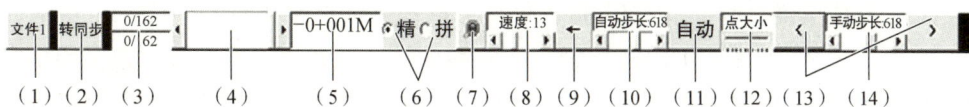

图 6-33　JGT-10 型回放分析软件操作菜单

（1）文件：选择当前文件所有操作将以当前文件为操作对象。例如 A 超校对将显示当前文件的 A 超波形，如果按"Z"键将会全屏显示当前文件，按"Esc"

键退回到双文件显示方式，跳出式菜单所执行的功能也以当前文件为操作对象。

（2）同步/异步选择：选择是否同步，在屏幕的任意位置双击鼠标左键也可以在同步异步之间切换，如果同步，两个文件将在自动和手动浏览时同进同退；如果选择异步，则两个文件将分别移动。

（3）记录号：记录总数和正在浏览的记录号，如果打开两个文件则分别显示每个文件的记录总数和当前记录号。

（4）浏览位置：无过滤浏览，拖动滚动条可以移动和确认浏览的位置。如果同时浏览两个文件，不管是否选择同步，此操作均只是针对当前文件。

（5）浏览的相对位置：里程是表示当前记录当天探伤所走的距离，该数字总是从 0 开始，最大值为当天所走的距离。

（6）拼孔选择：选择精确显示或是拼孔显示，浏览时应该使用拼孔显示。

（7）放大镜：点放大镜可以查看伤损点数，估算伤损大小。

（8）浏览速度：自动浏览移动的速度，不能太大。

（9）浏览方向：自动浏览时图像移动的方向，"←"是指从起点向终点浏览，和推车方向一致；"→"为从终点向起点浏览。

（10）自动浏览步长：自动浏览时图像每次移动的距离，最好调到最大值。

（11）浏览选择：用于选择自动浏览或手动浏览，按"Enter"键也可以执行同样功能，在自动浏览与手动浏览之间切换；如果选择同步，则两个文件同进同退，如果选择异步，则分别移动。

（12）点大小：用于控制回放界面 B 显图形的大小。

（13）"<>"键：向前或向后进行手动浏览，按"Enter"键和"空格"键也可以执行同样功能，手动浏览的步长是固定的，为大半个屏幕宽度，点鼠标左键也可以拖动屏幕。使用时，一定要先设好过滤条件。手动浏览时，如果选择同步，则两个文件同进同退；如果选择异步，则分别移动，与自动浏览相同。同步时，按住鼠标待其变成小手后拖动文件，如果不按"Ctrl"键则同步移动，按时则异步移动。

（14）手动浏览步长：手动浏览时图像每次移动的距离。

4. 其他按键操作方法

（1）双文件浏览时，每个文件显示区间的调整：用鼠标点到各个区间的 70°探头轨面线，然后按住鼠标左键上下拖拽就可以调整这个显示区间的上下位置，注意2 号文件的 70°探头轨面线不能超过 1 号文件的轨底线。按"D""C"键调整 37°探头轨面线，按"K""M"键调整 0°探头轨面线。

（2）特殊按键功能：按"Z"键以单文件形式显示当前文件，按"Esc"键退回到双文件显示方式；按"Ctrl+C"键可以将参数放在底线上方或下方，如果屏幕大建议放在下方，不影响波形显示；按"Ctrl+S"键可以显示不同的参数；按"Ctrl+V"键可以显示高灵敏度波形。

5. 各种软件工具的使用

（1）dB 全程变化曲线：点击可以查看当日探伤作业各通道灵敏度变化情况。

（2）打印图形：可对当前图形进行打印。

（3）Word 报告：将软件 B 显界面显示内的图形保存，并形成一张 Word 文档。

（4）标记查找（图 6-34）：统计所打的各种标记总数，并可以依次找到所要观看的标记。

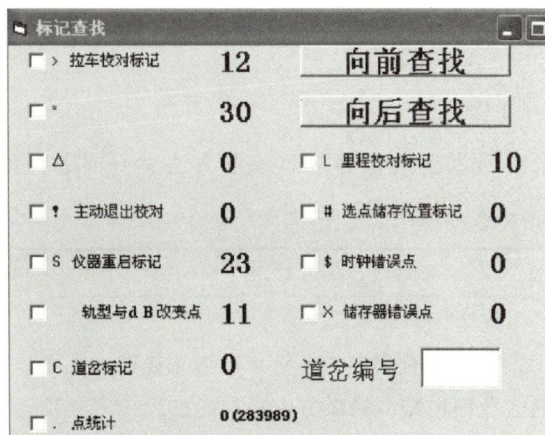

图 6-34　JGT-10 型钢轨探伤仪标记查找

（5）位置查找（图 6-35）：用于快速定位需查找的里程位置。

图 6-35　JGT-10 型钢轨探伤仪标记查找（探索查找具体位置）

（6）回放时点右键快捷菜单（图 6-36）：按起点与终点菜单可设置起点和终点标志线来测量两者之间的距离。此功能可发现伤损焊缝或接头及伤损附近特征点定出伤损位置，有利于现场复核。

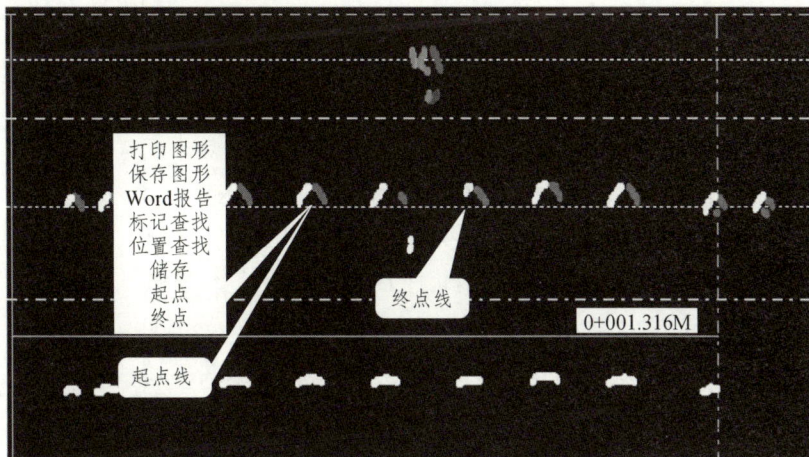

图 6-36　JGT-10 型钢轨探伤仪起、终止线

（7）储存：将起点和终点之间的波形保存为另一个文件。此功能可截取一段数据保存为一个单独的文件。

（8）速度统计：可以任意指定限速和连续超速的米数，这样将会列出所有满足超速条件的位置及平均超速速度和米数。用鼠标选择所要浏览的超速项目，然后双击，将会自动跳到超速位置。

四、实训考核标准

实训考核标准针对数据回放实训按照作业方法进行评定，见表 6-8、表 6-9。

表 6-8　GT-2B 型数字钢轨探伤仪回放分析操作工作评分表

序号	执行内容	评分标准	评分方式	配分	得分
1	GT-2B 型数字钢轨探伤仪回放分析操作	（1）探伤作业要求。 ① 探伤作业前要在检测记录表内正确输入线别、线名、里程加减、轮缘方向、起始点里程、里程、左右股等管理数据，按规定调好探伤灵敏度，按线路钢轨状态把仪器工作状态设置到最佳。 ② 作业前调节好供水系统，确保各探头耦合良好。 ③ 作业前注意检查各通道探头是否装反，探头线是否接错。 ④ 认真分辨钢轨上固有的正常反射波。 ⑤ 作业过程中应隔一定距离进行里程校正。 ⑥ 仪器上道调试好后，应由带班人员进行确认，操作人员除调整灵敏度、探头位置，进行里程校对外，不宜随意调整仪器内部设置。 ⑦ 仪器的内存存储数据量有限，数据存储满后，界面会有条蓝色方框提示下载数据，这时全程记录会自动切换成关闭状态，再次探伤时，要将其全程记录项重新打开。 ⑧ 探伤班组每天作业完成后要按照仪器提示下载步骤将数据拷入 U 盘内，确定数据下载成功后，在第二天上班前方可将数据清零。 ⑨ 作业标记：作业中对新发现的重伤钢轨、已加固的重伤钢轨和轻伤钢轨打上相应的"△"伤损标记；对桥梁、隧道、探伤重点地段应打上"≈"关注标记（分别在进出时打一个"≈"）；对焊缝接头打上"×"放过标记；对道岔和股道探伤应在仪器进入时输入相应的道岔和股道编号		27 分	

续表

序号	执行内容	评分标准	评分方式	配分	得分
1	GT-2B 型数字钢轨探伤仪回放分析操作	（2）回放分析设置。 正确进行过滤设置和拼孔设置	每步骤 2 分	4 分	
		（3）回放分析软件操作方法。 能够正确进行如下操作：回放方式选择、回放界面的显示、同步显示、过滤开关、回放文件的切换、回放方向、自动回放选择、回放界面方向的选择、事件列表选项、测距、里程定位、回放速度、点大小	每步骤 4 分	52 分	
2	作业后整理	（1）检查：检查仪器，做好仪器的日常保养工作	人工评分	2 分	
		（2）整理：找出问题、总结经验		3 分	
		（3）总结汇报：开好完工会，作当日工作小结及次日工作预报；及时向车间、工务段调度汇报安全及伤损情况		2 分	
3	组内打分	根据小组内成员本次实训的表现情况打分 （参考标准：迟到早退、玩手机、嬉戏打闹、不认真记录数据、测量数据不认真等）		10 分	
总分（满分 100 分）					

表 6-9　JGT-10 型数字钢轨探伤仪回放分析操作工作评分表

序号	执行内容	评分标准	评分方式	配分	得分
1	JGT-10 型数字钢轨探伤仪回放分析操作	（1）探伤作业要求。 ① 探伤作业前要在探伤时间参数调整表内正确输入工号、线别、线名、里程增减、里程、左右股等管理数据，按规定调整好探伤灵敏度，按线路钢轨状态把仪器工作状态设置到最佳。 ② 作业前调节好供水系统，同时注意仪器显示屏耦合不良信息提示，确保各探头耦合良好。 ③ 作业前注意检查各通道探头是否装反，线头是否接错，以及系统内设置是否正确。 ④ 作业过程中应隔一定距离进行里程校正，如里程设置错误或经过长短链地段，则应进入检查记录表在里程处进行重新修改。 ⑤ 仪器上道调试好后，应由带班人员进行确认，操作人员除调整灵敏度、探头位置，进行里程校对外，不宜随意调整仪器内部设置。 ⑥ 作业中最好使用 A、B 同显的方式进行探伤作业，注意仪器超速报警提示。 ⑦ 认真分辨钢轨上固有的正常反射波。		18 分	

序号	执行内容	评分标准	评分方式	配分	得分
1	JGT-10型数字钢轨探伤仪回放分析操作	⑧ 探伤班组每天作业完成后要按照仪器提示下载步骤将数据拷入 U 盘内，下载时注意先关机再插入 U 盘，然后再开机下载数据。当确定数据下载成功后，在第二天上班前方可将数据清零。 ⑨ 作业标记：作业中对新发现的重伤钢轨、已加固的重伤钢轨和轻伤钢轨打上相应的"△"伤损标记；对桥梁、隧道、探伤重点地段应打上 "≈"关注标记（分别在进出时打一个"≈"）；对焊缝接头打上"×"放过标记；对道岔和股道探伤应在仪器进入时输入相应的道岔和股道编号			
		（2）回放分析设置。 正确进行过滤设置和拼孔设置	每步骤 3 分	6 分	
		（3）回放分析软件操作方法。 能够正确进行如下操作：文件（选择当前文件所有操作将以当前文件为操作对象）、同步/异步选择、记录号、浏览位置、浏览的相对位置、拼孔选择、放大镜、浏览速度、浏览方向、自动浏览步长、浏览选择、点大小、"<>"键、手动浏览步长	每步骤 2 分	28 分	
		（4）其他按键操作方法。 ① 双文件浏览时，每个文件显示区间的调整。 ② 特殊按键功能		6 分	
		（5）各种软件工具的使用。 ① dB 全程变化曲线：点击可以查看当日探伤作业各通道灵敏度变化情况。 ② 打印图形：可对当前图形进行打印。 ③ Word 报告：将软件 B 显界面显示内的图形保存，并形成一张 Word 文档。 ④ 标记查找：统计所打的各种标记总数，并可以依次找到所要观看的标记。 ⑤ 位置查找：用于快速定位需查找的里程位置。 ⑥ 回放时点右键快捷菜单：按起点与终点菜单可设置起点和终点标志线来测量两者之间的距离。此功能可发现伤焊缝或接头及伤损附近特征点定出伤损位置，有利于现场复核。	每空 3 分	24 分	

续表

序号	执行内容	评分标准	评分方式	配分	得分
1	JGT-10型数字钢轨探伤仪回放分析操作	⑦ 储存：将起点和终点之间的波形保存为另一个文件。此功能可截取一段数据保存为一个单独的文件。 ⑧ 速度统计：可以任意指定限速和连续超速的米数，这样将会列出所有满足超速条件的位置及平均超速速度和米数。用鼠标选择所要浏览的超速项目，然后双击，将会自动跳到超速位置			
2	作业后整理	（1）检查：检查仪器，做好仪器的日常保养工作	人工评分	3分	
		（2）整理：找出问题、总结经验		2分	
		（3）总结汇报：开好完工会，作当日工作小结及次日工作预报；及时向车间、工务段调度汇报安全及伤损情况		3分	
3	组内打分	根据小组内成员本次实训的表现情况打分 （参考标准：迟到早退、玩手机、嬉戏打闹、不认真记录数据、测量数据不认真等）		10分	
总分（满分100分）					

五、专业知识

（一）钢轨探伤回放分析概述

1. 回放分析目的

回放分析的目的是：及时发现探伤作业中漏检漏判伤损，预防和减少钢轨折断；监控探伤班组的作业质量和作业标准化，督促提高探伤质量；加强伤损资料分析与应用，建立健全伤损图库，掌握伤损变化规律。

2. 回放分析人员资质与要求

（1）探伤回放分析人员应具有高中（或同等学力）及以上文化程度，具有较强的文化素质与职业道德修养，遵章守纪、爱岗敬业、服从指挥、团结协作。

（2）探伤回放分析人员应具有无损检测超声波探伤技术资格，熟悉数字式钢轨探伤仪原理与操作，具备一定年限以上现场探伤经验。

（3）掌握无损检测、钢轨探伤基础知识，能运用基础理论对波形进行正确的分析和判断。

（4）熟练掌握数字钢轨探伤仪的操作使用、维修保养、性能测试及探伤方法，熟悉现场探伤作业和判伤标准、流程，能对伤损进行准确的定性、定位、定量分析。

（5）掌握计算机操作知识，能熟练操作文档、表格制作处理，了解一般线路知识，熟悉线路情况和钢轨伤损特征。

3. 回放分析作业流程

（1）探伤工区（班组）每日作业后将数据及时上传至探伤车间，车间收集齐全后统一上报工务段探伤回放分析组，上报内容含日探伤完成情况表和当日发现的重伤、轻伤资料。

（2）分析员下载、解压探伤数据，将其分类保存建库，并做好数据备份，防止丢失。

（3）进行数据分析，分析情况形成探伤数据回放日报表，报相关工区、车间及上级业务主管部门。

（4）探伤车间收到探伤数据回放日报表后，将表内疑似伤损和探伤作业问题下发至工区（班组），并组织进行分析和现场复核确认，及时将整改、复核情况按要求反馈至相关车间及上级业务主管部门。

（5）工务段回放分析组每日收集探伤数据回放日报表整改反馈情况，并对相关车间反馈情况进行监督检查和现场抽查核实，形成闭环管理，每周形成回放分析周报，每月形成回放分析月报。

回放分析作业流程如图 6-37 所示，探伤数据回放日报表见表 6-10。

4. 探伤数据收集与管理

（1）每日探伤数据需由工务段回放分析组人员在 24 h 内进行 100% 回放，发现伤损遗漏或异常波形及现场标准化作业问题一律纳入探伤数据回放日报表进行闭环管理。

（2）对钢轨探伤仪探伤数据及各类回放分析台账报表保存时间不少于 2 年，发生断轨后需至少对最近 3 个周期的探伤数据进行对比分析和追溯，并形成分析意见。

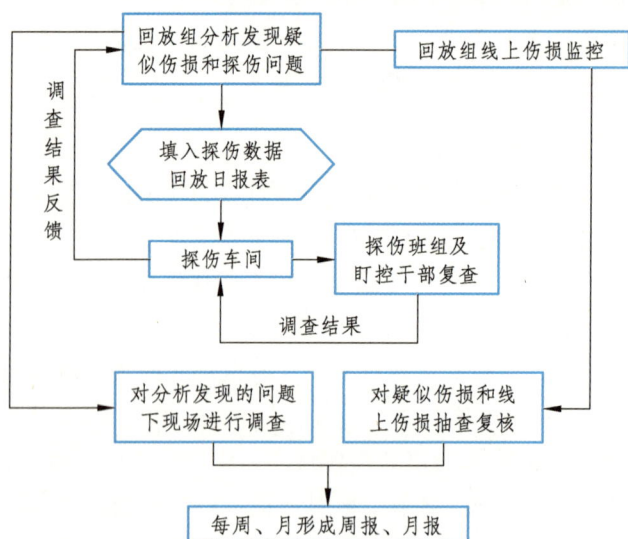

图 6-37　回放分析作业流程

表 6-10　探伤数据回放日报表

单位　　　　班组　　　　作业日期　　　　回放日期　　　　回放人

作业问题	回放区间	
	漏检里程	
	超速里程	
	仪器耦合状况	
	探伤灵敏度	
	其他问题	

现场判伤情况复查	序号	线、行别	伤损里程	股别	所属工区	作业日期	现场判伤情况	分析伤损里程	是否标记	分析伤损结果				
	1													
	2													
	3													

现场未判疑似伤损情况	序号	线、行别	里程或站名	股别	所属工区	作业日期	仪器编号	伤损描述	伤损级别	A显情况	B显图形	灵敏度/dB	通知复核时间	复核伤损情况	复核判伤程度	复核仪器编号	灵敏度/dB	复核日期	复核人	备注
	1																			
	2																			
	3																			

注：① 回放情况：共有回放仪器　　台，发现疑似伤损　　处，标准化作业问题　　个。
　　② 疑似伤损级别分"▲▲▲""△△△"和"△△"，工区要按级别规定的时间完成复核和反馈。

（3）对回放发现的伤损实行分级管理，按轻重缓急复核。重大伤损以"▲▲▲"表示，须当天完成复核确认，当日反馈情况；重伤伤损以"△△△"表示，3日内完成复核确认，3日内反馈情况；一般伤损以"△△"表示，由探伤工区在探伤周期内完成复核、监控，周期内反馈情况。

（4）探伤回放日报、周报、月报发现的重点伤损和典型作业问题要建立考核管理和跟踪检查制度，周报、月报主要内容为分析里程、仪器问题（显示、调试等）、可疑伤损及复核确认情况、标准化作业、线路薄弱地段、需加强注意处所及伤损发展等情况。

264

（二）探伤仪典型钢轨伤损图谱

1. 数字探伤仪探头组合及通道颜色

（1）GT-2 型钢轨探伤仪探头组合及通道颜色如图 6-38 所示。

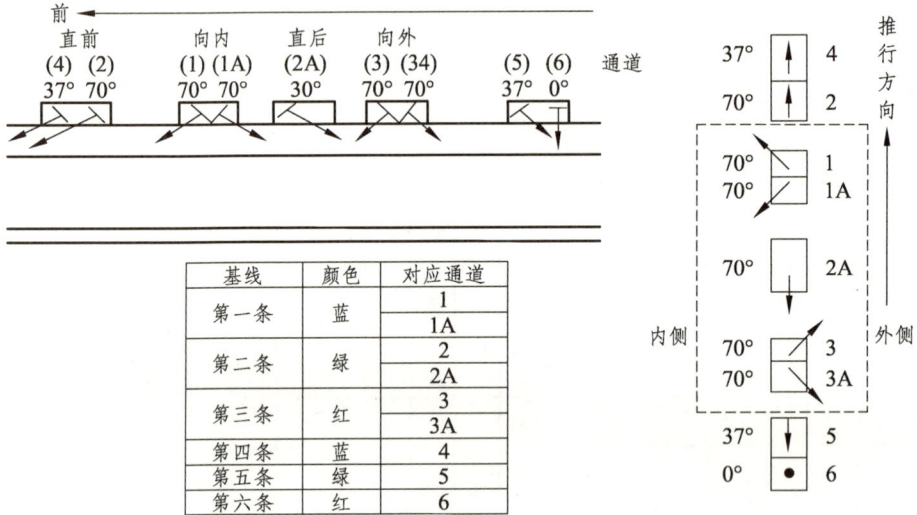

基线	颜色	对应通道
第一条	蓝	1
		1A
第二条	绿	2
		2A
第三条	红	3
		3A
第四条	蓝	4
第五条	绿	5
第六条	红	6

图 6-38　GT-2 型钢轨探伤仪探头组合及通道颜色

（2）JGT-10 型钢轨探伤仪探头组合及通道颜色如图 6-39 所示。

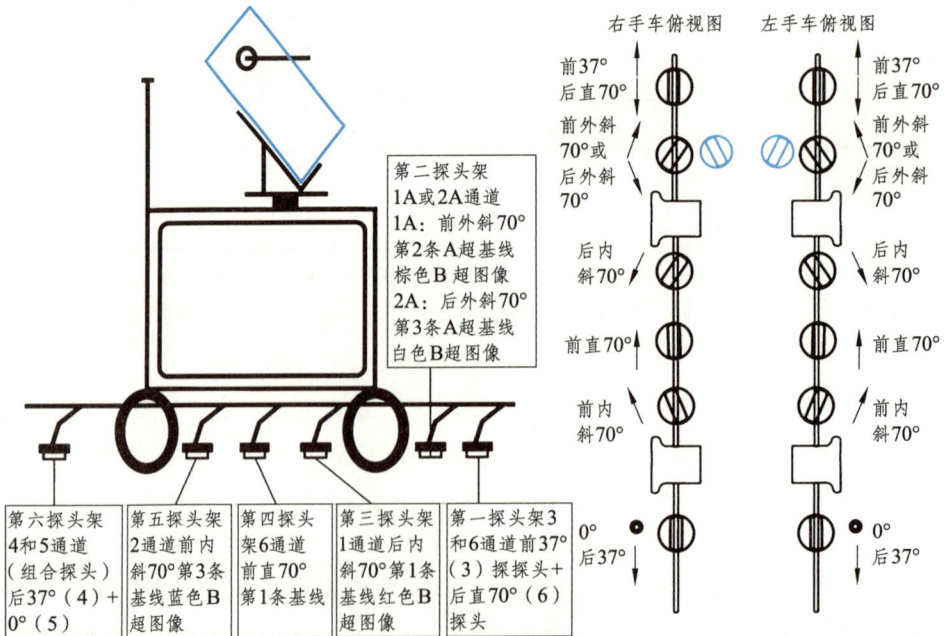

图 6-39　JGT-10 型钢轨探伤仪探头组合及通道颜色

（3）GTS-60 长轨试块人工伤损与数字探伤仪 B 显对照图如图 6-40 所示。

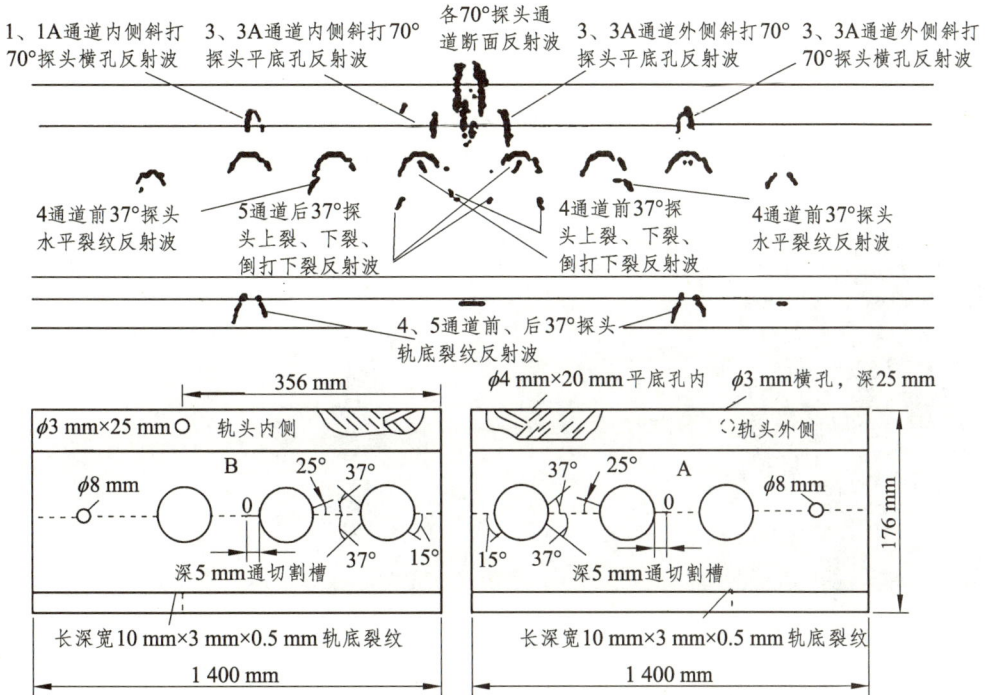

图 6-40　长轨试块人工伤损与数字探伤仪 B 显对照

2. 典型钢轨伤损图谱

（1）轨头核伤。

① 轨头内侧核伤。

××线 K1706+260 右股（图 6-41）。伤损说明：钢轨表面有细微鱼鳞伤损，轨头内侧核伤宽 30 mm、高 25 mm。B 显图（GT-2B）：前向直打 70°探头 A 显出波位移为 20～45 mm，斜打 70°探头出波位移为 11～20 mm，B 显伤损图形明显。

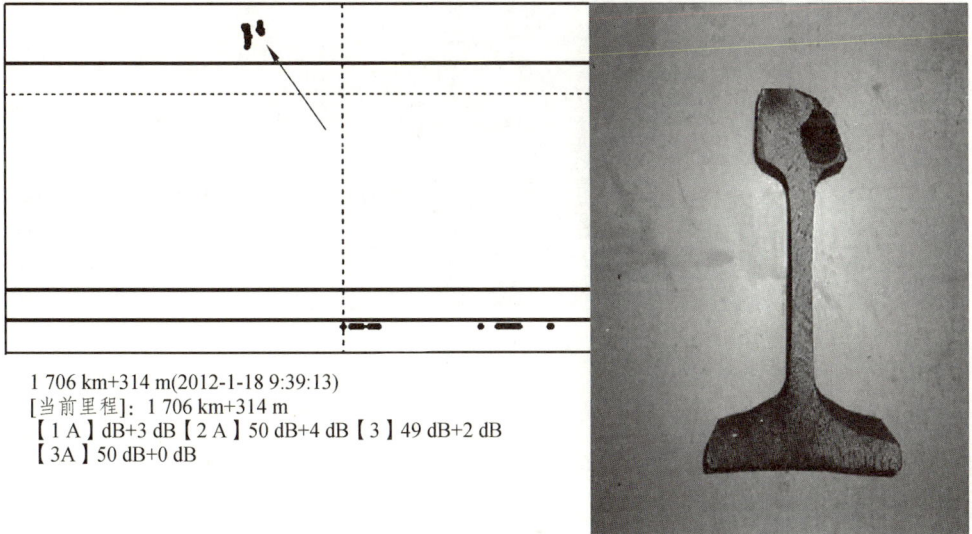

1 706 km+314 m(2012-1-18 9:39:13)
[当前里程]：1 706 km+314 m
【1 A】dB+3 dB【2 A】50 dB+4 dB【3】49 dB+2 dB
【3A】50 dB+0 dB

图 6-41　轨头内侧核伤（K1706+260 右股）

××线 K1487+590 左股（图 6-42）。伤损说明：距厂焊缝西端 260 mm 处，钢轨轨面有鱼鳞伤损长 19 mm、深 5 mm，鱼鳞伤损下有宽 18 mm、高 20 mm 的核伤。B 显图（JGT-10）：前斜 70°探头出波位移为 5.3～6.3 mm，6.9～8.8 mm 出现换波；B 显图自轨颚线向下延伸与辅助线交叉，B 显伤损图形明显。

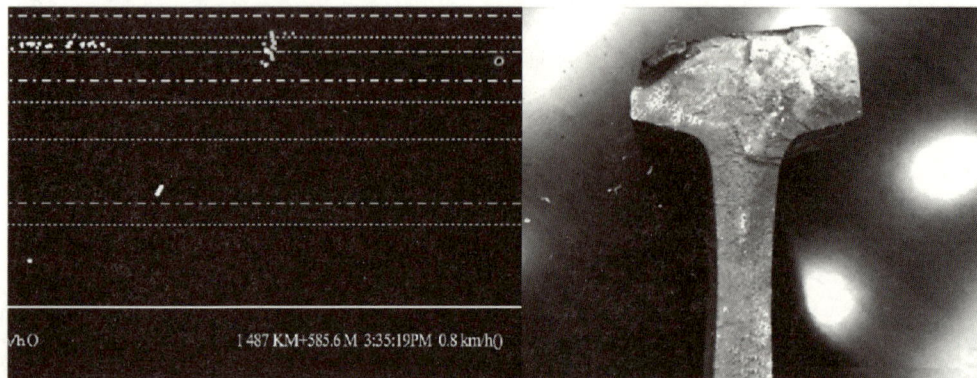

图 6-42　轨头内侧核伤（K1487+590 左股）

② 轨头中部核伤。

××线 K2162+733 左股（图 6-43）。伤损说明：轨面量下 3 mm，行车作用边量入 12 mm，伤宽 26 mm，伤高 13 mm，轨头中部核伤。B 显图（JGT-10）：前向直 70°探头一次波扫描，斜 70°探头二次波扫描。

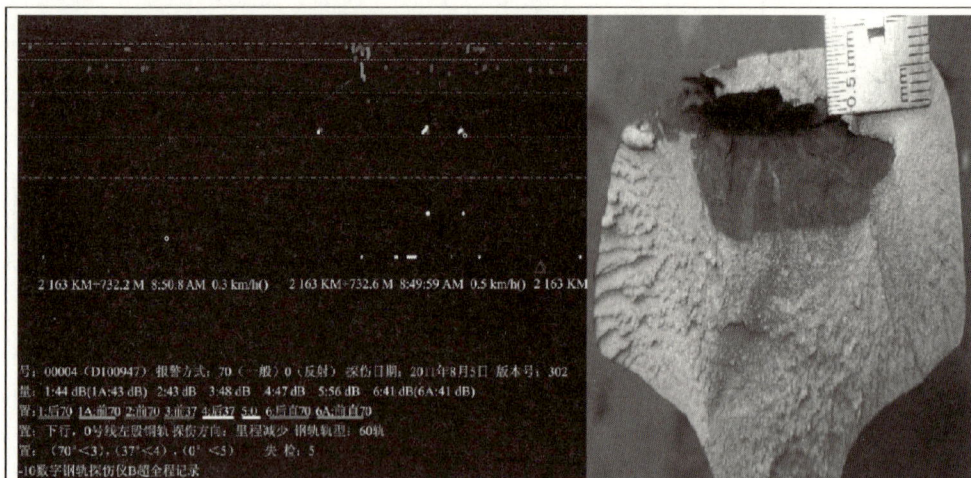

图 6-43　轨头中部核伤（K2162+733 左股）

③ 轨头外侧核伤。

××线 K1481+215 右股（图 6-44）。伤损说明：轨面量下 13 mm，非行车作用边量入 18 mm，伤高 9 mm，伤宽 16 mm，轨头外侧白核。B 显图（JGT-10）：轨头向外两个斜 70°探头一次波扫描，B 显伤损图形明显。

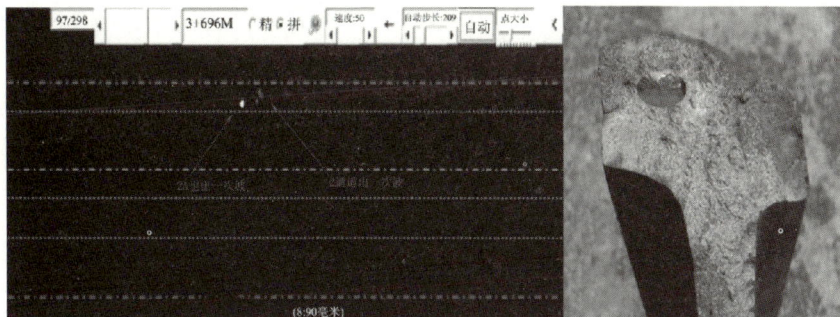

图 6-44　轨头外侧核伤（K1481+215 右股）

（2）轨头颚部、轨腰核伤。

① 轨头颚部核伤。

××线 K1106+230 右股（图 6-45）。伤损说明：铝热焊缝焊筋边缘、轨面量下 35 mm 处轨头下颚内侧与轨腰连接处有宽 11 mm、高 30 mm 的半圆形核伤，断口 为垂直断裂形态。B 显图（GT-2B）：前向直打 70°探头伤损出波明显，A 显出波位 移为 31～50 mm，与折断后断面伤损吻合。

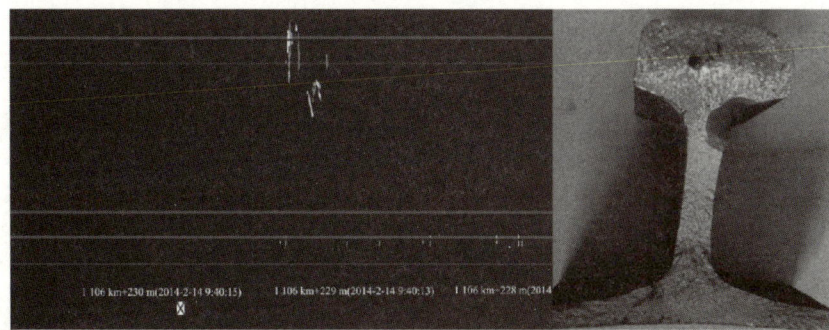

图 6-45　轨头颚部核伤（K1106+230 右股）

××线 K1860+150 右股（图 6-46）。伤损说明：距铝热焊缝中心 45 mm、距轨 面 38 mm 处热影响区轨头下颚有宽 18 mm、高 31 mm 的核伤。B 显图（JGT-10）： 前向直打 70°探头出波，A 显出波位移为 3.8～6.0 mm，正常情况下直打探头焊筋 处不会出波，出波应为存在伤损或探头位置偏移。

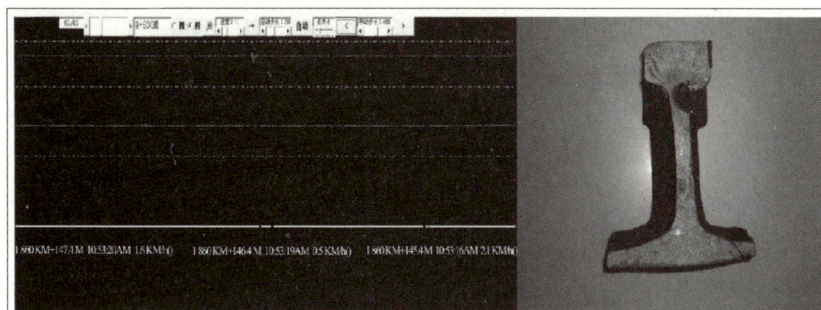

图 6-46　轨头颚部核伤（K1860+150 右股）

② 轨腰部位核伤。

××线 K1251+690 左股（图 6-47）。伤损说明：断口距焊缝西端 50 mm、轨面下 75 mm，轨腰存在宽 16 mm、高 28 mm 核伤。B 显图（JGT-10）：前向 37°探头有伤损显示，伤损显示高度为 68～84 mm。

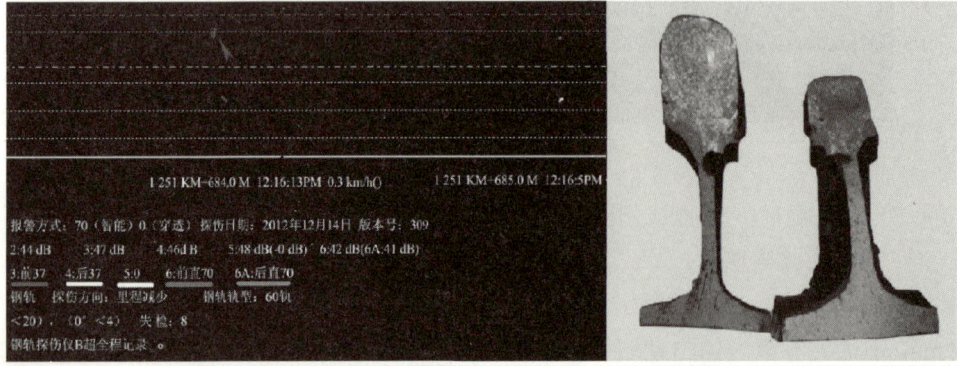

图 6-47　轨腰部位核伤（K1251+690 左股）

（3）螺孔裂纹。

××线 K1177+565 接头螺孔裂纹（图 6-48）。伤损说明：接头北端一孔向轨端下裂长 15 mm。B 显图（GT-2B）：前向 37°探头出倒打下裂波 7P，波形明显。

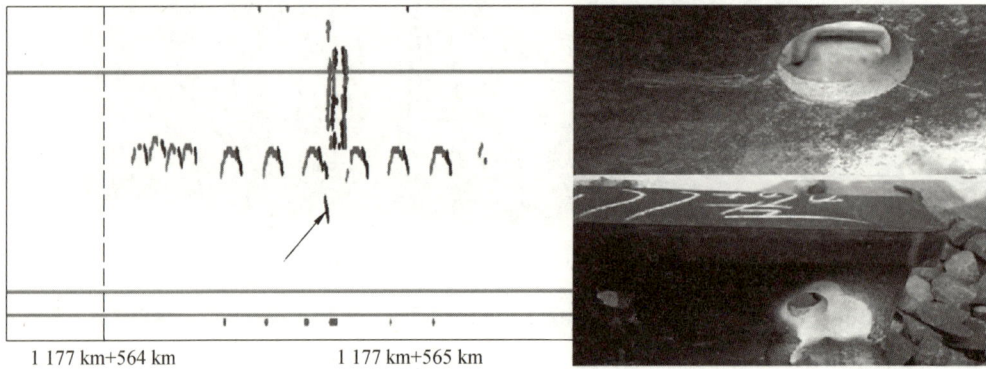

1 177 km+564 km　　　　　1 177 km+565 km

图 6-48　螺孔裂纹（K1177+565 接头）

（4）轨底核伤及裂纹。

① 轨底核伤。

××线 K1125+750 左股母材（图 6-49）。伤损说明：距轨底外侧 42 mm 处有宽 50 mm、高 18 mm 的半圆形核伤。B 显图（JGT-10）：距西端厂焊缝 4.9 m 处，前、后 37°探头轨底有明显伤损显示，呈正"八"字图形。

② 轨底裂纹。

××线 K884+190 左股厂焊接头轨底横向裂纹（图 6-50）。伤损说明：打磨后确认厂焊边缘轨底横向裂纹长 7 mm。B 显图（GT-2B）：前、后 37°探头轨底部位出波，后 37°探头出两次波，一次为焊缝台阶波，一次为伤损反射波，伤损图近似螺孔裂纹上裂出波。

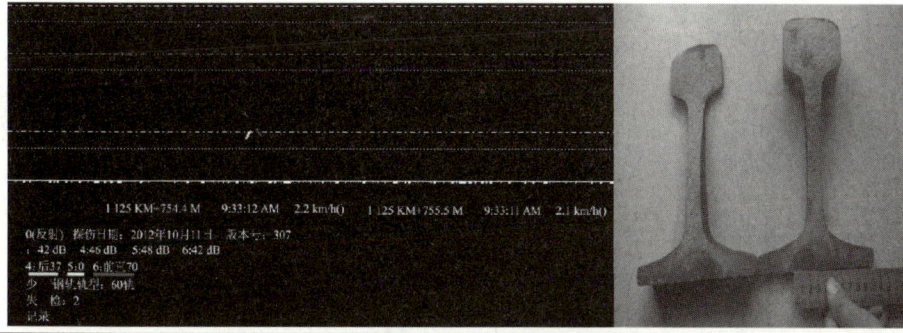

图 6-49　轨底核伤（K1125+750 左股）

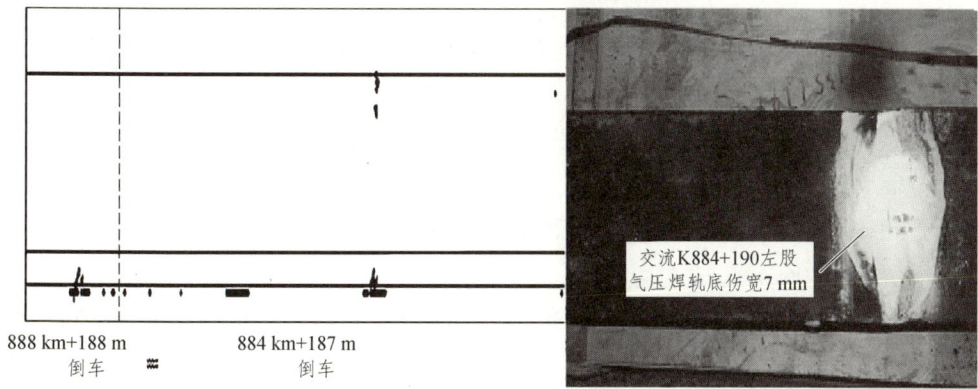

888 km+188 m　　　　884 km+187 m
倒车　　　　　　　　倒车

图 6-50　轨底裂纹（K884+190 左股）

六、思考题

（1）钢轨探伤回放分析的目的是什么？对回放人员资质有什么要求？

（2）简述探伤回放分析作业流程。

参考文献

[1] 科技基〔2008〕74 号. 客运专线铁路 CRTS I 型板式无砟轨道混凝土轨道板暂行条例[S].

[2] 中铁第四勘察设计院集团有限公司. 沪宁城际 CRTS I 型板式无砟轨道设计交底材料[S]. 2009.

[3] 广州南方高速铁路测量技术有限公司. 无砟轨道精密测量系统使用手册[Z]. 广州，2019-06.

[4] 广州南方高速铁路测量技术有限公司. CRTSⅢ型轨道板精确测量定位软件使用手册[Z]. 广州.

[5] 广州南方高速铁路测量技术有限公司. 城市地下综合管廊公路隧道部分自动化监控与报警系统预置方案[Z]. 广州，2019-12-29.

[6] 马占生. 钢轨探伤[M]. 成都：西南交通大学出版社，2014.

[7] 马占生. 钢轨探伤实训指导书[M]. 成都：西南交通大学出版社，2014.

[8] 黄祖泽，石复元. 钢轨探伤及防断知识[M]. 北京：中国铁道出版社，2015.

[9] 云南爱学易科技有限公司. 钢轨铝热焊 VR 实作软件操作使用手册[Z]. 昆明.

[10] 张福荣. 工程测量基础实训指导手册[M]. 成都：西南交通大学出版社，2020.

[11] 张福荣. 工程测量基础[M]. 成都：西南交通大学出版社，2020.